한자능력 검정시험

[3급(3II)]

머리말

먼저 굳은 결심으로 「한자능력검정시험」을 준비하기 위해 이 책을 선택해 첫 장을 펼친 수험생 여러분께 격려와 감사의 말을 전하고 싶다. 어떤 시험이건 간에 처음에는 막막하고 자신 없기는 누구나 마찬가지일 것이다. 특히 한자시험이라면 그 부담감은 더하리라 생각된다. 그동안 한자교육의 필요성은 여러 강한 비판과 목소리에도 불구하고 강조되어 온 것이 사실이다. 그것은 다름 아닌 한자는 국어와 더불어 우리 문학과 역사의 이해는 물론이고 나아가 21세기를 사는 지금도 실생활에 꼭 필요한 언어수단이 되고 있기 때문이다. 가까이 우리 주위를 둘러봐도 매일 아침 접하는 신문이나 간판, 자기를 소개하기 위해 주고 받는 명함 한 장에 이르기까지 우리 생활에 가까이 자리잡고 있음을 알 수 있다. 또한 세계화·국세화시대를 맞아 이제는 우리 이웃으로 자리잡은 중국과의 교역 확대 등으로 인해 한자교육의 중요성은 더 이상 강조하지 않아도 피부로 느끼고 있을 것이다. 이러한 이유로 인해 해를 거듭할수록 「한자능력검정시험」이 남녀노소 누구나 응시할 수 있는 자격시험으로 자리잡아 가고 있다고 볼 수 있다. 본서는 누구나 쉽게 한자를 익히고 쓸 수 있도록 하자는데 가장 큰 역점을 두었으며, 또한 지금까지 시행되었던 실제문제를 철저히 분석하여 이 책 한 권만으로도 충분한 시험 준비가 될 수 있도록 구성하였다. 아무쪼록 여러분이 끝까지 최선을 다해 노력한다면 좋은 결과를 얻으리라 믿어 의심치 않으며, 여러분의 건투를 빈다.

차례

part 01 한자이해의 기초
- 01. 한자의 형성과 구조 ·········· 20
- 02. 한자어의 기본구조 ·········· 22
- 03. 한자의 부수 ·········· 24

part 02 한자능력검정시섬 필수한자 해설
- 01. 3급선정 1817字 읽기 ·········· 28
  - 기출예상문제 ·········· 86
- 02. 3급선정 1000字 쓰기 및 활용 ·········· 99
  - 기출예상문제 ·········· 262

part 03 시험에 자주 나오는 한자어
- 01. 유의·상대결합어 ·········· 276
  - 기출예상문제 ·········· 282
- 02. 유의어·반의어 ·········· 286
  - 기출예상문제 ·········· 289
- 03. 음은 같지만 뜻이 다른 한자어 ·········· 291
  - 기출예상문제 ·········· 310
- 04. 장음·단음한자 ·········· 311
  - 기출예상문제 ·········· 326
- 05. 한자성어 ·········· 330
  - 기출예상문제 ·········· 340

특징 및 구성

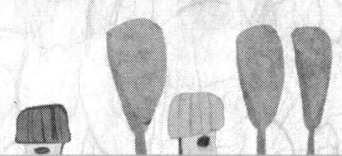

한자이해의 기초

본격적인 학습에 앞서 한자에 대한 기본적인 내용을 체계적으로 정리하여 수록했습니다.

필수한자 해설

각 급수에 따른 필수한자의 음과 뜻, 활용 예를 수록하여 학습 효율을 높였습니다.

시험에 자주 나오는 한자어

빈출 결합어, 동의어·반의어, 동음이의어, 한자숙어 및 한자성어 풀이를 정리하여 수록했습니다.

시험 안내

최근 한자교육의 열풍이 뜨겁게 불고 있다. 한자는 우리 생활에 가까이 자리잡고 있으며 세계화·국제화 시대를 맞아 한자학습의 절실한 필요성과 함께 한자교육의 중요성은 더욱더 강조된다. 특히 최근에는 점점 잊혀져 가는 한자를 되살리려는 노력이 전 사회적으로 확산되면서 각 기업체의 입사시험 및 공무원이나 정부투자기관 등의 필기시험과 면접시험에서도 한자능력테스트를 중요 선발기준으로 삼고 있어 한자능력의 필요성이 더욱 강조된다. 이로 인해 해를 거듭할수록 한자능력시험의 응시열과 합격률이 높아져가고 있어 한자의 학습이 매우 중요하다 하겠다.

❶ **시행기관** … 사단법인

❷ **시험시기** … 년 4회 시행

❸ **응시자격** … 학력·경력 제한없이 누구나 응시 가능

❹ **출제내용** … 독음, 훈음, 한자쓰기, 장단음, 반의어(상대어), 완성형 부수, 동의어(유의어), 동음이의어, 뜻풀이, 약자, 필순, 한문

❺ **급수별 합격기준**

구분	특급·특급Ⅱ	1급	2급·3급·3Ⅱ	4급·4급Ⅱ·5급	6급	6급Ⅱ	7급	7급Ⅱ	8급
출제문항수	200	200	150	100	90	80	70	50	60
합격문항수	160	160	100	70	63	56	49	35	42
시험시간	100	90	60	50	50	50	50	50	50

❻ **급수배정**

급수	읽기	쓰기	수준 및 특성
특급	5,978	3,500	國漢混用 古典을 불편 없이 읽고, 연구할 수 있는 수준 고급 (韓中 古典 추출한자 도합 5978자, 쓰기 3500자)
특급Ⅱ	4,918	2,355	國漢混用 古典을 불편 없이 읽고, 연구할 수 있는 수준 중급 (KSX1001 한자 4888자 포함, 전체 4918자, 쓰기 2355자)
1급	3,500	2,005	國漢混用 古典을 불편 없이 읽고, 연구할 수 있는 수준 초급 (상용한자+준상용한자 도합 3500자, 쓰기 2005자)
2급	2,355	1,817	國漢混用 古典을 불편 없이 읽고, 연구할 수 있는 수준 초급 (상용한자+준상용한자 도합 3500자, 쓰기 2005자)
3급	1,817	1,000	고급 常用漢字 활용의 중급 단계 (상용한자 1817자-교육부 1800자 모두 포함, 쓰기 1000자)
3급Ⅱ	1,500	750	고급 常用漢字 활용의 초급 단계(상용한자 1500자, 쓰기 750자)
4급	1,000	500	중급 常用漢字 활용의 고급 단계(상용한자 1000자, 쓰기 500자)
4급Ⅱ	750	400	중급 常用漢字 활용의 중급 단계(상용한자 750자, 쓰기 400자)
5급	500	300	중급 常用漢字 활용의 중급 단계(상용한자 500자, 쓰기 300자)
5급Ⅱ	400	225	중급 常用漢字 활용의 초급 단계(상용한자 400자, 쓰기 225자)
6급	300	150	기초 常用漢字 활용의 고급 단계(상용한자 300자, 쓰기 150자)
6급Ⅱ	225	50	기초 常用漢字 활용의 중급 단계(상용한자 225자, 쓰기 50자)
7급	150	–	기초 常用漢字 활용의 초급 단계(상용한자 150자)
7급Ⅱ	100	–	기초 常用漢字 활용의 초급 단계(상용한자 100자)
8급	50	–	漢字 學習 동기 부여를 위한 급수(상용한자 50자)

❼ 급수별 출제기준

구분	특급 특급Ⅱ	1급	2급 3급·3급Ⅱ	4급	4급Ⅱ	5급·5급Ⅱ	6급	6급Ⅱ	7급	7급Ⅱ	8급
음독	45	50	45	32	35	35	33	32	32	22	24
훈독	27	32	27	22	22	23	22	29	30	30	24
장단음	10	10	5	3	0	0	0	0	0	0	0
반의어(상대어)	10	10	10	3	3	3	3	2	2	2	0
완성형(성어)	10	15	10	5	5	4	3	2	2	2	0
부수	10	10	5	3	3	0	0	0	0	0	0
동의어(유의어)	10	10	5	3	3	3	2	0	0	0	0
동음이의어	10	10	5	3	3	3	2	0	0	0	0
뜻풀이	5	10	5	3	3	3	2	2	2	2	0
약자	3	3	3	3	3	3	0	0	0	0	0
한자쓰기	40	40	30	20	20	20	20	10	0	0	0
필순	0	0	0	0	0	3	3	3	2	2	2
한문	20	0	0	0	0	0	0	0	0	0	0
출제문제(계)	200	200	150	100	100	100	90	80	70	60	50

3급 배정한자 1817字(3급Ⅱ 1500字 포함)

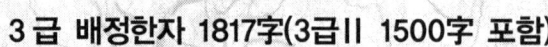

- 3급 배정한자 1807字 = 한문교육용 기초한자 중학교용 900字와 고등학교용 900字 + 4급 1000字 中 7字(筋, 汽, 液, 曜, 週, 卓, 砲) 포함
- 3급Ⅱ 배정한자 = 한자능력검정용 기초한자 1000字 + 교육부 선정 중고 한문교육용 한자 400字

ㄱ											
可 옳을 가	加 더할 가	佳 아름다울 가	架 시렁 가	家 집 가	假 거짓 가	街 거리 가	暇 겨를 가	歌 노래 가	價 값 가
各 각각 각	角 뿔 각	却 물리칠 각	刻 새길 각	脚 다리 각	閣 문설주 각	覺 깨달을 각	干 방패 간	刊 책펴낼 간	肝 간 간
看 볼 간	姦 간사할 간	間 사이간(때)	幹 줄기 간	懇 정성 간	簡 대쪽 간	渴 목마를 갈	甘 달 감	減 덜 감	敢 감히 감
感 느낄 감	監 볼 감	鑑 거울 감	甲 첫째천간 갑	江 강 강	降 내릴강/항복할 항	剛 굳셀 강	康 편안할 강	強 굳셀강/억지 쓸	綱 벼리 강
鋼 강철 강	講 익힐 강	介 끼일 개	改 고칠 개	皆 다 개	個 낱 개	開 열 개	蓋 덮을 개	慨 분개할 개	槪 평미레 개
客 손 객	更 다시갱/고칠경	去 갈 거	巨 클 거	車 수레 거/차	居 있을 거	拒 막을 거	距 떨어질 거	據 의거할 거	擧 들 거
件 사건 건	建 세울 건	健 튼튼할 건	乾 하늘 건	傑 뛰어날 걸	儉 검소할 검	劍 칼 검	檢 봉함 검	憩 쉴 게	格 바로잡을 격
激 물결부딪쳐 흐를 격	擊 부딪칠 격	隔 사이뜰 격	犬 개 견	見 볼 견	肩 어깨 견	堅 굳을 견	遣 보낼 견	絹 명주 견	決 터질 결
缺 이지러질 결	結 맺을 결	潔 깨끗할 결	兼 겸할 겸	謙 겸손할 겸	京 서울 경	庚 일곱째간 경	徑 지름길 경	耕 밭갈 경	竟 다할 경
頃 밭넓이 단위 경	景 볕 경	卿 벼슬 경	硬 굳을 경	敬 공경할 경	傾 기울 경	經 날 경	境 지경 경	輕 가벼울 경	慶 경사 경
警 경계할 경	鏡 거울 경	競 겨룰 경	驚 놀랄 경	系 이을 계	戒 경계할 계	季 끝 계	界 지경 계	癸 열째천간 계	契 맺을 계
係 걸릴 계	計 꾀 계	桂 계수나무 계	啓 열 계	械 형틀 계	階 섬돌 계	溪 시내 계	繼 이을 계	鷄 닭 계	古 옛 고
考 상고할 고	告 알릴 고	固 굳을 고	苦 쓸 고	姑 시어미 고	孤 외로울 고	枯 마를 고	故 옛 고	高 높을 고	庫 곳집 고
鼓 북 고	稿 볏짚 고	顧 돌아볼 고	曲 굽을 곡	谷 골 곡	哭 울 곡	穀 곡식 곡	困 괴로울 곤	坤 땅 곤	骨 뼈 골
工 장인 공	公 공변될 공	孔 구멍 공	功 공 공	共 함께 공	攻 칠 공	空 빌 공	供 이바지할 공	恭 공손할 공	貢 바칠 공
恐 두려울 공	戈 창 과	瓜 오이 과	果 실과 과	科 과정 과	過 지날 과	誇 자랑할 과	寡 적을 과	課 매길 과	郭 성곽 곽
官 벼슬 관	冠 갓 관	貫 꿸 관	寬 너그러울 관	管 피리 관	慣 버릇 관	館 객사 관	關 빗장 관	觀 볼 관	光 빛 광
廣 넓을 광	鑛 쇳돌 광	狂 미칠 광	掛 걸 괘	怪 기이할 괴	塊 흙덩이 괴	愧 부끄러워할 괴	壞 무너질 괴	巧 공교할 교	交 사귈 교
郊 성밖 교	校 학교 교	敎 가르칠 교	較 견줄 교	橋 다리 교	矯 바로잡을 교	九 아홉 구	口 입 구	久 오랠 구	丘 언덕 구
句 글귀 구	求 구할 구	究 궁구할 구	具 갖출 구	苟 진실로 구	狗 잡을 구	狗 개 구	俱 함께 구	區 지경 구	球 공 구

救 건질 구	構 얽을 구	舊 옛 구	懼 두려워할 구	驅 몰 구	鷗 갈매기 구	龜 나라틈 구거/북귀/틀균	局 판 국	菊 국화 국	國 나라 국
君 임금 군	軍 군사 군	郡 고을 군	群 무리 군(의 쌍기)	屈 굽을 굴	弓 활 궁	宮 집 궁	窮 다할 궁	券 문서 권	卷 두루마리 권, 책 권
拳 주먹 권	勸 권할 권	權 저울 권 권세 권	厥 그 궐	鬼 귀신 귀	貴 귀할 귀	歸 돌아갈 귀	叫 부르짖을 규	規 법 규	閨 도장방 규
均 고를 균	菌 버섯 균	克 이길 극	極 다할 극	劇 심할 극	斤 도끼 근	近 가까울 근	根 뿌리 근	筋 힘줄 근	僅 겨우 근
勤 부지런할 근	謹 삼갈 근	今 이제 금	金 쇠 금	禽 날짐승 금	琴 거문고 금	禁 금할 금	錦 비단 금	及 미칠 급	急 급할 급
級 등급 급	給 넉넉할 급	肯 옳이여길 긍	己 몸 기, 여섯째천간 기	企 꾀할 기	忌 꺼릴 기	技 재주 기	汽 김 기	奇 기이할 기	其 그 기
祈 빌 기	紀 벼리 기	氣 기운 기	豈 어찌 기	起 일어날 기	記 기록할 기	飢 주릴 기	基 터 기	寄 부칠 기	旣 이미 기
棄 버릴 기	幾 기미 기	欺 속일 기	期 기약할 기	旗 기 기	饑 경기 기	器 그릇 기	機 틀 기	騎 말탈 기	緊 굳게얽을 긴
吉 길할 길									

ㄴ

那 어찌 나	諾 대답할 낙	暖 따뜻할 난	難 어려울 난	男 사내 남	南 남녘 남	納 바칠 납	娘 아가씨 낭(랑)	乃 이에 내	内 안 내
奈 어찌 내	耐 견딜 내	女 계집 녀(예)	年 해 년(연)	念 생각할 념(염)	寧 편안할 녕(영)	奴 종 노	努 힘쓸 노(로)	怒 성낼 노	農 농사 농
濃 짙을 농	惱 괴로워할 뇌	腦 뇌 뇌	能 능할 능	泥 진흙 니(이)					

ㄷ

多 많을 다	茶 차 다(차)	丹 붉을 단	旦 아침 단	但 다만 단	段 구분 단	單 홑 단	短 짧을 단	團 둥글 단	端 바를 단
壇 단 단	檀 박달나무 단	斷 끊을 단	達 통달할 달	淡 묽을 담	潭 깊을 담	談 말씀 담	擔 멜 담	畓 논 답	答 대답할 답
踏 밟을 답	唐 당나라 당	堂 집 당	當 마땅할 당	糖 사탕 당	黨 무리 당	大 큰 대	代 대신할 대	待 기다릴 대	帶 띠 대
貸 빌릴 대	隊 대 대	臺 돈대 대	對 대답할 대	德 덕 덕	刀 칼 도	到 이를 도	度 법도 도	挑 휠 도	逃 달아날 도
島 섬 도	倒 넘어질 도	徒 무리 도	途 길 도	桃 복숭아나무 도	陶 질그릇 도	盜 훔칠 도	渡 건널 도	道 길 도	都 도읍 도
跳 뛸 도	圖 그림 도	稻 벼 도	導 이끌 도	毒 독 독	督 살펴볼 독	篤 도타울 독	獨 홀로 독	讀 읽을 독	豚 돼지 돈
敦 도타울 돈	突 갑자기 돌	冬 겨울 동	同 한가지 동	東 동녘 동	洞 골 동	凍 얼 동	桐 오동나무 동	動 움직일 동	童 아이 동
銅 구리 동	斗 말 두	豆 콩 두	頭 머리 두	鈍 무딜 둔	得 얻을 득	登 오를 등	等 가지런할 등	燈 등잔 등	

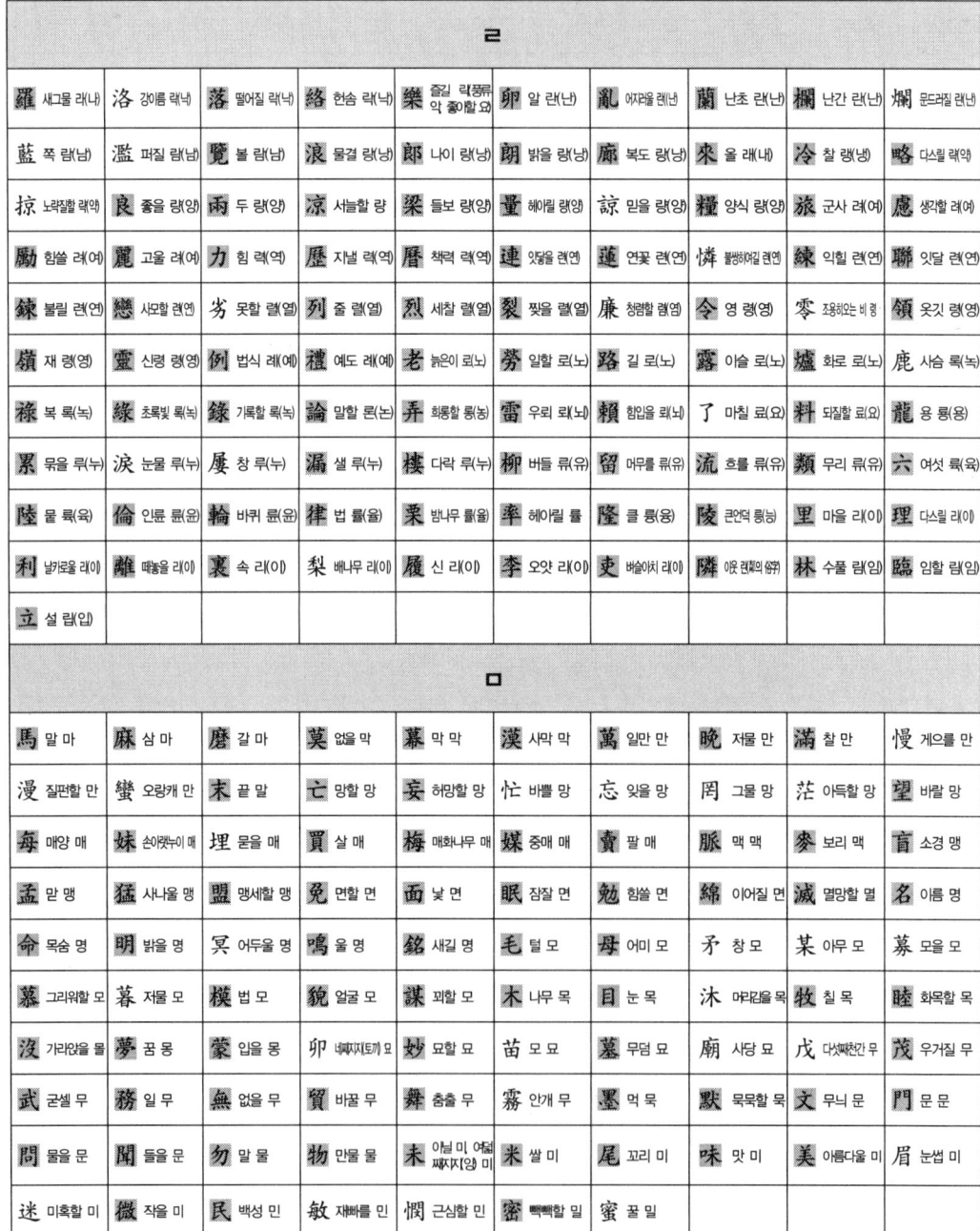

ㄹ

羅 새그물 라(나)	洛 강이름 락(낙)	落 떨어질 락(낙)	絡 헌솜 락(낙)	樂 즐길 락풍류 악 좋아할 요	卵 알 란(난)	亂 어지러울 란(난)	蘭 난초 란(난)	欄 난간 란(난)	爛 문드러질 란(난)
藍 쪽 람(남)	濫 퍼질 람(남)	覽 볼 람(남)	浪 물결 랑(낭)	郎 나이 랑(낭)	朗 밝을 랑(낭)	廊 복도 랑(낭)	來 올 래(내)	冷 찰 랭(냉)	略 다스릴 략(약)
掠 노략질할 략(약)	良 좋을 량(양)	兩 두 량(양)	凉 서늘할 량	梁 들보 량(양)	量 헤아릴 량(양)	諒 믿을 량(양)	糧 양식 량(양)	旅 군사 려(여)	慮 생각할 려(여)
勵 힘쓸 려(여)	麗 고울 려(여)	力 힘 력(역)	歷 지날 력(역)	曆 책력 력(역)	連 잇닿을 련(연)	蓮 연꽃 련(연)	憐 불쌍히여길 련(연)	鍊 익힐 련(연)	聯 잇달 련(연)
鍊 불릴 련(연)	戀 사모할 련(연)	劣 못할 렬(열)	列 줄 렬(열)	烈 세찰 렬(열)	裂 찢을 렬(열)	廉 청렴할 렴(염)	令 영 령(영)	零 조용하는 비 령	領 옷깃 령(영)
嶺 재 령(영)	靈 신령 령(영)	例 법식 례(예)	禮 예도 례(예)	老 늙은이 로(노)	勞 일할 로(노)	路 길 로(노)	露 이슬 로(노)	爐 화로 로(노)	鹿 사슴 록(녹)
祿 복 록(녹)	綠 초록빛 록(녹)	錄 기록할 록(녹)	論 말할 론(논)	弄 희롱할 롱(농)	雷 우뢰 뢰(뇌)	賴 힘입을 뢰(뇌)	了 마칠 료(요)	料 되질할 료(요)	龍 용 룡(용)
累 묶을 루(누)	淚 눈물 루(누)	屢 창 루(누)	漏 샐 루(누)	樓 다락 루(누)	柳 버들 류(유)	留 머무를 류(유)	流 흐를 류(유)	類 무리 류(유)	六 여섯 륙(육)
陸 뭍 륙(육)	倫 인륜 륜(윤)	輪 바퀴 륜(윤)	律 법 률(율)	栗 밤나무 률(율)	率 헤아릴 률	隆 클 륭(융)	陵 큰언덕 릉(능)	里 마을 리(이)	理 다스릴 리(이)
利 날카로울 리(이)	離 떼놓을 리(이)	裏 속 리(이)	梨 배나무 리(이)	履 신 리(이)	李 오얏 리(이)	吏 벼슬아치 리(이)	隣 이웃 린제의 (잇닿다)	林 수풀 림(임)	臨 임할 림(임)
立 설 립(입)									

ㅁ

馬 말 마	麻 삼 마	磨 갈 마	莫 없을 막	幕 막 막	漠 사막 막	萬 일만 만	晚 저물 만	滿 찰 만	慢 게으를 만
漫 질펀할 만	蠻 오랑캐 만	末 끝 말	亡 망할 망	妄 허망할 망	忙 바쁠 망	忘 잊을 망	罔 그물 망	茫 아득할 망	望 바랄 망
每 매양 매	妹 손아랫누이 매	埋 묻을 매	買 살 매	梅 매화나무 매	媒 중매 매	賣 팔 매	脈 맥 맥	麥 보리 맥	盲 소경 맹
孟 맏 맹	猛 사나울 맹	盟 맹세할 맹	免 면할 면	面 낯 면	眠 잠잘 면	勉 힘쓸 면	綿 이어질 면	滅 멸망할 멸	名 이름 명
命 목숨 명	明 밝을 명	冥 어두울 명	鳴 울 명	銘 새길 명	毛 털 모	母 어미 모	矛 창 모	某 아무 모	募 모을 모
慕 그리워할 모	暮 저물 모	模 법 모	貌 얼굴 모	謀 꾀할 모	木 나무 목	目 눈 목	沐 머리감을 목	牧 칠 목	睦 화목할 목
沒 가라앉을 몰	夢 꿈 몽	蒙 입을 몽	卯 네째지지토끼 묘	妙 묘할 묘	苗 모 묘	墓 무덤 묘	廟 사당 묘	戊 다섯째천간 무	茂 우거질 무
武 굳셀 무	務 일 무	無 없을 무	貿 바꿀 무	舞 춤출 무	霧 안개 무	墨 먹 묵	默 묵묵할 묵	文 무늬 문	門 문 문
問 물을 문	聞 들을 문	勿 말 물	物 만물 물	未 아닐 미 여덟째지지 양 미	米 쌀 미	尾 꼬리 미	味 맛 미	美 아름다울 미	眉 눈썹 미
迷 미혹할 미	微 작을 미	民 백성 민	敏 재빠를 민	憫 근심할 민	密 빽빽할 밀	蜜 꿀 밀			

				ㅂ					
朴 후박나무 박	泊 배댈 박	搢 칠 박	迫 닥칠 박	博 넓을 박	薄 엷을 박	反 되돌릴 반	半 반 반	返 돌아올 반	叛 배반할 반
班 나눌 반	般 돌 반	飯 밥 반	盤 소반 반	拔 뺄 발	發 쏠 발	髮 터럭 발	方 모 방	芳 꽃다울 방	妨 방해할 방
防 둑 방	邦 나라 방	房 방 방	放 놓을 방	倣 본뜰 방	訪 찾을 방	傍 곁 방	杯 잔 배	拜 절 배	背 등 배
倍 곱 배	配 아내 배	培 북돋울 배	排 밀칠 배	輩 무리 배	白 흰 백	百 일백 백	伯 맏 백	栢 측백나무 백	番 갈마들 번
煩 괴로워할 번	繁 많을 번	飜 뒤칠 번	伐 칠 벌	罰 죄 벌	凡 무릇 범	犯 범할 범	汎 뜰 범	範 법 범	法 법 법
碧 푸를 벽	壁 벽 벽	辨 분별할 변	邊 가 변	辯 말잘할 변	變 변할 변	別 나눌 별	丙 남녘 병, 셋째천간 병	兵 군사 병	屏 병풍 병
竝 아우를 병	病 병 병	步 걸음 보	保 지킬 보	普 널리 보	補 기울 보	報 갚을 보	譜 계보 보	寶 보배 보	卜 점 복
伏 엎드릴 복	服 옷 복	覆 다시 복	復 돌아올 복	腹 배 복	福 복 복	複 겹옷 복	本 밑 본	奉 받들 봉	封 봉할 봉
峯 봉우리 봉	逢 만날 봉	蜂 벌 봉	鳳 봉새 봉	夫 지아비 부	父 아비 부	付 줄 부	否 아닐 부	扶 도울 부	府 곳집 부
附 붙을 부	負 질 부	赴 나아갈 부	浮 뜰 부	符 부신 부	婦 며느리 부	部 거느릴 부	副 버금 부	富 가멸 부	腐 썩을 부
膚 살갗 부	賦 구실 부	簿 장부 부	北 북녘 북	分 나눌 분	奔 달릴 분	粉 가루 분	紛 어지러울 분	憤 결낼 분	墳 무덤 분
奮 떨칠 분	不 아닐 불	弗 아닐 불	佛 부처 불	拂 떨 불	朋 벗 붕	崩 무너질 붕	比 견줄 비	妃 왕비 비	批 칠 비
非 아닐 비	肥 살찔 비	卑 낮을 비	飛 날 비	祕 숨길 비	悲 슬플 비	費 쓸 비	備 갖출 비	婢 여자종 비	鼻 코 비
碑 돌기둥 비	貧 가난할 빈	賓 손 빈	頻 자주 빈	氷 얼음 빙	聘 찾아갈 빙				

人

士 선비 사	巳 여섯째지지 사	四 넉 사	史 역사 사	司 맡을 사	仕 벼슬할 사	寺 절 사	死 죽을 사	似 같을 사	沙 모래 사
邪 간사할 사	私 사사로울 사	舍 집 사	事 일 사	使 하여금 사	社 제사지낼 사	祀 제사 사	査 사실할 사	思 생각할 사	師 스승 사
射 궁술 사	捨 버릴 사	蛇 뱀 사	斜 비길 사	絲 실 사	詐 속일 사	詞 말씀 사	斯 이것 사	寫 베낄 사	賜 줄 사
謝 사례할 사	辭 말 사	削 깎을 삭	朔 초하루 삭	山 뫼 산	産 낳을 산	散 흩을 산	算 셀 산	酸 초 산	殺 죽일 살
三 석 삼	森 나무빽빽할 삼	上 위 상	床 평상 상	尙 오히려 상	狀 형상 상	相 서로 상	桑 뽕나무 상	商 헤아릴 상	常 항상 상
祥 상서로울 상	喪 죽을 상	象 코끼리 상	想 생각할 상	傷 상처 상	詳 자세할 상	裳 치마 상	嘗 맛볼 상	像 형상 상	賞 상줄 상
霜 서리 상	償 갚을 상	塞 막힐색 변방 새	色 빛 색	索 찾을색 줄 삭	生 날 생	西 서녘 서	序 차례 서	書 쓸 서	恕 용서할 서
徐 천천할 서	庶 여러 서	敍 차례 서	暑 더울 서	署 관청 서	緖 실마리 서	夕 저녁 석	石 돌 석	昔 옛 석	析 가를 석
席 자리 석	惜 아낄 석	釋 풀 석	仙 신선 선	先 먼저 선	宣 베풀 선	旋 돌 선	船 배 선	善 착할 선	選 가릴 선
線 줄 선	禪 봉선 선	鮮 고울 선	舌 혀 설	雪 눈 설	設 베풀 설	說 말씀 설	涉 건널 섭	成 이룰 성	性 성품 성
姓 성 성	省 살필 성	星 별 성	城 성 성	盛 담을 성	聖 성스러울 성	誠 정성 성	聲 소리 성	世 대 세	洗 씻을 세
細 가늘 세	稅 구실 세	歲 해 세	勢 기세 세	小 작을 소	少 적을 소	召 부를 소	所 바소 곳 소	昭 밝을 소	素 흴 소
笑 웃을 소	消 사라질 소	掃 쓸 소	疎 성길 소	訴 하소연할 소	蔬 푸성귀 소	燒 사를 소	蘇 차조기 소	騷 떠들 소	束 묶을 속
俗 풍속 속	損 덜 손	速 빠를 속	粟 조 속	屬 엮을속	續 이을 속	孫 손자 손	松 소나무 송	送 보낼 송	訟 송사할 송
頌 기릴 송	誦 욀 송	刷 쓸 쇄	鎖 쇠사슬 쇄	衰 쇠할쇠 복 최	水 물 수	手 손 수	囚 가둘 수	守 지킬 수	收 거둘 수
秀 빼어날 수	受 받을 수	首 머리 수	帥 장수 수	修 닦을 수	殊 죽일 수	授 줄 수	須 모름지기 수	遂 이룰 수	愁 시름 수
垂 드리울 수	睡 잘 수	需 구할 수	壽 목숨 수	隨 따를 수	誰 누구 수	數 셀 수	樹 나무 수	輸 나를 수	雖 비록 수
獸 짐승 수	叔 아재비 숙	宿 묵을 숙	淑 맑을 숙	孰 누구 숙	肅 엄숙할 숙	熟 익을 숙	旬 열흘 순	巡 돌 순	盾 방패 순
殉 따라죽을 순	純 생사 순	脣 입술 순	順 순할 순	循 좇을 순	瞬 눈깜작일 순	戌 열한째지지 술	述 지을 술	術 꾀 술	崇 높을 숭
拾 주울 습	習 익힐 습	濕 축축할 습	襲 엄습할 습	升 되 승	承 받들 승	昇 오를 승	乘 탈 승	勝 이길 승	僧 중 승
市 저자 시	示 보일 시	矢 화살 시	侍 모실 시	始 처음 시	是 옳을 시	施 베풀 시	時 때 시	視 볼 시	詩 시 시
試 시험할 시	式 법 식	食 밥 식(사)	息 숨쉴 식	植 심을 식	飾 꾸밀 식	識 알 식	申 아홉째지지 신	臣 신하 신	辛 매울 신 열째천간 신
身 몸 신	伸 펼 신	信 믿을 신	神 귀신 신	晨 새벽 신	愼 삼갈 신	新 새 신	失 잃을 실	室 집 실	實 열매 실
心 마음 심	甚 심할 심	深 깊을 심	尋 찾을 심	審 살필 심	十 열 십	雙 쌍쌍	氏 각시 씨		

ㅇ

牙 어금니 아	芽 싹 아	我 나 아	亞 버금 아	兒 아이 아	阿 언덕 아	雅 메까마귀 아	餓 주릴 아	岳 큰산 악	惡 악할 악, 미워할 오
安 편안할 안	岸 언덕 안	案 책상 안	眼 눈 안	雁 기러기 안	顔 얼굴 안	謁 아뢸 알	岩 바위 암	暗 어두울 암	壓 누를 압
央 가운데 앙	仰 우러를 앙	殃 재앙 앙	哀 슬플 애	涯 물가 애	愛 사랑 애	厄 액 액	液 진 액	額 이마 액	也 어조사 야
夜 밤 야	耶 어조사 야	野 들 야	若 같을 약	約 묶을 약	弱 약할 약	藥 약 약	羊 양 양	洋 바다 양	揚 오를 양
陽 볕 양	楊 버들 양	養 기를 양	樣 모양 양	壤 흙 양	讓 사양할 양	於 어조사 어	魚 고기 어	御 어거할 어	漁 고기잡을 어
語 말씀 어	抑 누를 억	億 억 억	憶 생각할 억	言 말씀 언	焉 어찌 언	嚴 엄할 엄	業 업 업	予 나 여	汝 너 여
如 같을 여	余 나 여	與 줄 여	餘 남을 여	輿 수레 여	亦 또 역	役 부릴 역	易 바꿀 역, 쉬울 이	逆 거스를 역	疫 염병 역
域 지경 역	譯 통변할 역	驛 역참 역	延 끌 연	沿 따를 연	宴 잔치 연	軟 부드러울 연	研 갈 연	然 그러할 연	硯 벼루 연
煙 연기 연	鉛 납 연	演 멀리흐를 연	燃 사를 연	緣 가선 연	燕 제비 연	悅 기쁠 열	熱 더울 열	炎 불탈 염	染 물들일 염
鹽 소금 염	葉 잎 엽	永 길 영	迎 맞이할 영	英 꽃부리 영	泳 헤엄칠 영	映 비출 영	詠 읊을 영	榮 꽃 영	影 그림자 영
營 경영할 영	銳 날카로울 예	豫 미리 예	藝 심을 예	譽 기릴 예	午 일곱째지지 오	五 다섯 오	汚 더러울 오	吾 나 오	烏 까마귀 오
悟 깨달을 오	娛 즐거워할 오	梧 벽오동나무 오	嗚 탄식소리 오	傲 거만할 오	誤 그릇할 오	玉 옥 옥	屋 집 옥	獄 옥 옥	溫 따뜻할 온
翁 늙은이 옹	瓦 기와 와	臥 엎드릴 와	完 완전할 완	緩 느릴 완	曰 가로 왈	王 임금 왕	往 갈 왕	外 바 외	畏 두려워할 외
要 구할 요	搖 흔들릴 요	遙 멀 요	腰 허리 요	謠 노래 요	曜 빛날 요	辱 욕되게할 욕	浴 목욕할 욕	欲 하고자할 욕	慾 욕심 욕
用 쓸 용	勇 날쌜 용	容 얼굴 용	庸 쓸 용	又 또 우	于 어조사 우	友 벗 우	尤 더욱 우	牛 소 우	右 오른쪽 우
宇 집 우	羽 깃 우	雨 비 우	偶 짝 우	遇 만날 우	愚 어리석을 우	郵 역참 우	憂 근심할 우	優 넉넉할 우	云 이를 운
雲 구름 운	運 돌 운	韻 운 운	雄 수컷 웅	元 으뜸 원	怨 원망할 원	原 근원 원	員 수효 원	院 담 원	援 당길 원
圓 둥글 원	園 동산 원	源 근원 원	遠 멀 원	願 원할 원	月 달 월	越 넘을 월	危 위태할 위	位 자리 위	委 맡길 위
胃 밥통 위	威 위엄 위	偉 훌륭할 위	爲 할 위	圍 둘레 위	違 어길 위	僞 거짓 위	慰 위로할 위	緯 씨 위	謂 이를 위
衛 지킬 위	由 말미암을 유	幼 어릴 유	有 있을 유	酉 열째지지 유	乳 젖 유	油 기름 유	柔 부드러울 유	幽 그윽할 유	悠 멀 유
唯 오직 유	惟 생각할 유	猶 오히려 유	裕 넉넉할 유	遊 놀 유	愈 나을 유	維 바 유	誘 꾈 유	遺 끼칠 유	儒 선비 유
肉 고기 육	育 기를 육	閏 윤달 윤	潤 젖을 윤	恩 은혜 은	銀 은 은	隱 숨길 은	乙 새을 둘째천간 을	吟 읊을 음	音 소리 음
淫 음란할 음	陰 응달 음	飮 마실 음	邑 고을 읍	泣 울 읍	應 응할 응	衣 옷 의	矣 어조사 의	宜 마땅할 의	依 의지할 의
意 뜻 의	義 옳을 의	疑 의심할 의	儀 거동 의	醫 의원 의	議 의논할 의	二 두 이	已 이미 이	以 써 이	而 말이을 이
耳 귀 이	夷 오랑캐 이	異 다를 이	移 옮길 이	貳 두 이	益 더할 익	翼 날개 익	人 사람 인	刃 칼날 인	仁 어질 인
引 끌 인	因 인할 인	印 도장 인	忍 참을 인	姻 혼인 인	寅 셋째지지 인	認 알 인	一 한 일	日 해 일	逸 달아날 일
壹 한 일	壬 아홉째천간 임	任 맡길 임	賃 품팔이 임	入 들 입					

ㅈ									
子 아들 자 첫째지지 자	字 글자 자	自 스스로 자	姉 누이자매의 손위	刺 찌를 자	者 놈 자	玆 이 자	姿 맵시 자	恣 방자할 자	紫 자주빛 자
慈 사랑할 자	資 재물 자	雌 암컷 자	作 지을 작	昨 어제 작	酌 따를 작	爵 잔 작	殘 해칠 잔	暫 잠시 잠	潛 자맥질할 잠
蠶 누에 잠	雜 섞일 잡	丈 어른 장	壯 씩씩할 장	長 길 장	莊 풍성할 장	章 글 장	帳 휘장 장	張 베풀 장	將 장차 장 장수 장
掌 손바닥 장	葬 장사지낼 장	場 마당 장	粧 단장할 장	裝 꾸밀 장	腸 창자 장	奬 권면할 장	障 가로막을 장	藏 감출 장	臟 오장 장
墻 牆과 同字	才 재주 재	在 있을 재	再 두 재	災 재앙 재	材 재목 재	哉 어조사 재	栽 심을 재	財 재물 재	裁 마를 재
載 실을 재	爭 다툴 쟁	低 밑 저	底 밑 저	抵 거스를 저	著 분명할 저	貯 쌓을 저	赤 붉을 적	的 과녁 적	寂 고요할 적
笛 피리 적	跡 자취 적	賊 도둑 적	滴 물방울 적	摘 딸 적	適 갈 적	敵 원수 적	積 쌓을 적	績 실낳을 적	蹟 자취 적
籍 서적 적	田 밭 전	全 온전할 전	典 법 전	殿 전각 전	前 앞 전	展 펼 전	專 오로지 전	電 번개 전	傳 전할 전
錢 돈 전	戰 싸울 전	轉 구를 전	切 끊을 절 온통 체	折 꺾을 절	絶 끊을 절	節 마디 절	占 차지할 점	店 가게 점	漸 점점 점
點 점 점	接 사귈 접	蝶 나비 접	丁 넷째천간 정	井 우물 정	正 바를 정	廷 조정 정	定 정할 정	征 칠 정	亭 정자 정
貞 곧을 정	政 정사 정	訂 바로잡을 정	庭 뜰 정	頂 정수리 정	停 머무를 정	情 뜻 정	淨 깨끗할 정	程 단위 정	精 쓿은쌀 정
整 가지런할 정	靜 고요할 정	弟 아우 제	制 마를 제	帝 임금 제	除 섬돌 제	第 차례 제	祭 제사 제	堤 방죽 제	提 끌 제
齊 가지런할 제	製 지을 제	際 사이 제	諸 모든 제	濟 건널 제	題 표제 제	弔 조상할 조	早 새벽 조	兆 조짐 조	助 도울 조
造 지을 조	祖 조상 조	租 구실 조	鳥 새 조	條 가지 조	組 끈 조	朝 아침 조	照 비출 조	潮 조수 조	調 고를 조
操 잡을 조	燥 마를 조	足 발 족	族 겨레 족	存 있을 존	尊 높을 존	卒 군사 졸	拙 졸할 졸	宗 마루 종	從 좇을 종
終 끝날 종	種 씨 종	縱 늘어질 종	鐘 종 종	左 왼 좌	坐 앉을 좌	佐 도울 좌	座 자리 좌	罪 허물 죄	主 주인 주
朱 붉을 주	舟 배 주	州 고을 주	走 달릴 주	住 살 주	周 두루 주	宙 집 주	注 물댈 주	洲 섬 주	柱 기둥 주
酒 술 주	株 그루 주	晝 낮 주	週 돌 주	珠 구슬 주	鑄 불릴 주	奏 아뢸 주	竹 대 죽	俊 준걸 준	準 수준기 준
遵 좇을 준	中 가운데 중	仲 버금 중	重 무거울 중	衆 무리 중	卽 곧 즉	症 증세 증	曾 일찍 증	蒸 찔 증	增 불을 증
憎 미워할 증	證 증거 증	贈 보낼 증	之 갈 지	止 그칠 지	支 가를 지	只 다만 지	至 이를 지	枝 가지 지	池 못 지
地 땅 지	志 뜻 지	知 알 지	持 가질 지	指 손가락 지	紙 종이 지	智 슬기 지	誌 기록할 지	遲 늦을 지	直 곧을 직
職 벼슬 직	織 짤 직	辰 다섯째지지 진	珍 보배 진	眞 참 진	振 떨칠 진	陣 줄 진	陳 늘어놓을 진	進 나아갈 진	盡 다될 진
鎭 진압할 진	震 우레 진	姪 조카 질	疾 병 질	秩 차례 질	質 바탕 질	執 잡을 집	集 모일 집	徵 부를 징	懲 혼날 징

ㅊ

且 또 차	次 버금 차	此 이 차	差 어긋날 차	借 빌 차	捉 잡을 착	着 붙을 착/나타날 저	錯 섞일 착	贊 도울 찬	讚 기릴 찬
察 살필 찰	參 간여할 참/섞일 삼	慘 참혹할 참	慙 부끄러울 참	昌 창성할 창	倉 곳집 창	窓 창 창	唱 노래 창	創 비롯할 창	蒼 푸를 창
滄 찰 창	暢 펼 창	菜 나물 채	採 캘 채	彩 무늬 채	債 빚 채	冊 책 책	責 꾸짖을 책	策 채찍 책	妻 아내 처
處 살 처	悽 슬퍼할 처	尺 자 척	斥 물리칠 척	拓 주울 척/베낄 탁	戚 겨레 척	千 일천 천	川 내 천	天 하늘 천	泉 샘 천
淺 얕을 천	踐 밟을 천	賤 천할 천	遷 옮길 천	薦 천거할 천	哲 밝을 철	徹 통할 철	鐵 쇠 철	尖 뾰족할 첨	添 더할 첨
妾 첩 첩	靑 푸를 청	淸 맑을 청	晴 갤 청	請 청할 청	聽 들을 청	廳 관청 청	替 쇠퇴할 체	滯 막힐 체	體 몸 체
肖 닮을 초	抄 노략질할 초	初 처음 초	招 부를 초	草 풀 초	超 넘을 초	礎 주춧돌 초	促 재촉할 촉	燭 촛불 촉	觸 닿을 촉
寸 마디 촌	村 마을 촌	銃 총 총	聰 귀밝을 총	總 거느릴 총	最 가장 최	催 재촉할 최	抽 뺄 추	秋 가을 추	追 쫓을 추
推 옮을 추	醜 추할 추	丑 둘째지지 축	畜 쌓을 축	祝 빌 축	逐 쫓을 축	蓄 쌓을 축	築 쌓을 축	縮 다스릴 축	春 봄 춘
出 날 출	充 찰 충	忠 충성 충	衝 찌를 충	蟲 벌레 충	吹 불 취	取 취할 취	臭 냄새 취	就 이룰 취	醉 취할 취
趣 달릴 취	側 곁 측	測 잴 측	層 층 층	治 다스릴 치	値 값 치	恥 부끄러울 치	致 보낼 치	置 둘 치	稚 어릴 치
齒 이 치	則 법식 식	親 친할 친	七 일곱 칠	漆 옻 칠	沈 가라앉을 침	枕 베개 침	侵 침노할 침	浸 담글 침	針 바늘 침
寢 잠잘 침	稱 일컬을 칭								

ㅋ · ㅌ

快 쾌할 쾌	他 다를 타	打 칠 타	妥 온당할 타	墮 떨어질 타	托 밀탁 맡길 탁	卓 높을 탁	琢 쫄 탁	濁 흐릴 탁	濯 씻을 탁	
炭 숯 탄	彈 탄알 탄	歎 읊을 탄	脫 벗을 탈	奪 빼앗을 탈	貪 탐할 탐	探 찾을 탐	塔 탑 탑	湯 끓일 탕	太 클 태	
怠 게으를 태	殆 위태할 태	泰 클 태	態 모양 태	宅 집 택(댁)	澤 못 택	擇 가릴 택	土 흙 토	吐 토할 토	兎 토끼 퇴우의 (속字)	
討 칠 토	通 통할 통	痛 아플 통	統 큰줄기 통	退 물러날 퇴	投 던질 투	透 통할 투	鬪 싸움 투	特 수컷 특		

ㅍ

波 물결 파	派 물갈래 파	破 깨뜨릴 파	頗 자못 파	罷 방면할 파	播 뿌릴 파	判 판가름할 판	板 널빤지 판	版 널 판	販 팔 판	
八 여덟 팔	貝 조개 패	敗 깨뜨릴 패	片 조각 편	便 편할 편오줌 변	遍 두루 편	篇 책 편	編 엮을 편	偏 치우칠 편	平 평평할 평	
評 품평할 평	肺 허파 폐	閉 닫을 폐	廢 폐할 폐	蔽 덮을 폐	弊 해질 폐	幣 비단 폐	布 베 포	包 쌀 포	抱 안을 포	
胞 태보 포	浦 물가 포	捕 사로잡을 포	砲 돌쇠뇌 포	飽 배부를 포	幅 폭 폭	暴 드러낼 폭	爆 터질 폭	表 겉 표	票 불똥튈 표	
漂 떠돌 표	標 우듬지 표	品 물건 품	風 바람 풍	楓 단풍나무 풍	豊 풍성할 풍	皮 가죽 피	彼 저 피	疲 지칠 피	被 이불 피	
避 피할 피	匹 짝 필	必 반드시 필	畢 마칠 필	筆 붓 필						

ㅎ

下 아래 하	何 어찌 하	河 강이름 하	夏 여름 하	荷 연꽃,짐하,멜하	賀 하례 하	學 배울 학	鶴 학 학	汗 땀 한	旱 가물 한
恨 한할 한	限 한정 한	寒 찰 한	閑 막을 한	漢 한수 한	韓 나라름 한	割 나눌 할	含 머금을 함	咸 다 함	陷 빠질 함
合 합할 합	抗 막을 항	巷 거리 항	恒 항상 항	航 배 항	港 항구 항	項 목 항	亥 열두째지지 해	害 해칠 해	奚 어찌 해
海 바다 해	該 그 해	解 풀 해	核 씨 핵	行 갈행,행할 행	幸 다행 행	向 향할 향	享 누릴 향	香 향기 향	鄕 시골 향
響 울림 향	許 허락할 허	虛 빌 허	軒 추녀 헌	憲 법 헌	獻 바칠 헌	險 험할 험	驗 증험할 험	革 가죽혁,고칠혁	玄 검을 현
弦 시위 현	現 나타날 현	絃 악기줄 현	賢 어질 현	縣 매달현,고을현	懸 매달현,현격할현	顯 나타날 현	穴 구멍 혈	血 피 혈	協 맞을 협
脅 옆구리 협	兄 맏 형	刑 형벌 형	亨 형통할 형	衡 저울대 형	形 모양 형	螢 개똥벌레 형	兮 어조사 혜	惠 은혜 혜	慧 슬기로울 혜
戶 지게호,집호	互 서로 호	乎 어조사호,인가 호	好 좋을 호	虎 범 호	呼 부를 호	胡 턱밑살 호	浩 클 호	毫 가는털 호	湖 호수 호
號 부르짖을 호	豪 호걸 호	護 보호할 호	或 혹 혹	惑 미혹할 혹	昏 어두울 혼	混 섞을 혼	婚 혼인할 혼	魂 넋 혼	忽 소홀히할 홀
弘 넓을 홍	洪 큰물 홍	紅 붉을 홍	鴻 큰기러기 홍	火 불 화	化 될 화	禾 벼 화	花 꽃 화	和 화할 화	華 꽃 화
貨 재화 화	畫 그림 화	話 말할 화	禍 재앙 화	確 굳을 확	擴 넓힐 확	穫 벼벨 확	丸 알 환	患 근심 환	換 바꿀 환
還 돌아올 환	環 고리 환	歡 기뻐할 환	活 살 활	況 하물며 황	皇 임금 황	荒 거칠 황	黃 누를 황	灰 재 회	回 돌 회
悔 뉘우칠 회	會 모일 회	懷 품을 회	劃 그을 획	獲 얻을 획	橫 가로 횡	孝 효도 효	效 본받을 효	曉 새벽 효	厚 두터울 후
侯 제후후,과녁후	後 뒤 후	喉 목구멍 후	候 물을후,날씨후	訓 가르칠 훈	毁 헐 훼	揮 휘두를 휘	輝 빛날 휘	休 쉴 휴	携 끌 휴
凶 흉할 흉	胸 가슴 흉	黑 검을 흑	吸 숨들이쉴 흡	興 일 흥	希 바랄 희	喜 기쁠 희	稀 드물 희	熙 빛날 희	噫 탄식할 희
戱 놀 희戲의 (俗字)									

※ 3급 배정한자 1817字 중 3급Ⅱ 배정한자 1500字는 음영처리 되어 있음.

01

한자이해의 기초

01. 한자의 형성과 구조
02. 한자어의 기본구조
03. 한자의 부수

한자의 형성과 구조

본격적인 한자 익히기에 앞서 한자의 형성과정과 그 구조에 대한 이해는 필수적이라 할 수 있다. 이것은 보다 쉬운 한자학습은 물론이고 나아가 한문학을 이해하는데 중요한 밑거름이 된다. 특히 한자간의 독특한 구성원리인 六書(육서)에 대하여 자세히 알아보도록 한다.

1 한자의 발생(發生)

중국 상고시대인 황제(黃帝) 때(黃帝元年 : B.C. 2674년)에 사관(史官)이던 창힐(創頡)이 새의 발자국을 보고 만들었다고 전한다. 이외에도 복희(伏羲)·주양(朱襄) 등이 만들었다는 설(說)도 있다. 그러나 한자는 어느 한 사람의 손에 의하여 만들어졌다고 생각하기 어렵고, 오랜 시일이 지나는 동안에 여러 사람의 손을 거쳐 형성되었다고 본다. 한자가 생기기 이전에 문자대용으로 사용한 방법으로는 결승(結繩)·팔괘(八卦)·서계(書契) 등이 있었다고 한다.

2 한자 자체(字體)의 변천(變遷)

한자는 오랜 역사를 거치는 동안에 그 모양도 많이 변천되었다. 옛날의 갑골문자(甲骨文字)에서부터 시작하여 전서(篆書)·예서(隸書)·해서(楷書)·행서(行書)·초서(草書) 등 다양한 서체의 변화를 보이고 있으나, 오늘날은 해서와 행서가 많이 쓰이고 있다.

3 한자의 전래(傳來)

한자가 언제부터 우리나라에 들어왔는지 그 확실한 연대를 추정하기는 곤란하나, 상고시대부터 중국 민족의 빈번한 이동에 따라 그들과 접촉이 잦았던 우리 북방에서는 이미 한자(漢字)·한문(漢文)을 받아들였을 것으로 추측되며, 위만조선이나 한사군 시대에는 이미 우리 민족에 널리 보급되었을 것이다.

▶ 갑골문자 … 거북이의 껍질〔龜甲〕이나 짐승의 뼈에 새긴 문자를 말하는 것으로서, 중국에서 가장 오래된 것이다. 이것은 은(殷)나라 때(B.C. 1751~1111년)에 사용되었다. 은은 본래 탕왕(湯王)이 상〔河南省 商邱縣〕에 도읍을 정하여 상(商)이라고 불렀는데, 19대 왕 반경(盤庚)이 은〔河南省 安陽縣〕으로 도읍을 옮겨 은(殷)이라고 불리게 되었다. 은나라의 도읍지가 있던 곳을 은허(殷墟)라 하는데, 이곳에서 오래 전부터 갑골문자가 새겨진 갑골이 출토되었다. 은나라 왕실에서는 거북이의 껍질을 이용하여 점을 쳤고, 그 점친 내용을 거북이의 껍질에 새겨 기록하였던 것이다.

삼국시대에 들어와서 중국과 가장 가까웠던 고구려에서는 건국초기부터 한자를 사용하였을 것이고, 백제와 신라도 고구려를 거쳐 한자·한문을 받아들였을 것이다. 「삼국사기(三國史記)」에 의하면 고구려는 소수림왕 2년(372)에 태학(太學)을 세워 한자·한문교육에 힘썼으며, 백제에서도 고이왕 52년(285)에 「천자문(千字文)」과 「논어(論語)」를 일본에 전해주었다는 것으로 보아, 삼국시대에는 한자·한문이 어느 곳에서나 상당히 널리 보급되었을 것이다. 그 뒤, 고려·조선시대에 이르러서는 한문학의 황금시대를 이루어 많은 학자를 배출하였고, 세종대왕에 의하여 한글이 창제되기까지의 모든 기록이 한자에 의하여 행하여졌다. 한글제정 이후에도 한자·한문은 끊임없이 사용되어 왔다.

4 한자의 3요소

한자는 표의문자(表意文字 ; 그림에 의해서나 사물의 형상을 그대로 베껴서 시각에 의해 사상을 전달하는 문자)이기 때문에, 각 한자마다 고유한 모양(形)·소리(音)·뜻(義)의 3요소를 갖추고 있다.

> 예) 馬[形] → 마[音] - 말[義]   手[形] → 수[音] - 손[義]

5 육서(六書)

한자는 표의문자(表意文字)로 그 글자의 체(字體)가 매우 복잡하게 보이나, 자세히 관찰하면 각 글자들은 어떠한 원칙에 의하여 만들어졌거나 조합되어 있음을 발견할 수 있다. 예로부터 상형(象形), 지사(指事), 회의(會意), 형성(形聲) 및 전주(轉注), 가차(假借)의 여섯가지 구성원리와 사용방법으로 한자의 구조를 설명하여 왔는데, 이를 육서(六書)라고 한다.

(1) 상형문자(象形文字) : 구체적인 사물의 모양을 본떠서 만든 글자

> 예) 日(☉ → 日)   山(⛰ → 山)

(2) 지사문자(指事文字) : 그림으로 본뜨기 어려운 추상적인 생각이나 뜻을 점·선 등의 기호나 부호로써 나타낸 글자

> 예) 上(•→ 上)   本(木 → 本)

(3) 회의문자(會意文字) : 이미 만들어진 글자의 뜻을 둘 이상 결합해 새로운 뜻을 나타내는 글자 (뜻 + 뜻)

> 예) 明(日 + 月 → 明)   好(女 + 子 → 好)   信(人 + 言 → 信)

(4) 형성문자(形聲文字) : 음을 나타내는 부분과 뜻을 나타내는 부분이 결합해서 이루어진 글자 (뜻 + 음)

> 예) 空[穴(뜻부분) + 工(음부분) → 空]   忘[亡(음부분) + 心(뜻부분) → 忘]

(5) 전주문자(轉注文字) : 이미 있는 글자의 본래의 뜻을 확대하여 다른 뜻으로 전용해서 쓰는 글자

> 예) 樂
> • 본래의 뜻 : 풍류 → 音樂(음악)
> • 전용된 뜻 : 즐겁다 → 樂園(낙원)
>
> 善
> • 본래의 뜻 : 착하다 → 善行(선행)
> • 전용된 뜻 : 잘하다 → 善用(선용)

(6) 가차문자(假借文字) : 글자의 본래의 뜻과는 상관없이 나타내려는 사물의 모양이나 음이 비슷한 글자를 빌려서 표현하는 응용방법

> 예) 佛蘭西(불란서)   亞細亞(아세아)   弗($, 달러)

한자어의 기본구조

한자어(漢字語)는 한자(漢字)를 구성요소로 하여 모두 일정한 구성원리를 갖고 있다. 이 구성원리는 한자(漢字)와 한자(漢字)가 서로 결합하여 한 단위의 의미체(意味體)를 이루도록 하는 것이다. 이때 한자와 한자 사이에는 반드시 기능상의 관계를 맺게 되는데, 이 관계를 유형별로 살펴보면 다음과 같다.

1 병렬관계(竝列關係)

```
        A     B
```
- ( )와 ( )
- ( )하고 ( )하다

(1) 상대관계(相對關係) : 뜻이 서로 상대되는 글자

> 예) 雌 ↔ 雄(자웅 : 짐승의 암컷과 수컷)   喜 ↔ 怒(희노 : 기쁨과 노여움)

(2) 대등관계(對等關係) : 뜻이 서로 대등한 글자끼리 어울려진 짜임

> 예) 魚 - 貝(어패 : 물고기와 조개)   貴 - 重(귀중 : 귀하고 중함)

(3) 유사관계(類似關係) : 뜻이 같거나 비슷한 글자끼리 어울려진 짜임

> 예) 樹 = 木(수목 : 나무)   海 = 洋(해양 : 바다)

2 어순(語順)이 우리말과 같은 구조

(1) 수식관계(修飾關係) : 수식어 + 피수식어의 짜임

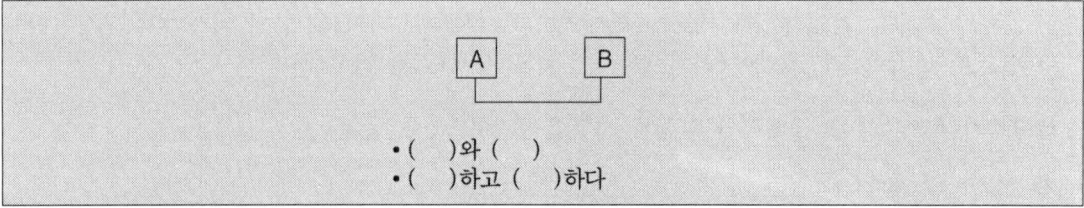

> 예) 思師(은사 : 은혜로운 스승) 清風(청풍 : 맑은 바람)

(2) 주술관계(主述關係) : 주어 + 서술어의 짜임(‖)

```
            주 어  ‖  서술어
          (     )이(가) ‖ (     )하다
```

> 예) 夜‖深(야심 : 밤이 깊다) 日‖出(일출 : 해가 뜨다)

3 어순(語順)이 우리말과 반대인 구조

(1) 술목관계(術目關係) : 서술어 + 목적어의 짜임(|)

```
            서술어  |  목적어
     (    )하다 | (    )을 → (    )을 (    )하다
```

> 예) 受|業(수업 : 학업을 받다) 讀|書(독서 : 책을 읽다)

(2) 술보관계(術補關係) : 서술어 + 보어의 짜임(/)

```
            서술어  /  보 어
     (    )하다 / (    )에(으로) → (    )에(으로) (    )하다
```

> 예) 登/山(등산 : 산에 오르다) 有/力(유력 : 힘이 있다)

(3) 보조관계(補助關係) : 본용언 + 보조용언의 짜임(+)

```
            본용언  +  보조용언
       (     )하지 않다 or (     )하지 못한다
```

> 예) 不+當(부당 : 당치 않다) 未+知(미지 : 알지 못하다)

한자의 부수

부수란 자전(字典)이나 사전(辭典)에서 글자를 찾는데 필요한 기본글자를 말한다. 본래 부수는 한자의 글자모양을 바탕으로 같은 부분, 비슷한 부분을 가진 한자를 한 곳에 모아놓고 공통된 부분을 질서있게 배열하기 위하여 채택한 기본자이므로 한자의 짜임과 뗄 수 없는 관계를 가지고 있다. 부수는 또한 '변(邊)', '방(傍)', '머리', '받침', '몸'의 다섯가지 원리에 의해 나누어진다. (글자가 어느 부분에 위치하느냐에 따라 분류)

1 제부수글자

一	한 일	乙	새 을	二	두 이	人	사람 인	入	들 입	八	여덟 팔	刀	칼 도
又	또 우	口	입 구	力	힘 력	土	흙 토	士	선비 사	夕	저녁 석	大	큰 대
女	계집 녀	子	아들 자	寸	마디 촌	小	작을 소	山	뫼 산	工	장인 공	己	몸 기
巾	수건 건	干	방패 간	弓	활 궁	心	마음 심	文	글월 문	斗	말 두	日	날 일
曰	가로 왈	月	달 월	木	나무 목	止	그칠 지	水	물 수	火	불 화	香	향기 향
首	머리 수	見	볼 견	谷	계곡 곡	赤	붉을 적	走	달아날 주	足	발 족	身	몸 신
車	수레 거	里	마을 리	至	이를 지	臣	신하 신	瓦	기와 와	甘	달 감	用	쓸 용
色	빛 색	龜	거북 귀	龍	용 룡	齒	이 치	齊	가지런할 제	鼠	쥐 서	黃	누를 황
黑	검을 흑	魚	물고기 어	鳥	새 조	鹿	사슴 록	麥	보리 맥	麻	삼 마	骨	뼈 골
高	높을 고	鬼	귀신 귀	面	낯 면	音	소리 음	風	바람 풍	飛	날 비	豆	콩 두

2 변형된 부수

부수의 원형		변형	부수의 원형		변형	부수의 원형		변형	부수의 원형		변형
乙	새 을	ㄴ	人	사람 인	亻	刀	칼 도	刂	川	내 천	巛
心	마음 심	忄	手	손 수	扌	水	물 수	氵	犬	개 견	犭
玉	구슬 옥	王	示	보일 시	礻	衣	옷 의	衤	火	불 화	灬
肉	고기 육	月	艸	풀 초	艹	竹	대나무 죽	竹	邑	고을 읍	阝
阜	언덕 부	阝	辵	쉬엄쉬엄갈 착	辶·辶	卩	병부 절	㔾	攴	칠 복	攵
无	없을 무	旡	歹	뼈앙상할 알	歺	爪	손톱 조	爫	牛	소 우	牛
网	그물 망	罒	羊	양 양	羊	襾	덮을 아	覀	老	늙을 로	耂

이십사절기(二十四節氣)

절후(絶後)			시 기
봄	입춘(立春)	2월 4일경	봄이 시작되는 시기
	우수(雨水)	2월 19일경	강물이 풀리기 시작하는 시기
	경칩(驚蟄)	3월 5일경	동물이 동면(冬眠)을 마치고 깨어나는 시기
	춘분(春分)	3월 21일경	밤과 낮의 길이가 거의 같게 되는 시기
	청명(淸明)	4월 5일경	날씨가 맑고 밝은 시기
	곡우(穀雨)	4월 20일경	봄비가 내려 백곡이 윤택해지는 시기
여름	입하(立夏)	5월 6일경	여름이 시작되는 시기
	소만(小滿)	5월 21일경	만물이 점차 성장하여 가득 차는 시기
	망종(芒種)	6월 6일경	보리는 익어 먹게 되고, 벼의 모는 자라서 심게 되는 시기
	하지(夏至)	6월 21일경	낮이 제일 길고, 밤이 제일 짧은 시기
	소서(小暑)	7월 7일경	본격적인 더위가 시작되는 시기
	대서(大暑)	7월 23일경	더위가 가장 심한 시기
가을	입추(立秋)	8월 8일경	가을이 시작되는 시기
	처서(處暑)	8월 23일경	더위가 풀려가는 시기
	백로(白露)	9월 8일경	이슬이 내리고, 가을기운이 완연히 나타나는 시기
	추분(秋分)	9월 23일경	낮과 밤의 길이가 거의 같게 되는 시기
	한로(寒露)	10월 8일경	찬 서리의 기운이 싹트는 시기
	상강(霜降)	10월 23일경	서리가 내리는 시기
겨울	입동(立冬)	11월 7일경	겨울이 시작되는 시기
	소설(小雪)	11월 23일경	눈이 오기 시작하는 시기
	대설(大雪)	12월 7일경	눈이 많이 오는 시기
	동지(冬至)	12월 23일경	낮이 제일 짧고, 밤이 제일 긴 시기
	소한(小寒)	1월 6일경	겨울 중 가장 추운 시기
	대한(大寒)	1월 12일경	지독히 추운 시기

한자능력검정시험 필수한자 해설

01. 3급선정 1817字 읽기
02. 3급선정 1000字 쓰기 및 활용

3급선정 1807字 읽기

한자능력검정 3급시험의 읽기범위는 교육부 선정 중·고등학교 한문교육용 한자 1800字와 筋, 汽, 液, 曜, 週, 卓, 砲 등 7자를 합한 1807字의 범위 내에서 출제된다. 따라서 본서는 필수한자 1807字를 찾기 쉽게 가나다 순으로 배열했으며, 부수 아래의 획수는 부수를 뺀 나머지 획수를 나타낸 것이다. 또한 ★표는 혼동하기 쉬운 부수글자를 표시한 것이므로 유의하여 보기 바란다.

1 3급 선정 1807字 일람

ㄱ

필수한자	부수 / 획수	훈 음	쓰기연습	필수한자	부수 / 획수	훈 음	쓰기연습
佳	人(亻) 6획	아름다울 가		街★	行 6획	거리 가	
假	人(亻) 9획	거짓 가		刻	刀(刂) 6획	새길 각	
價	人(亻) 13획	값 가 가치 가		却	卩(巴) 5획	물러날 각	
加★	力 3획	더할 가		各★	口 3획	각각 각	
可	口 2획	옳을 가		脚★	肉(月) 7획	다리 각	
家	宀 7획	집 가		覺	見 13획	깨달을 각	
暇	日 9획	겨를 가		角★	제부수글자	뿔 각	
架	木 5획	시렁 가		閣	門 6획	누각 각	
歌	欠 10획	노래 가		刊	刀(刂) 3획	새길 간	

姦	女 6획	간사할 간			强	弓 9획	굳셀 강 힘쓸 강		
干★	제부수글자	방패 간 구할 간			康	广 8획	편안할 강		
幹★	干 10획	줄기 간			江	水(氵) 3획	강 강		
懇	心(忄) 13획	간절할 간			綱	糸 8획	벼리 강		
看	目 4획	볼 간			講	言 10획	익힐 강 강론할 강		
簡	竹 12획	편지 간			鋼	金 8획	강철 강		
肝	肉(月) 3획	간 간			降	阜(阝) 6획	내릴 강 항복할 항		
間	門 4획	사이 간			介	人(亻) 2획	낄 개		
渴	水(氵) 9획	목마를 갈			個	人(亻) 8획	낱 개		
感	心(忄) 9획	느낄 감			慨	心(忄) 11획	분개할 개		
敢	攴(攵) 8획	감히 감			改	攴(攵) 3획	고칠 개		
減	水(氵) 9획	덜 감 감할 감			槪	木 11획	대개 개		
甘	제부수글자	달 감			皆	白 4획	모두 개		
監	皿 9획	볼 감			蓋	艸(艹) 10획	덮을 개		
鑑	金 14획	거울 감 살펴볼 감			開	門 4획	열 개		
甲	田 0획	첫째천간 갑 갑옷 갑			客	宀 6획	손님 객		
剛	刀(刂) 8획	굳셀 강			更★	曰 3획	다시 갱 고칠 경		

漢字	부수	훈음			漢字	부수	훈음		
去★	厶 3획	갈 거 버릴 거			擊	手(扌) 13획	칠 격		
居	尸 5획	살 거 있을 거			格	木 6획	자격 격		
巨★	工 2획	클 거			激	水(氵) 13획	과격할 격		
拒	手(扌) 5획	물리칠 거			堅	土 8획	굳을 견		
據	手(扌) 13획	의거할 거			犬★	제부수글자	개 견		
擧	手(扌) 14획	들 거 모두 거			絹	糸 7획	비단 견		
距	足 5획	떨어질 거			肩	肉(月) 4획	어깨 견		
車	제부수글자	수레 거·차 성 차			見	제부수글자	볼 견 뵐 현		
乾★	乙 10획	하늘 건			遣	走(辶) 10획	보낼 견		
件	人(亻) 4획	사건 건			決	水(氵) 4획	정할 결 판단할 결		
健	人(亻) 9획	건강할 건			潔	水(氵) 12획	깨끗할 결		
建	廴 6획	세울 건			結	糸 6획	맺을 결		
傑	人(亻) 10획	뛰어날 걸			缺★	缶 4획	이지러질 결		
儉	人(亻) 13획	검소할 검			兼★	八 8획	겸할 겸		
劍	刀(刂) 13획	칼 검			謙	言 10획	겸손할 겸		
檢	木 13획	조사할 검			京	亠 6획	서울 경		
憩	心(忄) 12획	쉴 게			傾	人(亻) 11획	기울 경		

卿	卩(㔾) 10획	벼슬 경			係	人(亻) 7획	맬 계		
境	土 11획	지경 경			啓*	口 8획	열 계		
庚	广 5획	일곱번째천간 경 나이 경			契	大 6획	맺을 계		
徑	彳 7획	길 경 지름길 경			季	子 5획	끝 계 계절 계		
慶	心(忄) 11획	경사 경			戒	戈 3획	경계할 계		
敬	攴(攵) 9획	공경할 경			桂	木 6획	계수나무 계		
景	日 8획	경치 경 볕 경			械	木 7획	기계 계		
硬*	石 7획	굳을 경			溪	水(氵) 10획	시내 계		
竟	立 6획	마침내 경 끝낼 경			界	田 4획	세계 계		
競*	立 15획	다툴 경 겨룰 경			癸	癶 4획	열째천간 계		
經	糸 7획	경서 경 책 경			系	糸 1획	계통 계		
耕	耒 4획	밭갈 경			繼	糸 14획	이을 계		
警	言 13획	경계할 경			計	言 2획	셈할 계 꾀할 계		
輕	車 7획	가벼울 경			階	阜(阝) 9획	섬돌 계		
鏡	金 11획	거울 경			鷄	鳥 10획	닭 계		
頃	頁 2획	잠깐 경			古*	口 2획	옛 고		
驚	馬 13획	놀랄 경			告	口 4획	알릴 고		

固★	囗 5획	굳을 고			坤	土 5획	땅 곤		
姑	女 5획	시어머니 고 고모 고			骨★	제부수글자	뼈 골		
孤	子 5획	홀로 고			供	亻 6획	이바지할 공 받들 공		
庫	广 7획	곳집 고			公	八 2획	공변될 공 함께할 공		
故	攴(攵) 5획	옛 고 까닭 고			共	八 4획	함께 공		
枯	木 5획	마를 고 시들 고			功	力 3획	공 공 일할 공		
稿	禾 10획	볏짚 고 원고 고			孔	子 1획	구멍 공 성 공		
考★	老(耂) 2획	헤아릴 고			工	제부수글자	장인 공 만들 공		
苦	艸(艹) 5획	괴로울 고			恐	心 6획	두려워할 공		
顧	頁 12획	돌아볼 고			恭	心(忄) 6획	공손할 공		
高	제부수글자	높을 고			攻	攴(攵) 3획	칠 공 익힐 공		
鼓★	제부수글자	북 고			空★	穴 3획	빌 공		
哭	口 7획	울 곡			貢★	貝 3획	바칠 공		
曲★	曰 2획	굽을 곡			寡	宀 11획	적을 과		
穀★	禾 10획	곡식 곡			戈	제부수글자	창 과		
谷	제부수글자	골짜기 곡			果★	木 4획	열매 과 결과 과		
困★	囗 4획	곤할 곤			瓜	제부수글자	오이 과		

科	禾 4획	과정 과 조목 과			掛	手(扌) 8획	걸 괘		
誇	言 6획	자랑할 과			塊	土 10획	덩어리 괴		
課	言 8획	부과할 과 과목 과			壞	土 16획	무너질 괴		
過	辵(辶) 9획	지날 과 허물 과			怪	心(忄) 5획	괴이할 괴		
郭	邑(阝) 8획	성곽 곽			愧	心(忄) 10획	부끄러워할 괴		
冠	冖 7획	갓 관			交	亠 4획	사귈 교 엇갈릴 교		
官	宀 5획	벼슬 관 관청 관			巧	工 2획	교묘할 교		
寬	宀 12획	너그러울 관			敎	攴(攵) 7획	가르칠 교		
慣	心(忄) 11획	익숙할 관			校	木 6획	학교 교		
管	竹 8획	관 관			橋	木 12획	다리 교		
觀	見 18획	볼 관			矯	矢 12획	바로잡을 교		
貫	貝 4획	꿸 관			較	車 6획	비교할 교		
關	門 11획	관문 관 관계할 관			郊	邑(阝) 6획	들 교		
館	食 8획	집 관			丘★	一 4획	언덕 구		
光★	儿 4획	빛 광			久★	丿 2획	오랠 구		
廣	广 12획	넓을 광			九★	乙 1획	아홉 구		
鑛	金 15획	쇳돌 광			俱	人(亻) 8획	함께 구 갖출 구		

具	八 6획	갖출 구 그릇 구			局	尸 4획	방 국		
區	匸 9획	지경 구			菊	艸(艹) 8획	국화 국		
句	口 2획	글귀 구			君	口 4획	임금 군		
懼	心(忄) 18획	두려워할 구			群	羊 7획	무리 군		
拘	手(扌) 5획	잡을 구 거리낄 구			軍	車 2획	군사 군		
救	攴(攵) 7획	구원할 구 도울 구			郡	邑(阝) 7획	고을 군		
構	木 10획	얽을 구			屈	尸 5획	굽을 굴		
求	水(氵) 2획	구할 구 탐낼 구			宮	宀 7획	집 궁		
狗	犬(犭) 5획	개 구			弓	제부수글자	활 궁		
球	王 7획	공 구			窮	穴 10획	궁할 궁		
究	穴 2획	연구할 구 궁구할 구			券	刀(刂) 6획	문서 권 책 권		
舊	臼 12획	옛 구 오랠 구			勸	力 18획	권할 권		
苟	艸(艹) 5획	진실로 구			卷	卩(㔾) 6획	책 권 두루마리 권		
驅	馬 11획	몰 구			拳	手(扌) 6획	주먹 권		
鷗	鳥 11획	갈매기 구			權	木 18획	권세 권		
龜	제부수글자	거북 귀 나라이름 구 터질 균			厥	厂 10획	그 궐		
國	口 8획	나라 국			歸	止 14획	돌아갈 귀		

貴	貝 5획	귀할 귀			今	人(亻) 2획	이제 금		
鬼	제부수글자	귀신 귀			琴	王 8획	거문고 금		
叫	口 2획	부르짖을 규			禁	示(礻) 8획	금할 금		
規	見 4획	법 규			禽	内 8획	날짐승 금		
閨	門 6획	안방 규			金	제부수글자	쇠 금 성 김		
均	土 4획	고를 균			錦	金 8획	비단 금		
菌	艹(卄) 8획	버섯 균			及	又 2획	미칠 급		
克	儿 5획	이길 극			急	心(忄) 5획	급할 급		
劇	刀(刂) 13획	심할 극 연극 극			級	糸 4획	등급 급		
極	木 9획	다할 극 지극할 극			給	糸 6획	줄 급		
僅	人(亻) 11획	겨우 근			肯	肉(月) 4획	인정할 긍 즐길 긍		
勤	力 11획	부지런할 근			企	人(亻) 4획	꾀할 기		
斤	제부수글자	근 근 도끼 근			其	八 6획	그것 기		
根	木 6획	뿌리 근 근본 근			器	口 13획	그릇 기		
筋	竹 6획	힘줄 근			基	土 8획	터 기 바탕 기		
謹	言 11획	삼갈 근			奇	大 5획	기이할 기		
近	辵(辶) 4획	가까울 근			寄	宀 8획	부칠 기 붙일 기		

필수한자	부수 / 획수	훈 음	쓰기연습		필수한자	부수 / 획수	훈 음	쓰기연습	
己★	제부수글자	자기 기 몸 기			氣★	气 6획	기운 기 숨 기		
幾	幺 9획	몇 기			畿★	田 10획	경기 기 지경 기		
忌	心(忄) 3획	꺼릴 기			祈	示(礻) 4획	빌 기		
技	手(扌) 4획	재주 기			紀	糸 3획	실마리 기 적을 기		
汽	水(氵) 4획	김 기 거의 흘			記	言 3획	기록할 기 기억할 기		
旗	方 10획	기 기			豈	豆 3획	어찌 기		
旣★	旡 7획	이미 기			起	走 3획	일어날 기 일어설 기		
期	月 8획	기약할 기 기간 기			飢	食 2획	주릴 기		
棄★	木 8획	버릴 기			騎	馬 8획	말탈 기		
機	木 12획	틀 기			緊	糸 8획	굳을 긴		
欺	欠 8획	속일 기			吉	口 3획	길할 길		

(ㄴ)

필수한자	부수 / 획수	훈 음	쓰기연습		필수한자	부수 / 획수	훈 음	쓰기연습	
那	邑(阝) 4획	어찌 나			難	隹 11획	어려울 난		
諾	言 9획	대답할 낙			南★	十 7획	남녘 남		
暖	日 9획	따뜻할 난			男★	田 2획	사내 남		

필수한자	부수 / 획수	훈 음	쓰기연습		필수한자	부수 / 획수	훈 음	쓰기연습
納	糸 / 4획	들일 납			努	力 / 5획	힘쓸 노	
娘	女 / 7획	각시 낭			奴	女 / 2획	종 노	
乃*	丿 / 1획	이에 내			怒	心(忄) / 5획	성낼 노	
內*	入 / 2획	안 내			濃	水(氵) / 13획	짙을 농	
奈	木 / 5획	어찌 내			農	辰 / 6획	농사 농	
耐	而 / 3획	견딜 내			惱	心(忄) / 9획	괴로워할 뇌	
年*	干 / 3획	해 년			腦	肉(月) / 9획	뇌 뇌	
念	心(忄) / 4획	생각 념			能*	肉(月) / 6획	능할 능 재능 능	
寧	宀 / 11획	편안할 녕			泥	水(氵) / 5획	진흙 니	

ㄷ

필수한자	부수 / 획수	훈 음	쓰기연습		필수한자	부수 / 획수	훈 음	쓰기연습
多	夕 / 3획	많을 다			團	囗 / 11획	둥글 단 모일 단	
茶	艸(艹) / 6획	차 다 차 차			壇	土 / 13획	단 단	
丹*	丶 / 3획	붉을 단			斷	斤 / 14획	끊을 단	
但	人(亻) / 5획	다만 단			旦	日 / 1획	아침 단	
單	口 / 9획	홑 단			檀	木 / 13획	박달나무 단	

漢字	부수	훈음		
段	殳 5획	조각 단		
短	矢 7획	짧을 단		
端	立 9획	실마리 단 끝 단		
達	辵(辶) 9획	통달할 달 이를 달		
擔	手(扌) 13획	멜 담 맡을 담		
淡	水(氵) 8획	묽을 담		
潭	水(氵) 12획	못 담		
談	言 8획	이야기 담		
畓	田 4획	논 답		
答	竹 6획	대답할 답		
踏	足 8획	밟을 답		
唐	口 7획	당나라 당		
堂	土 8획	집 당		
當	田 8획	마땅할 당		
糖	米 10획	사탕 당		
黨	黑 8획	무리 당		
代	人(亻) 3획	대신할 대		

漢字	부수	훈음		
對	寸 11획	마주볼 대 대답할 대		
帶	巾 8획	띠 대		
待	彳 6획	기다릴 대 대접할 대		
臺	至 8획	누각 대		
貸	貝 5획	빌릴 대		
隊	阜(阝) 9획	떼 대		
德	彳 12획	덕 덕		
倒	人(亻) 8획	넘어질 도		
刀	제부수글자	칼 도		
到	刀(刂) 6획	이를 도		
圖	口 11획	꾀할 도 그림 도		
導	寸 13획	이끌 도		
島	山 7획	섬 도		
度	广 6획	정도 도 헤아릴 탁		
徒	彳 7획	걸어다닐 도 무리 도		
挑	手(扌) 6획	돋울 도		
桃	木 6획	복숭아 도		

渡	水(氵) 9획	건널 도			冬*	冫 3획	겨울 동			
盜	皿 7획	도둑 도			凍	冫 8획	얼 동			
稻	禾 10획	벼 도			動	力 9획	움직일 동			
跳	足 6획	뛸 도			同*	口 3획	같을 동 한가지 동			
逃	辵(辶) 6획	달아날 도			東*	木 4획	동녘 동			
途	辵(辶) 7획	길 도			桐	木 6획	오동나무 동			
道	辵(辶) 9획	길 도 말할 도			洞	水(氵) 6획	고을 동 통할 통			
都	邑(阝) 9획	도읍 도			童	立 7획	아이 동			
陶	阜(阝) 8획	질그릇 도			銅	金 6획	구리 동			
毒	毋 4획	독 독			斗	제부수글자	말 두 우뚝할 두			
獨	犬(犭) 13획	홀로 독			豆	제부수글자	콩 두 팥 두			
督	目 8획	감독할 독 재촉할 독			頭	頁 7획	머리 두			
篤	竹 10획	도타울 독			鈍	金 4획	둔할 둔			
讀	言 15획	읽을 독 구절 두			得	彳 8획	얻을 득			
敦	攴(攵) 8획	도타울 돈			燈	火(灬) 12획	등잔 등 등불 등			
豚*	豕 4획	돼지 돈			登	癶 7획	오를 등			
突	穴 4획	부딪칠 돌			等	竹 6획	등급 등 가지런할 등			

ㄹ

필수한자	부수 / 획수	훈 음	쓰기연습	필수한자	부수 / 획수	훈 음	쓰기연습
羅	网(罒) / 14획	벌일 라		浪	水(氵) / 7획	물결 랑	
樂	木 / 11획	즐거울 락 좋아할 요 음악 악		郞	邑(阝) / 7획	사내 랑 남편 랑	
洛	水(氵) / 6획	물이름 락		來★	人 / 6획	올 래	
絡	糸 / 6획	이을 락		冷	冫 / 5획	찰 랭	
落	艸(艹) / 9획	떨어질 락		掠	手(扌) / 8획	빼앗을 략	
亂	乙 / 12획	어지러울 란		略	田 / 6획	간략할 략	
卵★	卩(㔾) / 5획	알 란		兩★	入 / 6획	두 량	
欄	木 / 17획	난간 란		梁	木 / 7획	들보 량 다리 량 나라이름 량	
爛	火(灬) / 17획	빛날 란		糧	米 / 12획	양식 량	
蘭	艸(艹) / 17획	난초 란		良★	艮 / 1획	어질 량 진실로 량	
濫	水(氵) / 14획	넘칠 람		諒	言 / 8획	믿을 량 살필 량	
藍	艸(艹) / 14획	쪽 람		量★	里 / 5획	헤아릴 량 용량 량	
覽	見 / 14획	볼 람		凉	水(氵) / 8획	서늘할 량 (涼의 俗字)	
廊	广 / 10획	행랑 랑		勵	力 / 15획	권면할 려	
朗★	月 / 7획	밝을 랑		慮	心(忄) / 11획	생각할 려	

旅	方 / 6획	나그네 려			廉	广 / 10획	청렴할 렴		
麗	鹿 / 8획	고울 려			令	人(亻) / 3획	명령할 령 하여금 령		
呂	口 / 4획	음률 려			嶺	山 / 14획	고개 령		
力	제부수글자	힘 력			零	雨 / 5획	비올 령 영 령		
曆	日 / 12획	책력 력			靈	雨 / 16획	신령 령 영혼 령		
歷	止 / 12획	지낼 력			領	頁 / 5획	다스릴 령		
憐	心(忄) / 12획	불쌍히여길 련			例	人(亻) / 6획	법식 례 보기 례		
戀	心(忄) / 19획	사모할 련			禮	示(礻) / 13획	예절 례		
練	糸 / 9획	단련할 련			勞	力 / 10획	수고할 로		
聯	耳 / 11획	이을 련			爐	火(灬) / 16획	화로 로		
蓮	艸(艹) / 11획	연 련			老	제부수글자 (耂)	늙을 로		
連	辵(辶) / 7획	이을 련			路	足 / 6획	길 로		
鍊	金 / 9획	단련할 련			露	雨 / 12획	이슬 로		
列	刀(刂) / 4획	벌릴 렬			祿	示(礻) / 8획	녹 록		
劣	力 / 4획	못날 렬			綠	糸 / 8획	푸를 록 초록빛 록		
烈	火(灬) / 6획	세찰 렬 사나울 렬			錄	金 / 8획	기록할 록		
裂	衣(衤) / 6획	찢어질 렬			鹿	제부수글자	사슴 록		

論	言 8획	논의할 론 말할 론			陸	阜(阝) 8획	뭍 륙 육지 륙		
弄★	廾 4획	희롱할 롱			倫	人(亻) 8획	인륜 륜		
賴★	貝 9획	의지할 뢰			輪	車 8획	바퀴 륜 돌 륜		
雷	雨 5획	우뢰 뢰 천둥 뢰			律	彳 6획	법률 률 가락 률		
了★	亅 1획	끝날 료			栗	木 6획	밤 률		
料★	斗 6획	헤아릴 료			率★	玄 6획	비율 률 이끌 솔		
龍	제부수글자	용 룡			隆	阜(阝) 9획	성할 륭		
屢	尸 11획	여러 루			陵	阜(阝) 8획	언덕 릉		
樓	木 11획	다락 루			利	刀(刂) 5획	이로울 리		
淚	水(氵) 8획	눈물 루			吏★	口 3획	관리 리		
漏	水(氵) 11획	샐 루			履	尸 12획	밟을 리		
累★	糸 5획	여러 루			李	木 3획	오얏나무 리		
柳	木 5획	버드나무 류			梨	木 7획	배 리		
流	水(氵) 7획	흐를 류			理	王(玉) 7획	이치 리 다스릴 리		
留	田 5획	머무를 류 남을 류			裏★	衣(衤) 7획	속 리		
類	頁 10획	무리 류 같을 류			里★	제부수글자	마을 리		
六★	八 2획	여섯 륙			離	隹 11획	떠날 리 떨어질 리		

필수한자	부수 / 획수	훈 음	쓰기연습
隣	阜(阝) / 12획	이웃 린	
林	木 / 4획	수풀 림	

필수한자	부수 / 획수	훈 음	쓰기연습
臨	臣 / 11획	임할 림	
立	제부수글자	설 립	

ㅁ

필수한자	부수 / 획수	훈 음	쓰기연습
磨	石 / 11획	갈 마	
馬	제부수글자	말 마	
麻	제부수글자	삼 마	
幕*	巾 / 11획	휘장 막	
漠	水(氵) / 11획	아득할 막	
莫	艸(艹) / 7획	없을 막	
慢	心(忄) / 11획	거만할 만	
晩	日 / 7획	늦을 만	
滿	水(氵) / 11획	가득할 만	
漫	水(氵) / 11획	부질없을 만	
萬	艸(艹) / 9획	일만 만	
蠻	虫 / 19획	오랑캐 만	

필수한자	부수 / 획수	훈 음	쓰기연습
末*	木 / 1획	끝 말	
亡*	亠 / 1획	망할 망	
妄	女 / 3획	허망할 망	
忘	心(忄) / 3획	잊을 망	
忙	心(忄) / 3획	바쁠 망	
望*	月 / 7획	바랄 망 / 원망할 망	
罔*	网(罒) / 3획	속일 망	
茫	艸(艹) / 6획	아득할 망	
埋	土 / 7획	묻을 매	
妹	女 / 5획	손아랫누이 매	
媒	女 / 9획	중매 매	
梅	木 / 7획	매화 매	

每	毋 3획	매양 매 마다 매		
買	貝 5획	살 매		
賣	貝 8획	팔 매		
脈	肉(月) 6획	맥 맥		
麥	제부수글자	보리 맥		
孟	子 5획	맏 맹 성 맹 맹랑할 맹		
猛	犬(犭) 8획	사나울 맹		
盲	目 3획	먼눈 맹		
盟	皿 8획	맹세 맹		
免	儿 5획	면할 면		
勉	力 7획	힘쓸 면		
眠	目 5획	잠 면		
綿	糸 8획	솜 면		
面	제부수글자	얼굴 면		
滅	水(氵) 10획	다할 멸 망할 멸		
冥	冖 8획	어두울 명		
名	口 3획	이름 명 이름날 명		

命	口 5획	목숨 명 시킬 명		
明	日 4획	밝을 명		
銘	金 6획	새길 명		
鳴	鳥 3획	울 명		
募	力 11획	모을 모		
慕	心(忄·㣺) 11획	사모할 모		
暮	日 11획	저물 모 늦을 모		
某	木 5획	아무 모		
模	木 11획	법 모 본뜰 모		
母	毋 1획	어머니 모		
毛	제부수글자	털 모		
矛	제부수글자	창 모		
謀	言 9획	꾀할 모		
貌	豸 7획	모양 모		
木	제부수글자	나무 목		
沐	水(氵) 4획	머리감을 목		
牧	牛(牜) 4획	목장 목 기를 목		

漢字	부수/획수	훈음		
目	제부수글자	눈 목		
睦	目 8획	화목할 목		
沒	水(氵) 4획	빠질 몰		
夢★	夕 11획	꿈꿀 몽		
蒙	艸(艹) 10획	어릴 몽 어리석을 몽		
卯	卩(㔾) 3획	토끼 묘		
墓★	土 11획	무덤 묘		
妙	女 4획	묘할 묘		
廟	广 12획	사당 묘		
苗	艸(艹) 5획	싹 묘		
務	力 9획	힘쓸 무 일 무		
戊	戈 1획	다섯째천간 무		
武★	止 4획	굳셀 무		
無	火(灬) 8획	없을 무		
舞	舛 8획	춤출 무		
茂	艸(艹) 5획	무성할 무		
貿	貝 5획	바꿀 무		

漢字	부수/획수	훈음		
霧	雨 11획	안개 무		
墨	土 12획	먹 묵		
默	黑 4획	잠잠할 묵		
問	口 8획	물을 문		
文	제부수글자	글월 문		
聞	耳 8획	들을 문		
勿★	勹 2획	말 물		
物	牛(牜) 4획	물건 물		
味	口 5획	맛 미		
尾	尸 4획	꼬리 미 끝 미		
微	彳 10획	작을 미		
未	木 1획	아닐 미		
眉★	目 4획	눈썹 미		
米	제부수글자	쌀 미		
美★	羊 3획	아름다울 미		
迷	辵(辶) 6획	미혹할 미		
憫	心(忄) 12획	불쌍할 민		

필수한자	부수 / 획수	훈 음	쓰기연습		필수한자	부수 / 획수	훈 음	쓰기연습	
敏	攴(攵) 7획	민첩할 민			密*	宀 8획	빽빽할 밀		
民*	氏 1획	백성 민			蜜*	虫 8획	꿀 밀		

(ㅂ)

필수한자	부수 / 획수	훈 음	쓰기연습		필수한자	부수 / 획수	훈 음	쓰기연습	
博	十 10획	넓을 박 노름 박			返	辵(辶) 4획	돌아올 반		
拍	手(扌) 5획	칠 박			飯	食 4획	밥 반		
朴	木 2획	성 박 순박할 박			拔	手(扌) 5획	뺄 발		
泊	水(氵) 5획	배댈 박			發	癶 7획	필 발		
薄	艸(艹) 13획	엷을 박 얇을 박			髮*	髟 5획	머리털 발		
迫	辵(辶) 5획	닥칠 박			倣	人(亻) 8획	본받을 방		
半*	十 3획	반 반 가운데 반			傍	人(亻) 10획	곁 방		
反*	又 2획	거스를 반 뒤집을 번			妨	女 4획	방해할 방		
叛*	又 7획	배반할 반			房	戶 4획	곁방 방 집 방		
班	玉(王) 6획	나눌 반			放	攴(攵) 4획	놓을 방 내칠 방		
盤	皿 10획	쟁반 반 받침 반			方	제부수글자	방위 방 모 방 바야흐로 방		
般*	舟 4획	일반 반			芳	艸(艹) 4획	꽃다울 방		

訪	言 4획	찾을 방			繁	糸 11획	번성할 번		
邦	邑(阝) 4획	나라 방			飜	飛 12획	번역할 번		
防	阜(阝) 4획	막을 방 둑 방			伐	人(亻) 4획	칠 벌		
倍	人(亻) 8획	갑절 배			罰	罒(网) 9획	벌 벌		
培	土 8획	북돋울 배			凡★	几 1획	무릇 범 모두 범		
拜	手(扌) 5획	절 배			汎	水(氵) 3획	뜰 범 넓을 범		
排	人(亻) 8획	물리칠 배			犯	犬(犭) 2획	범죄 범		
杯	木 4획	잔 배			範	竹 9획	법 범 한계 범		
背★	肉(月) 5획	등 배 등질 배			法	水(氵) 5획	법 법		
輩	車 8획	무리 배			壁	土 13획	벽 벽		
配	酉 3획	짝지을 배			碧	石 9획	푸를 벽		
伯	人(亻) 5획	맏 백			變★	言 16획	변할 변 재앙 변		
栢	木 6획	측백나무 백			辨	辛 9획	분별할 변		
白	제부수글자	흰 백			辯	辛 14획	말 잘할 변		
百	白 1획	일백 백			邊	辵(辶) 15획	가 변		
煩	火(灬) 9획	번거로울 번			遍	辵(辶) 9획	두루 변 두루 편		
番	田 7획	차례 번			別	刀(刂) 5획	나눌 별 다를 별		

한자	부수/획수	훈음			한자	부수/획수	훈음		
丙★	一 4획	셋째천간 병 불 병			複	衣(衤) 9획	겹칠 복		
兵★	八 5획	병사 병			復	彳 9획	회복할 복 다시 부		
屛	尸 8획	병풍 병			本	木 1획	근본 본		
病	疒 5획	병들 병			奉★	大 5획	받들 봉		
竝	立 5획	아우를 병			封	寸 6획	봉할 봉		
步★	止 3획	걸음 보			峯	山 7획	봉우리 봉		
保	人(亻) 7획	보전할 보			蜂	虫 7획	벌 봉		
報★	土 9획	갚을 보 알릴 보			逢	辵(辶) 7획	만날 봉		
寶	宀 17획	보배 보			鳳★	鳥 3획	봉새 봉		
普	日 8획	넓을 보			付	人(亻) 3획	부탁할 부 줄 부		
補	衣(衤) 7획	도울 보			副	刀(刂) 9획	버금 부		
譜	言 12획	계보 보			否	口 4획	아닐 부 막힐 비		
伏	人(亻) 4획	엎드릴 복 절후 복			夫★	大 1획	사내 부 지아비 부		
卜	제부수글자	점 복			婦	女 8획	며느리 부 지어미 부		
服	月 4획	일할 복 옷 복 좇을 복			富	宀 9획	부자 부 넉넉할 부		
福	示(礻) 9획	복 복			府	广 5획	마을 부 곳집 부		
腹	肉(月) 9획	배 복			扶	手(扌) 4획	도울 부		

浮	水(氵) 7획	뜰 부			粉	米 4획	가루 분		
父*	제부수글자	아비 부			紛	糸 4획	어지러울 분		
符	竹 5획	부신 부			不	一 3획	아닐 불 아닐 부		
簿	竹 13획	장부 부			佛	人(亻) 5획	부처 불		
腐*	肉(月) 8획	썩을 부			弗*	弓 2획	아닐 불		
膚*	肉(月) 11획	살갗 부			拂	手(扌) 5획	치를 불		
負	貝 2획	질 부 짐질 부			崩	山 8획	무너질 붕		
賦	貝 8획	구실 부 문체이름 부			朋	月 4획	벗 붕		
赴	走 2획	다다를 부			備	人(亻) 10획	갖출 비		
部	邑(阝) 8획	떼 부 분류 부			卑*	十 6획	낮을 비		
附	阜(阝) 5획	붙을 부			妃	女 3획	왕비 비		
北*	匕 3획	북녘 북 달아날 배			婢	女 8획	계집종 비		
分	刀(刂) 2획	나눌 분 푼 푼			悲	心(忄) 8획	슬퍼할 비		
墳	土 12획	봉분 분			批	手(扌) 4획	비평할 비		
奔	大 5획	달아날 분			比*	제부수글자	견줄 비		
奮	大 13획	떨칠 분			碑	石 8획	비석 비		
憤	心(忄) 12획	분할 분			祕	示(礻) 5획	숨길 비		

필수한자	부수/획수	훈 음	쓰기연습		필수한자	부수/획수	훈 음	쓰기연습
肥	肉(月)/4획	살찔 비			貧	貝/4획	가난할 빈	
費	貝/5획	쓸 비			賓	貝/7획	손님 빈	
非	제부수글자	그를 비 아닐 비			頻	頁/7획	자주 빈	
飛★	제부수글자	날 비			氷★	水(氵)/1획	얼음 빙 얼 빙	
鼻★	제부수글자	코 비			聘	耳/7획	부를 빙	

(人)

필수한자	부수/획수	훈 음	쓰기연습		필수한자	부수/획수	훈 음	쓰기연습
事★	亅/7획	일 사 섬길 사			寺	寸/3획	절 사 내시 시	
仕	人(亻)/3획	벼슬 사 섬길 사			射	寸/7획	쏠 사	
似	人(亻)/5획	같을 사			巳★	己/0획	뱀 사	
使	人(亻)/6획	부릴 사			師★	巾/7획	스승 사	
史★	口/2획	사관 사 역사 사			思	心(忄)/5획	생각 사	
司	口/2획	맡을 사			捨	手(扌)/8획	버릴 사	
四★	口/2획	넉 사			斜	斗/7획	기울 사	
士	제부수글자	선비 사			斯	斤/8획	이것 사	
寫	宀/12획	베낄 사			査	木/5획	조사할 사	

死	歹 / 2획	죽을 사			散	攴(攵) / 8획	흩어질 산		
沙	水(氵) / 4획	모래 사			産	生 / 6획	낳을 산		
社	示(礻) / 3획	모일 사 제사지낼 사			算	竹 / 8획	셈할 산		
祀	示(礻) / 3획	제사 사			酸	酉 / 7획	초 산		
私	禾 / 2획	사사로울 사			殺	殳 / 7획	죽일 살 덜 쇄		
絲	糸 / 6획	실 사			三	一 / 2획	석 삼		
舍	舌 / 2획	집 사			森	木 / 8획	빽빽할 삼		
蛇	虫 / 5획	뱀 사			上	一 / 2획	위 상 오를 상		
詐	言 / 5획	속일 사			傷	人(亻) / 11획	다칠 상 해칠 상		
詞	言 / 5획	말씀 사			像	人(亻) / 12획	형상 상		
謝	言 / 10획	사례할 사 사양할 사			償	人(亻) / 15획	갚을 상		
賜	貝 / 8획	줄 사			商	口 / 8획	장사 상		
辭	辛 / 12획	말씀 사 사퇴할 사			喪	口 / 9획	잃을 상 죽을 상		
邪	邑(阝) / 4획	간사할 사 어조사 야			嘗	口 / 11획	맛볼 상		
削	刀(刂) / 7획	깎을 삭			尙	小 / 5획	오히려 상 숭상할 상		
朔	月 / 6획	초하루 삭			常	巾 / 8획	항상 상		
山	제부수글자	산 산 뫼 산			床	广 / 4획	평상 상		

想	心(忄) 9획	생각할 상			恕	心(忄) 6획	용서할 서		
桑	木 6획	뽕나무 상			敍	支(攵) 7획	펼 서		
狀★	犬(犭) 4획	모양 상 문서 장			暑	日 9획	더울 서 더위 서		
相★	目 4획	서로 상			書	日 6획	책 서 글 서		
祥	示(礻) 6획	상서로울 상			緖	糸 9획	실마리 서		
裳	衣(衤) 8획	치마 상			署	网(罒) 9획	관청 서		
詳	言 6획	자세할 상			西★	襾 0획	서녘 서		
象★	豕 5획	코끼리 상 모양 상			夕	제부수글자	저녁 석		
賞	貝 8획	상 상 칭찬할 상			席	巾 7획	자리 석		
霜	雨 9획	서리 상			惜	心(忄) 8획	아낄 석 가엾을 석		
塞	土 10획	변방 새 막을 색			昔	日 4획	옛 석		
索	糸 4획	찾을 색 노끈 삭			析	木 4획	가를 석		
色	제부수글자	빛 색			石★	제부수글자	돌 석		
生	제부수글자	날 생			釋	采 13획	풀 석		
序	广 4획	차례 서			仙	人(亻) 3획	신선 선		
庶	广 8획	거의 서 모두 서			先★	儿 4획	먼저 선		
徐	彳 7획	천천히 서			善	口 9획	좋을 선 착할 선 잘할 선		

한자	부수/획수	훈음			한자	부수/획수	훈음		
宣	宀 / 6획	베풀 선			盛	皿 / 7획	성할 성		
旋	方 / 7획	돌 선			省	目 / 4획	살필 성 덜 생		
禪	示(礻) / 12획	봉선 선 선위할 선			聖★	耳 / 7획	성스러울 성 성인 성		
線	糸 / 9획	줄 선 실 선			聲	耳 / 11획	소리 성		
船	舟 / 5획	배 선			誠	言 / 7획	정성 성 진실 성		
選	辵(辶) / 12획	가릴 선 뽑을 선			世★	一 / 4획	세대 세 세상 세		
鮮	魚 / 6획	생선 선 고울 선			勢	力 / 11획	세력 세 기세 세		
舌★	제부수글자	혀 설			歲★	止 / 9획	해 세 나이 세		
設	言 / 4획	베풀 설 설령 설			洗	水(氵) / 6획	씻을 세		
說	言 / 7획	말씀 설 달랠 세 기쁠 열			稅	禾 / 7획	세금 세		
雪	雨 / 3획	눈 설 씻을 설			細	糸 / 5획	가늘 세 자세할 세		
涉	水(氵) / 7획	건널 섭			召	口 / 2획	부를 소		
城	土 / 7획	재(성) 성			小	제부수글자	작을 소		
姓	女 / 5획	성씨 성 겨레 성			少	小 / 1획	적을 소 젊을 소		
性	心(忄) / 5획	성품 성 성별 성			所	戶 / 4획	바 소 곳 소		
成★	戈 / 3획	이룰 성 이루어질 성			掃	手(扌) / 8획	쓸 소		
星	日 / 5획	별 성			昭	日 / 5획	밝을 소		

한자	부수/획수	훈음			한자	부수/획수	훈음		
消	水(氵) 7획	사라질 소			松	木 4획	소나무 송		
燒	火(灬) 12획	불사를 소			訟	言 4획	송사할 송		
疏	疋 7획	성길 소			誦	言 7획	욀 송		
笑	竹 4획	웃을 소			送	辵(辶) 6획	보낼 송		
素	糸 4획	바탕 소 흴 소			頌	頁 4획	기릴 송		
蔬	艸(艹) 11획	푸성귀 소			刷	刀(刂) 6획	씻을 쇄		
蘇	艸(艹) 16획	깨어날 소			鎖	金 10획	쇠사슬 쇄		
訴	言 5획	하소연할 소			衰	衣(衤) 4획	쇠할 쇠 상복 최		
騷	馬 10획	떠들 소			修	人(亻) 8획	닦을 수		
俗	人(亻) 7획	풍속 속 속될 속			受	又 6획	받을 수		
屬	尸 18획	무리 속 이을 촉			囚★	囗 2획	죄수 수		
束★	木 3획	묶을 속			壽★	士 11획	목숨 수		
粟	米 6획	조 속			守	宀 3획	지킬 수		
續	糸 15획	이을 속			帥	巾 6획	장수 수 거느릴 솔		
速	辵(辶) 7획	빠를 속			愁	心(忄) 9획	근심 수		
孫	子 7획	손자 손			手	제부수글자	손 수		
損	手(扌) 10획	잃을 손 덜 손			授	手(扌) 8획	가르칠 수 줄 수		

收	攴(攵) 2획	거둘 수			孰★	子 8획	누구 숙		
數	攴(攵) 11획	셈 수 자주 삭 촘촘할 촉			宿	宀 8획	묵을 숙 별 수		
樹	木 12획	나무 수			淑	水(氵) 8획	맑을 숙		
殊	歹(歺) 6획	다를 수			熟	火(灬) 11획	익을 숙 익숙할 숙		
水	제부수글자	물 수			肅★	聿 7획	엄숙할 숙		
獸	犬(犭) 15획	짐승 수			巡★	巛 4획	돌 순		
睡	目 8획	졸 수			循	彳 9획	돌아다닐 순 좇을 순		
秀	禾 2획	빼어날 수			旬	日 2획	열흘 순		
誰	言 8획	누구 수			殉	歹(歺) 6획	따라죽을 순		
輸	車 9획	보낼 수			盾	目 4획	방패 순		
遂	辵(辶) 9획	드디어 수 이를 수			瞬	目 12획	눈깜짝할 순		
隨	阜(阝) 13획	따를 수			純	糸 4획	순수할 순		
雖★	隹 9획	비록 수			脣	肉(月) 7획	입술 순		
需	雨 6획	구할 수			順	頁 3획	순할 순 차례 순		
須	頁 3획	모름지기 수			戌	戈 2획	개 술		
首★	제부수글자	머리 수			術★	行 5획	꾀 술 재주 술		
叔	又 6획	아재비 숙			述	辵(辶) 5획	지을 술		

한자	부수/획수	뜻과 음			
崇	山 8획	높을 숭			
濕	水(氵) 14획	습할 습			
拾	手(扌) 6획	주울 습 열 십			
習	羽 5획	익힐 습			
襲	衣(衤) 16획	엄습할 습			
乘★	丿 9획	탈 승			
僧	人(亻) 12획	중 승			
勝★	力 10획	이길 승 나을 승			
升★	十 2획	되 승			
承★	手 4획	이을 승 받을 승			
昇	日 4획	오를 승			
侍	人(亻) 6획	모실 시			
始	女 5획	비롯할 시 처음 시			
市	巾 2획	시가 시			
施	方 5획	베풀 시			
是	日 5획	옳을 시 이 시			
時	日 6획	때 시			

한자	부수/획수	뜻과 음			
矢★	제부수글자	화살 시			
示	제부수글자	보일 시			
視★	見 5획	볼 시			
試	言 6획	시험할 시			
詩	言 6획	시 시			
式★	弋 3획	법 식 예식 식			
息	心(忄) 6획	숨 식 그칠 식			
植	木 8획	심을 식			
識	言 12획	알 식 적을 지			
食	제부수글자	밥 식 밥 사			
飾	食 5획	꾸밀 식			
伸	人(亻) 5획	펼 신			
信	人(亻) 7획	믿을 신			
愼	心(忄) 10획	삼갈 신			
新	斤 9획	새 신 새롭게할 신			
晨	日 7획	새벽 신			
申★	田 0획	아홉째천간 신 아뢸 신			

필수한자	부수 / 획수	훈 음	쓰기연습		필수한자	부수 / 획수	훈 음	쓰기연습	
神	示(礻) / 5획	귀신 신 정신 신			尋	寸 / 9획	찾을 심		
臣	제부수글자	신하 신			心	제부수글자	마음 심 심장 심		
身	제부수글자	몸 신			深	水(氵) / 8획	깊을 심		
辛	제부수글자	매울 신			甚	甘 / 4획	심할 심		
失	大 / 2획	잃을 실 허물 실			十	제부수글자	열 십		
室	宀 / 6획	방 실 집 실			雙	隹 / 10획	쌍 쌍		
實	宀 / 11획	열매 실 참될 실			氏	제부수글자	성 씨		
審	宀 / 12획	살필 심							

(ㅇ)

필수한자	부수 / 획수	훈 음	쓰기연습		필수한자	부수 / 획수	훈 음	쓰기연습	
亞	二 / 6획	버금 아			雅	隹 / 4획	바를 아		
兒	儿 / 6획	아이 아			餓	食 / 7획	주릴 아		
我	戈 / 3획	나 아			岳	山 / 5획	큰산 악		
牙	제부수글자	어금니 아			惡	心(忄) / 8획	악할 악 싫어할 오		
芽	艸(艹) / 4획	싹 아			安	宀 / 3획	편안할 안		
阿	阜(阝) / 5획	언덕 아 아첨할 아			雁	隹 / 4획	기러기 안		

岸	山 5획	언덕 안		
案	木 6획	책상 안 생각할 안		
眼	目 6획	눈 안		
顔	頁 9획	얼굴 안		
謁	言 9획	아뢸 알		
岩	山 5획	바위 암 (巖의 俗字)		
暗	日 9획	어두울 암		
壓★	土 14획	누를 압		
仰	人(亻) 4획	우러를 앙		
央	大 2획	가운데 앙		
殃	歹(歺) 5획	재앙 앙		
哀★	口 6획	슬플 애		
愛	心(忄) 9획	사랑할 애 아낄 애		
涯	水(氵) 8획	물가 애		
厄	厂 2획	재앙 액		
液	水(氵) 8획	즙 액 담글 석		
額	頁 9획	수량 액		

也★	乙 2획	어조사 야		
夜	夕 5획	밤 야		
耶	耳 3획	어조사 야		
野	里 4획	들 야		
弱	弓 7획	약할 약		
約	糸 3획	맺을 약 간략할 약		
若	艸(艹) 5획	만일 약 같을 약		
藥	艸(艹) 15획	약 약		
壤	土 17획	땅 양		
揚	手(扌) 9획	드날릴 양		
楊	木 9획	버들 양		
樣	木 11획	본 양 모양 양		
洋	水(氵) 6획	큰바다 양 서양 양		
羊	제부수글자	양 양		
讓	言 17획	사양할 양		
陽	阜(阝) 9획	따뜻할 양 볕 양		
養	食 6획	기를 양		

漢字	부수 / 획수	훈음			漢字	부수 / 획수	훈음		
御	彳 / 8획	어거할 어			輿★	車 / 10획	수레 여		
於	方 / 4획	어조사 어			餘	食 / 7획	남을 여 나머지 여		
漁	水(氵) / 11획	고기잡을 어			亦	亠 / 4획	또 역 바꿀 역		
語	言 / 7획	말씀 어			域	土 / 8획	지경 역		
魚★	제부수글자	고기 어			役	彳 / 4획	부릴 역		
億	人(亻) / 13획	억 억			易	日 / 4획	바꿀 역 쉬울 이		
憶	心(忄) / 13획	생각할 억 기억할 억			疫	疒 / 4획	돌림병 역		
抑	手(扌) / 4획	누를 억			譯	言 / 13획	통변할 역		
焉	火(灬) / 7획	어조사 언			逆	辵(辶) / 6획	거스를 역 어긋닐 역		
言	제부수글자	말씀 언			驛	馬 / 13획	역말 역		
嚴★	口 / 17획	엄할 엄 혹독할 엄			宴	宀 / 7획	잔치 연		
業★	木 / 9획	일 업 직업 업			延	廴 / 4획	끌 연		
予★	亅 / 3획	나 여			沿	水(氵) / 5획	물따를 연		
余	人(亻) / 5획	나 여			演	水(氵) / 11획	익힐 연 행할 연		
如	女 / 3획	같을 여			然	火(灬) / 8획	그러할 연 불탈 연		
汝	水(氵) / 3획	너 여			煙	火(灬) / 9획	연기 연		
與★	臼 / 7획	더불어 여 줄 여			燃	火(灬) / 12획	불탈 연		

燕	火(灬) 12획	연나라 연 제비 연			營	火(灬) 13획	경영할 영		
研	石 6획	갈 연 연구할 연			英	艸(艹) 5획	꽃부리 영 빼어날 영		
硯	石 7획	벼루 연			詠	言 5획	읊을 영		
緣	糸 9획	인연 연			迎	辵(辶) 4획	맞을 영		
軟	車 4획	부드러울 연			藝	艸(艹) 15획	재주 예		
鉛	金 5획	납 연			譽	言 14획	자랑할 예		
悅	心(忄) 7획	기쁠 열 복종할 열			豫	豕 9획	미리 예		
熱	火(灬) 11획	더울 열			銳	金 7획	날카로울 예		
染	木 5획	물들일 염			五	二 2획	다섯 오		
炎	火(灬) 4획	불꽃 염 더울 염			傲	人(亻) 11획	거만할 오		
鹽	鹵 13획	소금 염			午	十 2획	낮 오		
葉	艸(艹) 9획	잎 엽			吾	口 4획	나 오		
影	彡 12획	그림자 영			嗚	口 10획	탄식할 오		
映	日 5획	비칠 영			娛	女 7획	즐거워할 오		
榮	木 10획	영화 영			悟	心(忄) 7획	깨달을 오		
永	水 1획	길 영 오랠 영			梧	木 7획	오동나무 오		
泳	水(氵) 5획	헤엄 영			汚	水(氵) 3획	더러울 오		

한자	부수/획수	뜻과 음		
烏	火(灬) 6획	까마귀 오		
誤	言 7획	그르칠 오		
屋	尸 6획	집 옥		
獄	犬(犭) 11획	옥 옥		
玉*	제부수글자	구슬 옥		
溫	水(氵) 10획	따뜻할 온 익힐 온		
翁*	羽 4획	늙은이 옹		
瓦*	제부수글자	기와 와		
臥	臣 2획	엎드릴 와		
完	宀 4획	완전할 완		
緩	糸 9획	느릴 완		
曰	제부수글자	가로 왈		
往	彳 5획	갈 왕		
王	玉(王) 0획	임금 왕		
外	夕 2획	바깥 외		
畏	田 4획	두려워할 외		
搖	手(扌) 10획	흔들 요		

한자	부수/획수	뜻과 음		
曜	日 14획	빛(빛날) 요 요일 요		
腰	肉(月) 9획	허리 요		
要	襾 3획	중요할 요 요구할 요		
謠	言 10획	노래 요		
遙	辵(辶) 10획	멀 요		
慾	心(忄) 11획	탐낼 욕		
欲	欠 7획	하고자할 욕		
浴	水(氵) 7획	목욕할 욕		
辱*	辰 3획	욕될 욕		
勇	力 7획	날랠 용 용감할 용		
容	宀 7획	얼굴 용 받아들일 용		
庸	广 8획	범상할 용		
用	제부수글자	쓸 용 베풀 용		
于*	二 1획	어조사 우		
偶	人(亻) 9획	짝 우 우연할 우		
優	人(亻) 15획	뛰어날 우 넉넉할 우		
又	제부수글자	또 우		

한자	부수/획수	훈음			한자	부수/획수	훈음		
友	又 2획	벗 우			原	厂 8획	언덕 원 근원 원		
右	口 2획	오른쪽 우			員	口 7획	인원 원		
宇	宀 3획	집 우			圓	口 10획	둥글 원		
尤	尢 1획	더욱 우 탓할 우			園	口 10획	동산 원		
愚	心(忄) 9획	어리석을 우			怨	心(忄) 5획	원망할 원		
憂	心(忄) 11획	근심 우			援	手(扌) 9획	구원할 원 도울 원		
牛	제부수글자	소 우			源	水(氵) 10획	근원 원		
羽	제부수글자	깃 우			遠	辵(辶) 10획	멀 원		
遇	辵(辶) 9획	만날 우 대접할 우			院	阜(阝) 7획	집 원		
郵	邑(阝) 8획	역말 우 우편 우			願	頁 10획	바랄 원		
雨	제부수글자	비 우			越	走 5획	넘을 월		
云★	二 2획	이를 운			位	人(亻) 5획	위치 위 자리 위		
運	辵(辶) 9획	돌 운 움직일 운			偉	人(亻) 9획	클 위 위대할 위		
雲	雨 4획	구름 운			僞	人(亻) 12획	거짓 위		
韻	音 10획	음운 운			危★	卩(巳) 4획	위태로울 위		
雄	隹 4획	수컷 웅 웅장할 웅			圍	口 9획	둘레 위		
元★	儿 2획	으뜸 원			委★	女 5획	맡길 위		

威*	女 6획	위엄 위			柔	木 5획	부드러울 유		
慰	心(忄) 11획	위로할 위			油	水(氵) 5획	기름 유		
爲	爪(爫) 8획	할 위 행위 위			猶	犬(犭) 9획	오히려 유 같을 유		
緯	糸 9획	씨줄 위			由	田 0획	말미암을 유		
胃*	肉(月) 5획	밥통 위			維	糸 8획	이을 유		
衛*	行 9획	호위할 위 막을 위			裕	衣(衤) 7획	넉넉할 유		
謂	言 9획	이를 위			誘	言 7획	꾈 유		
違	辵(辶) 9획	어길 위			遊	辵(辶) 9획	놀 유 여행 유		
乳	乙 7획	젖 유			遺	辵(辶) 12획	끼칠 유 남길 유		
儒	人(亻) 14획	선비 유 유교 유			酉	제부수글자	열째지지 유 닭 유		
唯	口 8획	오직 유			肉	제부수글자	고기 육		
幼	幺 2획	어릴 유 어린아이 유			育	肉(月) 4획	기를 육		
幽*	幺 6획	그윽할 유			潤	水(氵) 12획	윤택할 윤		
悠	心(忄) 7획	멀 유			閏	門 4획	윤달 윤		
惟	心(忄) 8획	오직 유			恩	心(忄) 6획	은혜 은		
愈	心(忄) 9획	나을 유 더욱 유			銀	金 6획	은 은 돈 은		
有	月 2획	있을 유			隱	阜(阝) 14획	숨을 은		

한자	부수/획수	훈음		
乙	제부수글자	새 을		
吟	口 4획	읊을 음		
淫	水(氵) 8획	음란할 음		
陰	阜(阝) 8획	그늘 음		
音	제부수글자	소리 음 소식 음		
飮	食 4획	마실 음		
泣	水(氵) 5획	울 읍		
邑	제부수글자	고을 읍		
應	心(忄) 13획	응할 응		
依	人(亻) 6획	따를 의 의지할 의		
儀	人(亻) 13획	거동 의 법 의		
宜	宀 5획	마땅할 의		
意	心(忄) 9획	뜻 의		
疑*	疋 9획	의심할 의		
矣	矢 2획	어조사 의		
義*	羊 7획	옳을 의 뜻 의		
衣	제부수글자	옷 의		

한자	부수/획수	훈음		
議	言 13획	의논할 의 말할 의		
醫	酉 11획	의원 의 병고칠 의		
二	제부수글자	두 이		
以	人 3획	써 이		
夷*	大 3획	오랑캐 이		
已	己 0획	이미 이 뿐 이		
異	田 6획	다를 이		
移	禾 6획	옮길 이		
而	제부수글자	말이을 이 어조사 이		
耳	제부수글자	귀 이		
貳	貝 5획	두 이		
益	皿 5획	더할 익 이로울 익		
翼	羽 11획	날개 익		
人	제부수글자	사람 인		
仁	人(亻) 2획	어질 인		
刃	刀(刂) 1획	칼날 인		
印	卩(㔾) 4획	도장 인		

필수한자	부수/획수	훈 음	쓰기연습		필수한자	부수/획수	훈 음	쓰기연습
因	囗 3획	인할 인			壹★	士 9획	한 일	
姻	女 6획	시집갈 인			日	제부수글자	해 일 날 일	
寅	宀 8획	셋째지지 인			逸	辵(辶) 8획	편안할 일	
引	弓 1획	끌 인			任	人(亻) 4획	맡길 임	
忍	心(忄) 3획	참을 인			壬★	士 1획	아홉째천간 임	
認	言 7획	알 인 인정할 인			賃★	貝 6획	품살 임	
一	제부수글자	한 일			入	제부수글자	들 입	

(ㅈ)

필수한자	부수/획수	훈 음	쓰기연습		필수한자	부수/획수	훈 음	쓰기연습
刺	刀(刂) 6획	찌를 자			玆	玄 5획	이 자 이것 자	
姉	女 5획	누이 자			紫	糸 5획	자주빛 자	
姿	女 6획	맵시 자			者★	耂(老) 5획	놈 자 사람 자	
子	제부수글자	아들 자			自	제부수글자	스스로 자	
字★	子 3획	글자 자			資	貝 6획	재물 자	
恣	心(忄) 6획	방자할 자			雌	隹 5획	암컷 자	
慈	心(忄) 9획	사랑 자 어머니 자			作	人(亻) 5획	지을 작	

漢字	부수/획수	訓音		
昨	日 5획	어제 작		
爵	爪(爫) 13획	벼슬 작		
酌	酉 3획	따를 작		
殘	歹 8획	남을 잔		
暫	日 11획	잠깐 잠		
潛	水(氵) 12획	잠길 잠		
蠶	虫 18획	누에 잠		
雜	隹 10획	섞일 잡		
丈★	一 2획	어른 장		
場	土 9획	마당 장		
墻	土 13획	담장 장		
壯	士 4획	씩씩할 장 웅장할 장		
奬	大 11획	도울 장		
將★	寸 8획	장수 장 장차 장		
帳	巾 8획	휘장 장 공책 장		
張	弓 8획	베풀 장		
掌	手(扌) 8획	손바닥 장		
章	立 6획	글장 장		
粧	米 6획	단장할 장		
腸	肉(月) 9획	창자 장		
臟	肉(月) 18획	내장 장		
莊	艸(艹) 7획	별장 장		
葬	艸(艹) 9획	장사지낼 장		
藏	艸(艹) 14획	감출 장		
裝	衣(衤) 7획	차릴 장		
長	제부수글자	길 장 나을 장 어른 장		
障	阜(阝) 11획	막을 장		
再★	冂 4획	다시 재 거듭 재		
哉★	口 6획	어조사 재		
在	土 3획	있을 재		
才★	手 0획	재주 재		
材	木 3획	재목 재 재주 재		
栽★	木 6획	심을 재		
災	火(灬) 3획	재앙 재		

漢字	부수/획수	훈음		
裁	衣(衤) 6획	마를 재		
財	貝 3획	재물 재 재산 재		
載	車 6획	실을 재		
爭	爪(爫) 4획	다툴 쟁		
低	人(亻) 5획	낮을 저		
底	广 5획	밑 저		
抵	手(扌) 5획	막을 저		
著	艸(艹) 9획	지을 저		
貯	貝 5획	쌓을 저		
寂	宀 8획	고요할 적		
摘	手(扌) 11획	딸 적 들추어낼 적		
敵	攴(攵) 11획	원수 적		
滴	水(氵) 11획	물방울 적		
的	白 3획	과녁 적 목표 적		
積	禾 11획	쌓을 적		
笛	竹 5획	피리 적		
籍	竹 14획	문서 적		

漢字	부수/획수	훈음		
績	糸 11획	공 적		
賊	貝 6획	도둑 적		
赤	제부수글자	붉을 적		
跡	足 6획	발자취 적		
蹟	足 11획	자취 적		
適	辵(辶) 11획	맞을 적		
傳	人(亻) 11획	전할 전 전기 전		
全	入 4획	온전할 전 모두 전		
典	八 6획	의식 전 법 전 책 전		
前	刀(刂) 7획	앞 전 앞설 전		
專	寸 8획	오로지 전		
展	尸 7획	펼 전		
戰	戈 12획	싸울 전		
田	제부수글자	밭 전		
轉	車 11획	구를 전		
錢	金 8획	돈 전		
電	雨 5획	전기 전		

漢字	부수	훈음				漢字	부수	훈음		
切	刀(刂) 2획	끊을 절 온통 체				征	彳 5획	칠 정		
折	手(扌) 4획	꺾을 절				情	心(忄) 8획	뜻 정 사실 정		
節	竹 9획	마디 절 예절 절				政	攴(攵) 5획	정사 정		
絕	糸 6획	끊을 절				整*	攴(攵) 12획	가지런할 정		
占*	卜 3획	점칠 점				正*	止 1획	바를 정		
店	广 5획	가게 점 점포 점				淨	水(氵) 8획	깨끗할 정		
漸	水(氵) 11획	점점 점				程	禾 7획	한도 정		
點*	黑 5획	점 점				精	米 8획	깨끗할 정		
接	手(扌) 8획	사귈 접 이을 접				訂	言 2획	바로잡을 정		
蝶	虫 9획	나비 접				貞	貝 2획	곧을 정 점칠 정		
丁	一 1획	넷째천간 정 벌목소리 정				靜	靑 8획	고요할 정		
井*	二 2획	우물 정				頂	頁 2획	정수리 정		
亭*	亠 7획	정자 정				制	刀(刂) 6획	지을 제		
停	人(亻) 9획	머무를 정				堤	土 9획	둑 제		
定	宀 5획	정할 정				帝	巾 6획	임금 제		
庭	广 7획	뜰 정				弟*	弓 4획	아우 제		
廷	廴 4획	조정 정				提	手(扌) 9획	끌 제		

漢字	부수/획수	뜻·음		
濟	水(氵) 14획	건널 제		
祭	示(礻) 6획	제사 제		
第	竹 5획	차례 제		
製	衣(衤) 8획	지을 제 마를 제		
諸	言 9획	모두 제		
除	阜(阝) 7획	덜 제 버릴 제		
際	阜(阝) 11획	사이 제		
題	頁 9획	제목 제 물을 제		
齊★	제부수글자	가지런할 제		
兆★	儿 4획	조짐 조 조 조		
助	力 5획	도울 조		
弔★	弓 1획	조상할 조		
操	手(扌) 13획	잡을 조		
早	日 2획	이를 조		
朝	月 8획	아침 조		
條★	木 7획	조목 조 가지 조		
潮	水(氵) 12획	조수 조		

漢字	부수/획수	뜻·음		
照	火(灬) 9획	비출 조		
燥	火(灬) 13획	마를 조		
祖	示(礻) 5획	할아버지 조		
租	禾 5획	세낼 조		
組	糸 5획	짤 조		
調	言 8획	고를 조 조사할 조		
造	辵(辶) 7획	지을 조 나아갈 조		
鳥★	제부수글자	새 조		
族	方 7획	겨레 족		
足	제부수글자	발 족		
存★	子 3획	있을 존		
尊	寸 9획	높을 존 공경할 존		
卒★	十 6획	마칠 졸 군사 졸		
拙	手(扌) 5획	졸할 졸		
宗	宀 5획	마루 종 으뜸 종		
從	彳 8획	따를 종		
種	禾 9획	씨 종 심을 종		

한자	부수/획수	훈음			한자	부수/획수	훈음		
終	糸 / 5획	마칠 종			注	水(氵) / 5획	물댈 주		
縱	糸 / 11획	방종할 종 세로 종			洲	水(氵) / 6획	섬 주		
鐘	金 / 12획	쇠북 종 인경 종			舟	제부수글자	배 주		
佐	人(亻) / 5획	도울 좌			走	제부수글자	달릴 주		
坐★	土 / 4획	앉을 좌			酒★	酉 / 3획	술 주		
左	工 / 2획	왼쪽 좌			週	辵(辶) / 8획	두를 주 일주 주		
座	广 / 7획	자리 좌			竹	제부수글자	대 죽		
罪	网(罒) / 8획	허물 죄			俊	人(亻) / 7획	준걸 준		
主★	丶 / 4획	주인 주			準	水(氵) / 10획	수준기 준		
住	人(亻) / 5획	살 주			遵	辵(辶) / 12획	좇을 준		
周★	口 / 5획	두루 주			仲	人(亻) / 4획	버금 중		
宙	宀 / 5획	집 주			衆	血 / 6획	무리 중 많을 중		
州	巛(川) / 3획	고을 주			重★	里 / 2획	무거울 중		
晝★	日 / 7획	낮 주			卽	卩(㔾) / 7획	곧 즉		
朱	木 / 2획	붉을 주			增	土 / 12획	더할 증		
柱	木 / 5획	기둥 주			憎	心(忄) / 12획	미워할 증		
株	木 / 6획	그루 주			曾	日 / 8획	일찍 증		

症	疒 5획	증세 증		
蒸	艹(艸) 10획	찔 증		
證	言 12획	증거 증 증명할 증		
贈	貝 12획	줄 증		
之	丿 3획	갈 지 어조사 지		
只	口 2획	다만 지		
地	土 3획	땅 지		
志	心(忄) 3획	뜻 지		
持	手(扌) 6획	가질 지		
指	手(扌) 6획	가리킬 지 손가락 지		
支	제부수글자	지탱할 지 지급할 지		
智	日 8획	지혜 지		
枝	木 4획	가지 지		
止	제부수글자	그칠 지		
池	水(氵) 3획	못 지		
知	矢 3획	알 지		
紙	糸 4획	종이 지		

至	제부수글자	이를 지 지극할 지		
誌	言 7획	기록할 지		
遲	辵(辶) 12획	더딜 지		
直	目 3획	곧을 직		
織	糸 12획	짤 직		
職	耳 12획	직분 직		
振	手(扌) 7획	떨칠 진		
珍	玉(王) 5획	보배 진		
盡	皿 9획	다할 진		
眞	目 5획	참 진		
辰	제부수글자	별 진		
進	辵(辶) 8획	나아갈 진		
鎭	金 10획	누를 진		
陣	阜(阝) 7획	진칠 진		
陳	阜(阝) 8획	늘어놓을 진		
姪	女 6획	조카 질		
疾	疒 5획	병 빠를 질		

필수한자	부수 획수	훈 음	쓰기연습		필수한자	부수 획수	훈 음	쓰기연습	
秩	禾 5획	차례 질			集★	隹 4획	모일 집		
質	貝 8획	바탕 질			徵	彳 12획	부를 징		
執★	土 8획	잡을 집			懲	心(忄) 15획	징계할 징		

(ㅊ)

필수한자	부수 획수	훈 음	쓰기연습		필수한자	부수 획수	훈 음	쓰기연습	
且★	一 4획	또 차			參★	厶 9획	참가할 참 석 삼		
借	人(亻) 8획	빌릴 차			慘	心(忄) 11획	슬플 참		
差★	工 7획	어긋날 차 들쑥날쑥 치			慙	心(忄) 11획	부끄러울 참		
次★	欠 2획	버금 차 차례 차			倉★	人(亻) 8획	곳집 창		
此★	止 2획	이 차			創	刀(刂) 10획	비롯할 창		
捉	手(扌) 7획	잡을 착			唱	口 8획	노래부를 창		
着	目 7획	도착할 착 입을 착			昌	日 4획	창성할 창		
錯	金 8획	섞일 착			暢★	日 10획	화창할 창		
讚	言 19획	기릴 찬			滄	水(氵) 10획	큰바다 창		
贊	貝 12획	도울 찬			窓★	穴 6획	창문 창		
察	宀 11획	살필 찰			蒼	艸(艹) 10획	푸를 창		

債	人(亻) 11획	빚질 채		
彩	彡 8획	채색 채		
採	手(扌) 8획	캘 채		
菜	艸(艹) 8획	나물 채		
冊	冂 3획	책 책		
策	竹 6획	꾀 책		
責	貝 4획	꾸짖을 책		
妻	女 5획	아내 처		
悽	心(忄) 8획	슬퍼할 처		
處	虍 5획	곳 처 살 처		
尺	尸 1획	자 척		
戚	戈 7획	겨레 척		
拓	手(扌) 5획	넓힐 척 베낄 탁		
斥	斤 1획	물리칠 척		
千*	十 1획	일천 천		
天	大 1획	하늘 천		
川	제부수글자	내 천		

泉	水(氵) 5획	샘 천 저승 천		
淺	水(氵) 8획	얕을 천		
薦	艸(艹) 13획	천거할 천		
賤	貝 8획	천할 천		
踐	足 8획	밟을 천 행할 천		
遷	辵(辶) 11획	옮길 천		
哲	口 7획	밝을 철		
徹	彳 12획	뚫을 철		
鐵	金 13획	쇠 철 철물 철		
尖*	小 3획	뾰족할 첨		
添	水(氵) 8획	더할 첨		
妾	女 5획	첩 첩		
廳	广 22획	관청 청		
晴	日 8획	갤 청		
淸	水(氵) 8획	맑을 청		
聽	耳 16획	들을 청		
請	言 8획	청할 청 물을 청		

한자	부수/획수	훈음				한자	부수/획수	훈음		
靑	제부수글자	푸를 청				銃	金 6획	총 총		
替	日 8획	바꿀 체				催	人(亻) 11획	재촉할 최		
體	骨 13획	몸 체				最	日 8획	가장 최		
初★	刀(刂) 5획	처음 초				抽	手(扌) 5획	뽑을 추		
抄	手(扌) 4획	베낄 초				推	手(扌) 8획	밀 추		
招	手(扌) 5획	부를 초				秋	禾 4획	가을 추		
礎	石 13획	주춧돌 초				追	辵(辶) 6획	쫓을 추		
肖★	肉(月) 3획	닮을 초				醜	酉 10획	추할 추		
草	艸(艹) 6획	풀 초 초할 초				丑★	一 3획	둘째지지 축 소 축		
超	走 5획	뛰어넘을 초				畜	田 5획	기를 축		
促	人(亻) 7획	재촉할 촉				祝	示(礻) 5획	빌 축		
燭	火(灬) 13획	촛불 촉				築	竹 10획	쌓을 축		
觸	角 13획	닿을 촉				縮	糸 11획	줄 축		
寸★	제부수글자	마디 촌				蓄	艸(艹) 10획	쌓을 축		
村	木 3획	마을 촌				逐	辵(辶) 7획	쫓을 축		
總	糸 11획	모두 총				春	日 5획	봄 춘		
聰	耳 11획	밝을 총				出★	凵 3획	날 출		

漢字	부수	훈음		
充	儿 4획	채울 충		
忠	心(忄) 4획	충성 충		
蟲	虫 12획	벌레 충		
衝	行 9획	찌를 충		
取	又 6획	가질 취		
吹	口 4획	불 취		
就	尢 9획	이룰 취 나아갈 취		
臭	自 4획	냄새 취		
趣	走 8획	향할 취		
醉	酉 8획	술취할 취		
側	人(亻) 9획	곁 측		
測	水(氵) 9획	잴 측		
層	尸 12획	층계 층		
値	人(亻) 8획	값 치		
恥	心(忄) 6획	부끄러울 치		

漢字	부수	훈음		
治	水(氵) 5획	다스릴 치		
稚	禾 8획	어릴 치		
置	网(罒) 8획	둘 치		
致	至 4획	이를 치		
齒	제부수글자	이 치		
則	刀(刂) 7획	법 칙		
親	見 9획	어버이 친 친할 친		
漆	水(氵) 11획	옻나무 칠		
侵	人(亻) 7획	침노할 침		
寢	宀 11획	잠잘 침		
枕	木 4획	베개 침		
沈	水(氵) 4획	잠길 침 성 심		
浸	水(氵) 7획	잠길 침		
針	金 2획	바늘 침		
稱	禾 9획	일컬을 칭		

ㅋ·ㅌ·ㅍ

필수한자	부수 / 획수	훈 음	쓰기연습	필수한자	부수 / 획수	훈 음	쓰기연습
快	心(忄) / 4획	쾌활할 쾌		探	手(扌) / 8획	찾을 탐	
他	人(亻) / 3획	다를 타		貪	貝 / 4획	탐할 탐	
墮	土 / 12획	떨어질 타		塔	土 / 10획	탑 탑	
妥*	女 / 4획	온당할 타		湯	水(氵) / 9획	물끓일 탕	
打	手(扌) / 2획	칠 타		太	大 / 1획	콩 태 / 클 태	
卓	十 / 6획	높을 탁 / 탁자 탁		怠	心(忄) / 5획	게으를 태	
托	手(扌) / 3획	맡길 탁		態	心(忄) / 10획	모양 태	
濁	水(氵) / 13획	흐릴 탁		殆	歹 / 5획	위태로울 태	
濯	水(氵) / 14획	빨 탁		泰*	水 / 5획	클 태 / 산 이름 태	
琢	玉(王) / 8획	쫄 탁		宅	宀 / 3획	집 택 / 집 댁	
彈	弓 / 12획	탄알 탄		擇	手(扌) / 13획	가릴 택	
歎	欠 / 11획	탄식할 탄		澤	水(氵) / 13획	윤 택 / 못 택	
炭*	火 / 5획	숯 탄		吐	口 / 3획	토할 토	
奪	大 / 11획	빼앗을 탈		土	제부수글자	흙 토	
脫	肉(月) / 7획	벗을 탈		討	言 / 3획	궁구할 토	

漢字	部首	訓音			漢字	部首	訓音		
兎*	儿 / 6획	토끼 토			版	片 / 4획	널조각 판		
痛	疒 / 7획	아파할 통			販	貝 / 4획	팔 판		
統	糸 / 6획	거느릴 통 합칠 통			八	제부수글자	여덟 팔		
通	走(辶) / 7획	통할 통			敗*	攴(攵) / 7획	패할 패		
退	走(辶) / 6획	물러날 퇴			貝	제부수글자	조개 패		
投	手(扌) / 4획	던질 투			便	人(亻) / 7획	편할 편 오줌 변		
透	走(辶) / 7획	통철할 투			片	제부수글자	조각 편		
鬪	鬥 / 10획	싸울 투			篇	竹 / 9획	책 편 편 편		
特	牛 / 6획	특히 특			編	糸 / 9획	엮을 편		
播	手(扌) / 12획	뿌릴 파			平*	干 / 2획	평평할 평		
波	水(氵) / 5획	물결 파			評	言 / 5획	품평할 평		
派	水(氵) / 6획	갈래 파			幣	巾 / 12획	폐백 폐 돈 폐		
破	石 / 5획	깨뜨릴 파			廢	广 / 12획	폐할 폐		
罷	网(罒) / 10획	파할 파			弊	廾 / 12획	폐단 폐 나쁠 폐		
頗	頁 / 5획	자못 파 치우칠 파			肺	肉(月) / 5획	허파 폐		
判	刀(刂) / 5획	판단할 판 쪼갤 판			蔽	艸(艹) / 12획	가릴 폐		
板	木 / 4획	널판 판 판목 판			閉	門 / 3획	닫을 폐		

필수한자	부수 / 획수	훈 음	쓰기연습		필수한자	부수 / 획수	훈 음	쓰기연습	
包★	勹 / 3획	쌀 포			表★	衣(衤) / 3획	겉 표		
布	巾 / 2획	베 포 펼 포			品	口 / 6획	물건 품		
抱	手(扌) / 5획	안을 포			楓	木 / 9획	단풍나무 풍		
捕	手(扌) / 7획	잡을 포			豊	豆 / 6획	풍성할 풍		
浦	水(氵) / 7획	물가 포			風	제부수글자	바람 풍 관습 풍		
胞	肉(月) / 5획	태보 포			彼	彳 / 5획	저 피		
砲	石 / 5획	대포 포			疲	疒 / 5획	고달플 피		
飽	食 / 5획	배부를 포			皮	제부수글자	가죽 피		
暴★	日 / 11획	드러낼 폭			被	衣(衤) / 5획	입을 피		
幅	巾 / 9획	폭 폭			避	辵(辶) / 13획	피할 피		
爆	火(灬) / 15획	폭발할 폭			匹	匚 / 2획	짝 필 하나 필		
標	木 / 11획	표할 표			必	心(忄) / 1획	반드시 필		
漂	水(氵) / 11획	뜰 표			畢	田 / 6획	마칠 필		
票	示(礻) / 6획	쪽지 표			筆	竹 / 6획	붓 필		

(ㅎ)

필수한자	부수 / 획수	훈 음	쓰기연습		필수한자	부수 / 획수	훈 음	쓰기연습	
下	一 / 2획	아래 하 내릴 하			何	人(亻) / 5획	어찌 하		

夏	夂 7획	여름 하		
河	水(氵) 5획	강 하		
荷	艸(艹) 7획	연 하 짐 하 멜 하		
賀	貝 5획	하례할 하		
學	子 13획	배울 학		
鶴	鳥 10획	학 학		
寒	宀 9획	찰 한 추위 한		
恨	心(忄) 6획	한탄할 한		
旱	日 3획	가물 한		
汗	水(氵) 3획	땀 한		
漢	水(氵) 11획	나라 한		
閑	門 4획	한가할 한		
限	阜(阝) 6획	한정 한 막힐 한		
韓★	韋 8획	나라이름 한 성 한		
割	刀(刂) 10획	나눌 할		
含	口 4획	머금을 함		
咸★	口 6획	다 함		

陷	阜(阝) 8획	뚫을 함		
合★	口 3획	합할 합 모일 합		
巷★	己(巳) 6획	거리 항		
恒	心(忄) 6획	항상 항		
抗	手(扌) 4획	대항할 항		
港	水(氵) 9획	항구 항		
航	舟 4획	건널 항		
項	頁 3획	조목 항		
亥★	亠 4획	돼지 해		
奚★	大 7획	어찌 해		
害	宀 7획	해로울 해		
海	水(氵) 7획	바다 해		
解	角 6획	풀 해		
該	言 6획	그 해 갖출 해		
核	木 6획	씨 핵		
幸★	干 5획	다행 행		
行★	제부수글자	다닐 행 항렬 항		

享*	亠 6획	누릴 향			絃	糸 5획	줄 현		
向	口 3획	향할 향			縣*	糸 10획	고을 현		
鄕	邑(阝) 10획	시골 향 고향 향			賢	貝 8획	어질 현		
響	音 13획	울릴 향			顯	頁 14획	나타날 현		
香*	제부수글자	향기 향			穴	제부수글자	구멍 혈		
虛	虍 6획	빌 허 헛될 허			血	제부수글자	피 혈		
許	言 4획	허락할 허			協	十 6획	도울 협 화할 협		
憲	心(忄) 12획	법 헌			脅	肉(月) 6획	협박할 협		
獻	犬(犭) 16획	드릴 헌			亨	亠 5획	형통할 형		
軒	車 3획	추녀 헌			兄	儿 3획	맏형 형		
險	阜(阝) 13획	험할 험			刑	刀(刂) 4획	형벌 형		
驗	馬 13획	시험할 험			形	彡 4획	형상 형		
革*	제부수글자	고칠 혁 가죽 혁			螢	虫 10획	개똥벌레 형		
弦	弓 5획	줄 현			兮*	八 2획	어찌 혜		
懸	心(忄) 16획	매달 현			惠	心(忄) 8획	은혜 혜		
玄	제부수글자	검을 현			慧	心(忄) 11획	지혜 혜		
現	玉(王) 7획	나타날 현 지금 현			乎*	丿 4획	어조사 호		

互*	二 2획	서로 호			魂	鬼 4획	혼 혼		
呼	口 5획	부를 호			忽	心(忄) 4획	문득 홀		
好	女 3획	좋을 호 좋아할 호			弘	弓 2획	넓을 홍		
戶	제부수글자	집 호			洪	水(氵) 6획	클 홍		
毫	毛 7획	터럭 호			紅	糸 3획	붉을 홍		
浩	水(氵) 7획	넓을 호			鴻*	鳥 6획	큰기러기 홍		
湖	水(氵) 9획	호수 호			化*	匕 2획	될 화		
胡	肉(月) 5획	오랑캐 호			和*	口 5획	순할 화 화목할 화		
虎	虍 2획	범 호			火	제부수글자	불 화		
號*	虍 7획	부를 호 이름 호			畫*	田 7획	그림 화 그을 획		
護	言 14획	도울 호			禍	示(礻) 9획	재앙 화		
豪	豕 7획	호걸 호			禾	제부수글자	벼 화		
惑	心(忄) 8획	미혹할 혹			花	艸(艹) 4획	꽃 화		
或	戈 4획	혹시 혹			華	艸(艹) 8획	빛날 화		
婚	女 8획	혼인할 혼 장가들 혼			話	言 6획	말씀 화		
昏	日 4획	어두울 혼			貨	貝 4획	재물 화		
混	水(氵) 8획	섞일 혼			擴	手(扌) 15획	넓힐 확		

漢字	부수/획수	훈음		
確	石 10획	확실할 확		
穫	禾 14획	벨 확		
丸*	丶 2획	알 환		
患	心(忄) 7획	근심할 환		
換	手(扌) 9획	바꿀 환		
歡	欠 18획	기쁨 환 기뻐할 환		
環	玉(王) 13획	고리 환		
還	辵(辶) 13획	돌아올 환		
活	水(氵) 6획	살 활 살림 활		
況	水(氵) 5획	하물며 황		
皇*	白 4획	임금 황		
荒	艸(艹) 6획	거칠 황		
黃*	제부수글자	누를 황		
回	口 3획	돌 회		
悔	心(忄) 7획	후회할 회		
懷	心(忄) 16획	품을 회		
會*	日 9획	모일 회 모을 회		

漢字	부수/획수	훈음		
灰	火(灬) 2획	재 회		
劃	刀(刂) 12획	그을 획		
獲	犬(犭) 14획	얻을 획		
橫	木 12획	가로 횡		
孝	子 4획	효도 효		
效	攴(攵) 6획	효험 효		
曉	日 12획	새벽 효		
侯	人(亻) 7획	제후 후		
候	人(亻) 8획	기후 후		
厚	厂 7획	두터울 후		
喉	口 9획	목구멍 후		
後	彳 6획	뒤 후		
訓	言 3획	가르칠 훈		
毁	殳 9획	헐 훼		
揮	手(扌) 9획	휘두를 휘		
輝*	車 8획	빛날 휘		
徽	彳 14획	아름다울 휘		

諱	言 9획	꺼릴 휘			興★	臼 9획	흥할 흥		
休	人(亻) 4획	쉴 휴			喜	口 9획	기쁠 희		
携	手(扌) 10획	끌 휴			噫	口 13획	탄식할 희		
凶	凵 2획	흉할 흉			希	巾 4획	바랄 희		
胸	肉(月) 6획	가슴 흉			戲	戈 13획	놀 희		
黑★	제부수글자	검을 흑			熙	火(灬) 9획	빛날 희		
吸	口 4획	마실 흡			稀	禾 7획	드물 희		

2 두 가지 이상의 음을 가진 한자

한자	음	훈	용례	한자	음	훈	용례
降	강	내리다	降雨(강우)	分	분	나누다	分裂(분열)
	항	항복하다	降伏(항복)		푼	단위	分錢(푼전)
更	갱	다시	更新(갱신)	不	불	아니다	不屈(불굴)
	경	고치다	變更(변경)		부	아니다	不當(부당)
車	거	수레	人力車(인력거)	寺	사	절	寺刹(사찰)
	차	수레	自動車(자동차)		시	내관	奉常寺(봉상시)
	차	성	車氏(차씨)	殺	살	죽이다	殺人(살인)
見	견	보다	見聞(견문)		쇄	덜다	殺到(쇄도)
	현	뵙다	謁見(알현)	參	삼	석	參萬(삼만)
龜	구	이름	龜浦(구포)		참	참여하다	參加(참가)
	귀	거북	龜船(귀선)	狀	상	형상	狀況(상황)
	균	터지다	龜裂(균열)		장	문서	信任狀(신임장)
茶	다	차	茶菓(다과)	索	색	찾다	索引(색인)
	차	차	紅茶(홍차)		삭	노	索道(삭도)
宅	택	집	住宅(주택)	塞	새	변방	要塞(요새)
	댁	집안	宅內(댁내)		색	막다	語塞(어색)
度	도	정도	尺度(척도)	說	설	말씀	說話(설화)
	탁	헤아리다	忖度(촌탁)		세	달래다	遊說(유세)
讀	독	읽다	朗讀(낭독)		열	기뻐하다	說樂(열락)
	두	구절	句讀(구두)	省	성	살피다	省察(성찰)
洞	동	고을	洞里(동리)		생	덜다	省略(생략)
	통	통하다	洞察(통찰)	屬	속	무리	附屬(부속)
反	반	거스리다	違反(위반)		촉	잇다	屬望(촉망)
	번	뒤집다	反脣(번순)	率	솔	거느리다	率先(솔선)
便	변	오줌	小便(소변)		률	비율	能率(능률)
	편	편하다	郵便(우편)	衰	쇠	쇠하다	盛衰(성쇠)
復	복	회복하다	復歸(복귀)		최	상복	齊衰(제최)
	부	다시	復活(부활)	數	수	셈하다	數學(수학)
北	북	북녘	北進(북진)		삭	자주	頻數(빈삭)
	배	달아나다	敗北(패배)		촉	촘촘하다	數罟(촉고)

한자	음	뜻	예
宿	숙	묵다	宿泊(숙박)
	수	성수	星宿(성수)
食	식	먹다	斷食(단식)
	사	밥	簞食瓢飮(단사표음)
識	식	알다	博識(박식)
	지	기록하다	標識(표지)
惡	악	악하다	惡德(악덕)
	오	미워하다	憎惡(증오)
樂	악	풍류	器樂(기악)
	락	즐기다	苦樂(고락)
	요	좋아하다	樂山樂水(요산요수)
若	약	만일	萬若(만약)
	야	반야	般若經(반야경)
易	역	바꾸다	貿易(무역)
	이	쉽다	難易(난이)
刺	자	찌르다	刺戟(자극)
	척	칼로 찌르다	刺殺(척살)
	라	수라	水刺(수라)-임금의
抵	저	막다	抵抗(저항)
	지	치다	抵掌(지장)
著	저	나타나다	顯著(현저)
	착	붙다(=着)	附著(부착)
切	절	끊다	切迫(절박)
	체	온통	一切(일체)
提	제	들다	提起(제기)
	시	떼지어날다	提提(시시)

한자	음	뜻	예
辰	진	별	日辰(일진)
	신	날	日月星辰(일월성신)
徵	징	부르다	徵收(징수)
	치	음률이름	宮商角徵羽(궁상각치우)
差	차	틀리다	差異(차이)
	치	들쭉날쭉하다	差參(치참)
推	추	옮기다	推移(추이)
	퇴	밀다	推敲(퇴고)
則	칙	법칙	規則(규칙)
	즉	곧	則(즉)-다시 말하면
沈	심	성	沈氏(심씨)
	침	잠기다	沈沒(침몰)
拓	탁	베끼다	拓本(탁본)
	척	열다	開拓(개척)
布	포	베, 펴다	布告(포고)
	보	베풀다	布施(보시)
暴	폭	나타내다	暴露(폭로)
	포	사납다	暴惡(포악)
皮	피	가죽	皮革(피혁)
	비	가죽	鹿皮(녹비)
行	항	항렬	行列(항렬)
	행	가다	旅行(여행)
畫	화	그림(=畵)	漫畫(만화)
	획	긋다(=劃)	計畫(계획)

예상문제풀이

한자어독음 다음 漢字語의 독음을 쓰시오. 【1~7】

1

① 稀貴 (　　　)　② 懷抱 (　　　)　③ 割據 (　　　)
④ 陷落 (　　　)　⑤ 弊端 (　　　)　⑥ 罷業 (　　　)
⑦ 怠慢 (　　　)　⑧ 貪慾 (　　　)　⑨ 派遣 (　　　)
⑩ 逐出 (　　　)　⑪ 基礎 (　　　)　⑫ 薦擧 (　　　)
⑬ 症勢 (　　　)　⑭ 彩色 (　　　)　⑮ 慙愧 (　　　)
⑯ 懲戒 (　　　)　⑰ 遲刻 (　　　)　⑱ 租稅 (　　　)
⑲ 淨潔 (　　　)　⑳ 漸增 (　　　)　㉑ 靜寂 (　　　)
㉒ 抵抗 (　　　)　㉓ 葬禮 (　　　)　㉔ 雌雄 (　　　)
㉕ 東夷 (　　　)　㉖ 忍耐 (　　　)　㉗ 濕潤 (　　　)
㉘ 淫亂 (　　　)　㉙ 柔軟 (　　　)　㉚ 餘裕 (　　　)
㉛ 誘惑 (　　　)　㉜ 移越 (　　　)　㉝ 頭韻 (　　　)
㉞ 憂慮 (　　　)　㉟ 搖動 (　　　)　㊱ 臥床 (　　　)
㊲ 緩急 (　　　)　㊳ 銳敏 (　　　)　㊴ 紀綱 (　　　)
㊵ 慨歎 (　　　)　㊶ 混濁 (　　　)　㊷ 硬直 (　　　)
㊸ 契約 (　　　)　㊹ 慣例 (　　　)　㊺ 拘束 (　　　)

답

① 희귀 : 드물 희, 귀할 귀　② 회포 : 품을 회, 안을 포　③ 할거 : 나눌 할, 의거할 거(힐곡×)　④ 함락 : 뚫을 함, 떨어질 락　⑤ 폐단 : 나쁠 폐, 실마리 단　⑥ 파업 : 파할 파, 일 업　⑦ 태만 : 게으를 태, 거만할 만　⑧ 탐욕 : 탐할 탐, 탐낼 욕　⑨ 파견 : 갈래 파, 보낼 견(파유×)　⑩ 축출 : 쫓을 축, 날 출　⑪ 기초 : 바탕 기, 주춧돌 초　⑫ 천거 : 천거할 천, 들 거　⑬ 증세 : 증세 증, 기세 세　⑭ 채색 : 채색 채, 빛 색　⑮ 참괴 : 부끄러울 참, 부끄러워할 괴　⑯ 징계 : 징계할 징, 경계할 계　⑰ 지각 : 더딜 지, 새길 각　⑱ 조세 : 세낼 조, 세금 세　⑲ 정결 : 깨끗할 정, 깨끗할 결　⑳ 점증 : 점점 점, 더할 증　㉑ 정적 : 고요할 정, 고요할 적　㉒ 저항 : 맡을 저, 대항할 항　㉓ 장례 : 장사지낼 장, 예절 례　㉔ 자웅 : 암컷 자, 수컷 웅　㉕ 동이 : 동녘 동, 오랑캐 이　㉖ 인내 : 참을 인, 견딜 내　㉗ 습윤 : 습할 습, 윤택할 윤　㉘ 음란 : 음란할 음, 어지러울 란　㉙ 유연 : 부드러울 유, 부드러울 연　㉚ 여유 : 남을 여, 넉넉할 유　㉛ 유혹 : 꾈 유, 미

혹할 혹 ㉜ 이월 : 옮길 이, 넘을 월 ㉝ 두운 : 머리 두, 음운 운 ㉞ 우려 : 근심 우, 생각 려 ㉟ 요동 : 흔들 요, 움직일 동 ㊱ 와상 : 업드릴 와, 평상 상 ㊲ 완급 : 느릴 완, 급할 급 ㊳ 예민 : 날카로울 예, 민첩할 민 ㊴ 기강 : 벼리 기, 벼리 강 ㊵ 개탄 : 분개할 개, 탄식할 탄 ㊶ 혼탁 : 섞일 혼, 흐릴 탁 ㊷ 경직 : 굳을 경, 곧을 직 ㊸ 계약 : 맺을 계, 맺을 약 ㊹ 관례 : 익숙할 관, 보기 례 ㊺ 구속 : 잡을 구, 묶을 속

2

① 倫理 (　　)　② 憐憫 (　　)　③ 廣漠 (　　)
④ 辭讓 (　　)　⑤ 終了 (　　)　⑥ 森林 (　　)
⑦ 激勵 (　　)　⑧ 拙劣 (　　)　⑨ 生栗 (　　)
⑩ 遲刻 (　　)　⑪ 禽獸 (　　)　⑫ 餘暇 (　　)
⑬ 號哭 (　　)　⑭ 騷亂 (　　)　⑮ 鴻雁 (　　)
⑯ 播種 (　　)　⑰ 整齊 (　　)　⑱ 貸借 (　　)
⑲ 慙愧 (　　)　⑳ 旱災 (　　)　㉑ 憎惡 (　　)
㉒ 被告 (　　)　㉓ 姑婦 (　　)　㉔ 倉庫 (　　)
㉕ 賤職 (　　)　㉖ 飢餓 (　　)　㉗ 越境 (　　)
㉘ 携帶 (　　)　㉙ 祈願 (　　)　㉚ 交響 (　　)
㉛ 悔恨 (　　)　㉜ 陷沒 (　　)　㉝ 雲霧 (　　)
㉞ 南蠻 (　　)　㉟ 丹楓 (　　)　㊱ 割據 (　　)
㊲ 貌樣 (　　)　㊳ 彼岸 (　　)　㊴ 首尾 (　　)
㊵ 貿易 (　　)　㊶ 僞造 (　　)　㊷ 租稅 (　　)
㊸ 端緒 (　　)　㊹ 刷掃 (　　)　㊺ 蒸氣 (　　)

답

① 윤리 : 인륜 륜, 마을 리 ② 연민 : 불쌍히여길 련, 불쌍할 민(인민×) ③ 광막 : 넓을 광, 아득할 막 ④ 사양 : 말씀 사, 사양할 양 ⑤ 종료 : 따를 종, 끝날 종 ⑥ 삼림 : 나무빽빽할 삼, 수풀 림 ⑦ 격려 : 과격할 격, 권면할 려 ⑧ 졸렬 : 졸할 졸, 못할 렬(출렬×) ⑨ 생율 : 날 생, 밤 률 ⑩ 지각 : 늦을 지, 새길 각 ⑪ 금수 : 날짐승 금, 짐승 수 ⑫ 여가 : 남을 여, 겨를 가 ⑬ 호곡 : 부를 호, 울 곡 ⑭ 소란 : 떠들 소, 어지러울 란 ⑮ 홍안 : 큰기러기 홍, 기러기 안 ⑯ 파종 : 뿌릴 파, 씨 종(심종×) ⑰ 정제 : 가지런할 정, 가지런할 제 ⑱ 대차 : 빌릴 대, 빌릴 차 ⑲ 참괴 : 부끄러울 참, 부끄러워할 괴 ⑳ 한재 : 가물 한, 재앙 재 ㉑ 증오 : 미워할 증, 싫어할 오(증악×) ㉒ 피고 : 입을 피, 알릴 고 ㉓ 고부 : 시어머니 고, 며느리 부 ㉔ 창고 : 곳집 창, 곳집 고 ㉕ 천직 : 천할 천, 직분 직 ㉖ 기아 : 주릴 기, 주릴 아 ㉗ 월경 : 넘을 월, 지경 경 ㉘ 휴대 : 끌 휴, 대 대(추대×) ㉙ 기원 : 빌 기, 원할 원 ㉚ 교향 : 사귈 교, 울릴 향 ㉛ 회한 : 후회할 회, 한탄할 한 ㉜ 함몰 : 뚫을 함, 빠질 몰 ㉝ 운무 : 구름 운, 안개 무 ㉞ 남만 : 남녘 남, 오랑캐 만 ㉟ 단풍 : 붉을 단, 단풍나무 풍 ㊱ 할거 : 나눌 할, 의거할 거(할곡×) ㊲ 모양 : 모양 모, 모양 양 ㊳ 피안 : 저 피, 언덕 안 ㊴ 수미 : 머리 수, 꼬리 미 ㊵ 무역 : 바꿀 무, 바꿀 역(무이×) ㊶ 위조 : 거짓 위, 지을 조 ㊷ 조세 : 세낼 조, 세금 세 ㊸ 단서 : 실마리 단, 실마리 서 ㊹ 쇄소 : 씻을 쇄, 쓸 소 ㊺ 증기 : 찔 증, 기운 기

3

① 佳緣　(　　)　② 渴症　(　　)　③ 減免　(　　)
④ 昇降機　(　　)　⑤ 誇張　(　　)　⑥ 寡默　(　　)
⑦ 破壞　(　　)　⑧ 構築　(　　)　⑨ 龜兔之說　(　　)
⑩ 困窮　(　　)　⑪ 拳鬪　(　　)　⑫ 勤勉　(　　)
⑬ 飢餓　(　　)　⑭ 詐欺　(　　)　⑮ 煩惱　(　　)
⑯ 團束　(　　)　⑰ 田畓　(　　)　⑱ 踏步狀態　(　　)
⑲ 洛東江　(　　)　⑳ 金剛山　(　　)　㉑ 濫伐　(　　)
㉒ 省略　(　　)　㉓ 掠奪　(　　)　㉔ 野蠻　(　　)
㉕ 埋沒　(　　)　㉖ 迫頭　(　　)　㉗ 苦悶　(　　)
㉘ 異邦人　(　　)　㉙ 赤潮現象　(　　)　㉚ 訴訟　(　　)
㉛ 大盛況　(　　)　㉜ 閉幕　(　　)　㉝ 衝突　(　　)
㉞ 交易　(　　)　㉟ 購讀　(　　)　㊱ 輸出　(　　)

답

① 가연 : 아름다울 가, 인연 연　② 갈증 : 목마를 갈, 증세 증　③ 감면 : 덜 감, 면할 면　④ 승강기 : 오를 승, 내릴 강, 틀 기　⑤ 과장 : 자랑할 과, 베풀 장(교장×)　⑥ 과묵 : 적을 과, 잠잠할 묵　⑦ 파괴 : 깨뜨릴 파, 무너질 괴　⑧ 구축 : 얽을 구, 쌓을 축　⑨ 귀(구)토지설 : 거북 귀, 토끼 토, 어조사 지, 말씀 설　⑩ 곤궁 : 곤할 곤, 궁할 궁　⑪ 권투 : 주먹 권, 싸울 투　⑫ 근면 : 부지런할 근, 힘쓸 면　⑬ 기아 : 주릴 기, 주릴 아　⑭ 사기 : 속일 사, 속일 기(작기×)　⑮ 번뇌 : 번거로울 번, 괴로워할 뇌　⑯ 단속 : 모일 단, 묶을 속　⑰ 전답 : 밭 전, 논 답　⑱ 답보상태 : 밟을 답, 걸음 보, 형상 상, 모양 태　⑲ 낙동강 : 물이름 락, 동녘 동, 강 강　⑳ 금강산 : 쇠 금, 굳셀 강, 뫼 산　㉑ 남벌 : 넘칠 람, 칠 벌　㉒ 생략 : 덜 생, 간략할 략(성략×)　㉓ 약탈 : 간략할 략, 빼앗을 탈(경탈×)　㉔ 야만 : 들 야, 오랑캐 만　㉕ 매몰 : 묻을 매, 빠질 몰　㉖ 박두 : 닥칠 박, 머리 두　㉗ 고민 : 괴로울 고, 번민할 민　㉘ 이방인 : 다를 이, 나라 방, 사람 인　㉙ 적조현상 : 붉을 적, 조수 조, 나타날 현, 코끼리 상　㉚ 소송 : 하소연할 소, 송사할 송　㉛ 대성황 : 큰 대, 성할 성, 하물며 황　㉜ 폐막 : 닫을 폐, 휘장 막　㉝ 충돌 : 찌를 충, 부딪칠 돌　㉞ 교역 : 사귈 교, 바꿀 역　㉟ 구독 : 살 구, 읽을 독　㊱ 수출 : 보낼 수, 날 출

4

① 加盟　(　　)　② 功勞　(　　)　③ 納稅　(　　)
④ 收拾　(　　)　⑤ 決裁　(　　)　⑥ 溫柔　(　　)
⑦ 內需　(　　)　⑧ 支拂　(　　)　⑨ 迎接　(　　)
⑩ 盛衰　(　　)　⑪ 共謀　(　　)　⑫ 承諾　(　　)
⑬ 斷層　(　　)　⑭ 檢證　(　　)　⑮ 信賴　(　　)
⑯ 勤儉　(　　)　⑰ 運輸　(　　)　⑱ 隱逸　(　　)
⑲ 整齊　(　　)　⑳ 救護　(　　)　㉑ 貯蓄　(　　)

㉒ 均割 (   )   ㉓ 感染 (   )   ㉔ 帳幕 (   )
㉕ 固執 (   )   ㉖ 商魂 (   )   ㉗ 江湖 (   )
㉘ 歸還 (   )   ㉙ 奇智 (   )   ㉚ 期待 (   )
㉛ 支持 (   )   ㉜ 降臨 (   )   ㉝ 健脚 (   )
㉞ 典雅 (   )   ㉟ 可恐 (   )   ㊱ 近似 (   )
㊲ 精彩 (   )   ㊳ 加減 (   )   ㊴ 過負荷 (   )
㊵ 種苗 (   )   ㊶ 強堅 (   )   ㊷ 善隣 (   )
㊸ 周旋 (   )   ㊹ 監察 (   )   ㊺ 消滅 (   )

답

① 가맹 : 더할 가, 맹세 맹 ② 공로 : 공 공, 수고할 로 ③ 납세 : 들일 납, 세금 세 ④ 수습 : 거둘 수, 주울 습 ⑤ 결재 : 정할 결, 마를 재 ⑥ 온유 : 따뜻할 온, 부드러울 유 ⑦ 내수 : 안 내, 구할 수 ⑧ 지불 : 지급할 지, 치를 불 ⑨ 영접 : 맞을 영, 사귈 접 ⑩ 성쇠 : 성할 성, 쇠할 쇠 ⑪ 공모 : 함께 공, 꾀할 모 ⑫ 승낙 : 이을 승, 대답할 낙 ⑬ 단층 : 끊을 단, 층계 층 ⑭ 검증 : 조사할 검, 증명할 증 ⑮ 신뢰 : 믿을 신, 의지할 뢰 ⑯ 근검 : 부지런할 근, 검소할 검 ⑰ 운수 : 돌 운, 보낼 수 ⑱ 은일 : 숨을 은, 편안할 일 ⑲ 정제 : 가지런할 정, 가지런할 제 ⑳ 구호 : 구원할 구, 도울 호 ㉑ 저축 : 쌓을 저, 쌓을 축 ㉒ 균할 : 고를 균, 나눌 할 ㉓ 감염 : 느낄 감, 물들일 염 ㉔ 장막 : 휘장 장, 휘장 막 ㉕ 고집 : 굳을 고, 잡을 집 ㉖ 상혼 : 장사 상, 혼 혼 ㉗ 강호 : 강 강, 호수 호 ㉘ 귀환 : 돌아갈 귀, 돌아올 환 ㉙ 기지 : 기이할 기, 지혜 지 ㉚ 기대 : 기약할 기, 기다릴 대 ㉛ 지지 : 지탱할 지, 가질 지 ㉜ 강림 : 내릴 강, 임할 림(항림×) ㉝ 건각 : 건강할 건, 다리 각 ㉞ 전아 : 법 전, 바를 아 ㉟ 가공 : 옳을 가, 두려워할 공 ㊱ 근사 : 가까울 근, 같을 사 ㊲ 정채 : 깨끗할 정, 채색 채 ㊳ 가감 : 더할 가, 덜 감 ㊴ 과부하 : 지날 과, 질 부, 멜 하 ㊵ 종묘 : 심을 종, 싹 묘 ㊶ 강견 : 굳셀 강, 굳을 견 ㊷ 선린 : 착할 선, 이웃 린 ㊸ 주선 : 두루 주, 돌 선 ㊹ 감찰 : 보다 감, 살필 찰 ㊺ 소멸 : 사라질 소, 다할 멸

5

① 退却 (   )   ② 懇親 (   )   ③ 脚色 (   )
④ 渴症 (   )   ⑤ 架設 (   )   ⑥ 減免 (   )
⑦ 勇敢 (   )   ⑧ 看護士 (   )   ⑨ 鑑賞 (   )
⑩ 猛禽 (   )   ⑪ 輕重 (   )   ⑫ 群衆 (   )
⑬ 困窮 (   )   ⑭ 期限 (   )   ⑮ 納骨 (   )
⑯ 編輯局長 (   )   ⑰ 週刊 (   )   ⑱ 情報通信 (   )
⑲ 競技 (   )   ⑳ 企劃 (   )   ㉑ 輿論 (   )
㉒ 李成桂 (   )   ㉓ 鄭夢周 (   )   ㉔ 半徑 (   )
㉕ 茶道 (   )   ㉖ 常識 (   )   ㉗ 乘務員 (   )
㉘ 抽象 (   )   ㉙ 對照 (   )   ㉚ 出版 (   )
㉛ 代償 (   )   ㉜ 方程式 (   )

답

① 퇴각 : 물러날 퇴, 물러날 각 ② 간친 : 간절할 간, 친할 친 ③ 각색 : 다리 각, 빛 색 ④ 갈증 : 목마를 갈, 증세 증 ⑤ 가설 : 시렁 가, 만들 설 ⑥ 감면 : 덜 감, 면할 면 ⑦ 용감 : 용맹할 용, 감히 감 ⑧ 간호사 : 볼 간, 도울 호, 선비 사 ⑨ 감상 : 살펴볼 감, 상 상 ⑩ 맹금 : 사나울 맹, 날짐승 금 ⑪ 경중 : 가벼울 경, 무거울 중 ⑫ 군중 : 무리 군, 무리 중 ⑬ 곤궁 : 곤할 곤, 궁할 궁 ⑭ 기한 : 기간 기, 한정할 한 ⑮ 납골 : 들일 납, 뼈 골 ⑯ 편집국장 : 엮을 편, 모을 집, 방 국, 어른 장 ⑰ 주간 : 두를 주, 새길 간 ⑱ 정보통신 : 사실 정, 알릴 보, 통할 통, 믿을 신 ⑲ 경기 : 겨룰 경, 재주 기 ⑳ 기획 : 꾀할 기, 그을 획 ㉑ 여론 : 수레 여, 논의할 론 ㉒ 이성계 : 오얏 리, 이룰 성, 계수나무 계 ㉓ 정몽주 : 정나라 정, 꿈꿀 몽, 두루 주 ㉔ 반경 : 절반 반, 길 경 ㉕ 다도 : 차 다, 길 도(차도×) ㉖ 상식 : 항상 상, 알 식 ㉗ 승무원 : 탈 승, 힘쓸 무, 관원 원 ㉘ 추상 : 뽑을 추, 코끼리 상(유상×) ㉙ 대조 : 대답할 대, 비출 조 ㉚ 출판 : 날 출, 널조각 판 ㉛ 대상 : 대신할 대, 갚을 상 ㉜ 방정식 : 방위 방, 한도 정, 법 식

6

① 冠婚 (　　) ② 拘留 (　　) ③ 緊密 (　　)
④ 廢刊 (　　) ⑤ 慣習 (　　) ⑥ 酸性 (　　)
⑦ 需要 (　　) ⑧ 輸送 (　　) ⑨ 司祭 (　　)
⑩ 召集 (　　) ⑪ 演技 (　　) ⑫ 僞裝 (　　)
⑬ 裁判 (　　) ⑭ 愼重 (　　) ⑮ 憂慮 (　　)
⑯ 擴張 (　　) ⑰ 胸中 (　　) ⑱ 徹底 (　　)
⑲ 含蓄 (　　) ⑳ 橫財 (　　) ㉑ 借額 (　　)
㉒ 慘劇 (　　) ㉓ 疾病 (　　) ㉔ 執筆 (　　)
㉕ 贊成 (　　) ㉖ 債務 (　　) ㉗ 契約 (　　)
㉘ 賤職 (　　) ㉙ 倉庫 (　　) ㉚ 拾得 (　　)
㉛ 糖類 (　　) ㉜ 臨終 (　　) ㉝ 謀士 (　　)
㉞ 淡水 (　　) ㉟ 突破 (　　) ㊱ 返還 (　　)
㊲ 凡常 (　　) ㊳ 腐敗 (　　) ㊴ 沒落 (　　)
㊵ 培養 (　　) ㊶ 畜産 (　　) ㊷ 奪取 (　　)
㊸ 被告 (　　) ㊹ 追加 (　　) ㊺ 衝擊 (　　)
㊻ 諸般 (　　) ㊼ 卽決 (　　) ㊽ 症狀 (　　)
㊾ 抵抗 (　　) ㊿ 照光 (　　)

답

① 관혼 : 갓 관, 혼일한 혼 ② 구류 : 잡을 구, 머무를 류 ③ 긴밀 : 굳을 긴, 빽빽할 밀 ④ 폐간 : 폐할 폐, 새길 간 ⑤ 관습 : 익숙할 관, 익힐 습 ⑥ 산성 : 초 산, 성품 성 ⑦ 수요 : 구할 수, 요구할 요 ⑧ 수송 : 보낼 수, 보낼 송 ⑨ 사제 : 맡을 사, 제사 제 ⑩ 소집 : 부를 소, 모일 집 ⑪ 연기 : 익힐 연, 재주 기 ⑫ 위장 : 거짓 위, 차릴 장 ⑬ 재판 : 마를 재, 판단할 판 ⑭ 신중 : 삼갈 신, 무거울 중 ⑮ 우려 : 근심 우, 생각할 려 ⑯ 확장 : 넓힐 확, 베풀 장 ⑰ 흉중 : 가슴 흉, 가운데 중 ⑱ 철저 : 뚫을 철, 밑 저 ⑲ 함축 : 머금을 함, 쌓을 축 ⑳ 횡재 : 가로 횡, 재물 재 ㉑ 차액 : 빌릴 차, 수량 액 ㉒ 참극 : 슬플 참, 심할 극 ㉓ 질병 : 병빠를 질,

병들 병 ㉔ 집필 : 잡을 집, 붓 필 ㉕ 찬성 : 도울 찬, 이룰 성 ㉖ 채무 : 빚질 채, 힘쓸 무 ㉗ 계약 : 맺을 계, 맺을 약 ㉘ 천직 : 천할 천, 직분 직 ㉙ 창고 : 곳집 창, 곳집 고 ㉚ 습득 : 주울 습, 얻을 득 ㉛ 당류 : 사탕 당, 종류 류 ㉜ 임종 : 임할 임, 마칠 종 ㉝ 모사 : 꾀할 모, 선비 사 ㉞ 담수 : 묽을 담, 물 수 ㉟ 돌파 : 부딪칠 돌, 깨뜨릴 파 ㊱ 반환 : 돌아올 반, 돌아올 환 ㊲ 범상 : 무릇 범, 항상 상 ㊳ 부패 : 썩을 부, 패할 패 ㊴ 몰락 : 빠질 몰, 떨어질 락 ㊵ 배양 : 북돋울 배, 기를 양 ㊶ 축산 : 기를 축, 낳을 산 ㊷ 탈취 : 빼앗을 탈, 가질 취 ㊸ 피고 : 입을 피, 알릴 고 ㊹ 추가 : 좇을 추, 더할 가 ㊺ 충격 : 찌를 충, 칠 격 ㊻ 제반 : 모두 제, 일반 반 ㊼ 즉결 : 곧 즉, 정할 결 ㊽ 증상 : 증세 증, 형상 상 ㊾ 저항 : 막을 저, 대항할 항 ㊿ 조광 : 비칠 조, 빛 광

7

① 勤儉 (　　) ② 殘存 (　　) ③ 害蟲 (　　)
④ 依賴 (　　) ⑤ 懷疑 (　　) ⑥ 休講 (　　)
⑦ 帳簿 (　　) ⑧ 餘暇 (　　) ⑨ 豊盛 (　　)
⑩ 擊破 (　　) ⑪ 畢竟 (　　) ⑫ 優劣 (　　)
⑬ 枯葉 (　　) ⑭ 契約 (　　) ⑮ 添削 (　　)
⑯ 施設 (　　) ⑰ 弄談 (　　) ⑱ 懲戒 (　　)
⑲ 疏遠 (　　) ⑳ 敦篤 (　　) ㉑ 拙稿 (　　)
㉒ 稀薄 (　　) ㉓ 展覽 (　　) ㉔ 啓發 (　　)
㉕ 逃避 (　　) ㉖ 顯考 (　　) ㉗ 應援 (　　)
㉘ 棄權 (　　) ㉙ 傾斜 (　　) ㉚ 雜念 (　　)
㉛ 貯蓄 (　　) ㉜ 許諾 (　　) ㉝ 追更 (　　)
㉞ 增額 (　　) ㉟ 此際 (　　) ㊱ 恭遜 (　　)
㊲ 赴任 (　　) ㊳ 派遣 (　　) ㊴ 崩壞 (　　)
㊵ 觀照 (　　) ㊶ 指導 (　　) ㊷ 所藏 (　　)
㊸ 督促 (　　) ㊹ 獲得 (　　) ㊺ 弊端 (　　)

답

① 근검 : 부지런할 근, 검소할 검 ② 잔존 : 남을 잔, 있을 존 ③ 해충 : 해로울 해, 벌레 충 ④ 의뢰 : 따를 의, 의지할 뢰 ⑤ 회의 : 품을 회, 의심할 의(괴이×) ⑥ 휴강 : 쉴 휴, 강론할 강 ⑦ 장부 : 공책 장, 장부 부 ⑧ 여가 : 남을 여, 겨를 가 ⑨ 풍성 : 풍성할 풍, 성할 성 ⑩ 격파 : 칠 격, 깨뜨릴 파 ⑪ 필경 : 마칠 필, 마침내 경 ⑫ 우열 : 뛰어날 우, 못날 렬 ⑬ 고엽 : 마를 고, 잎 엽 ⑭ 계약 : 맺을 계, 맺을 약 ⑮ 첨삭 : 더할 첨, 깎을 삭 ⑯ 시설 : 베풀 시, 베풀 설 ⑰ 농담 : 희롱할 롱, 말씀 담 ⑱ 징계 : 징계할 징, 경계할 계 ⑲ 소원 : 섬길 소, 멀 원 ⑳ 돈독 : 도타울 돈, 도타울 독(돈마×) ㉑ 졸고 : 졸할 졸, 원고 고(출고×) ㉒ 희박 : 드물 희, 엷을 박 ㉓ 전람 : 펼 전, 볼 람 ㉔ 계발 : 열 계, 필 발 ㉕ 도피 : 달아날 도, 피할 피 ㉖ 현고 : 나타날 현, 헤아릴 고 ㉗ 응원 : 응할 응, 구원할 원 ㉘ 기권 : 버릴 기, 권세 권 ㉙ 경사 : 기울 경, 기울 사 ㉚ 잡념 : 섞일 잡, 생각 념 ㉛ 저축 : 쌓을 저, 쌓을 축 ㉜ 허락 : 허락할 허, 대답할 낙 ㉝ 추경 : 좇을 추, 고칠 경 ㉞ 증액 : 더할 증, 수량 액 ㉟ 차제 : 이 차, 사이 제 ㊱ 공손 : 공손할 공, 겸손할 손 ㊲ 부임 : 다다를 부, 맡길 임(월임×) ㊳ 파견 : 갈래 파, 보낼 견(파유×) ㊴ 붕괴 : 무너질 붕, 무너질 괴 ㊵ 관조 : 볼 관, 비칠 조 ㊶ 지도 : 가르

킬 지, 이끌 도 ㊷ 소장 : 바 소, 감출 장 ㊸ 독촉 : 재촉할 독, 재촉할 촉 ㊹ 획득 : 얻을 획, 얻을 득 ㊺ 폐단 : 폐단 폐, 실마리 단

한자훈음 다음 漢字의 訓과 音을 쓰시오. 【8～15】

8

① 薄 (　　)　② 劣 (　　)　③ 謹 (　　)
④ 鼓 (　　)　⑤ 丹 (　　)　⑥ 浮 (　　)
⑦ 詐 (　　)　⑧ 疎 (　　)　⑨ 謂 (　　)
⑩ 諸 (　　)　⑪ 蒼 (　　)　⑫ 荒 (　　)
⑬ 霜 (　　)　⑭ 飽 (　　)　⑮ 顧 (　　)
⑯ 蜂 (　　)　⑰ 尋 (　　)　⑱ 雖 (　　)
⑲ 崩 (　　)　⑳ 蔬 (　　)　㉑ 踏 (　　)
㉒ 兼 (　　)　㉓ 替 (　　)　㉔ 翁 (　　)
㉕ 栗 (　　)　㉖ 蒙 (　　)　㉗ 芽 (　　)

답
① 엷을 박(艸(艹), 13획) ② 못날 렬(力, 4획) ③ 삼갈 근(言, 11획) ④ 북 고(제부수글자) ⑤ 붉을 단(丶, 3획) ⑥ 뜰 부(水(氵), 7획) ⑦ 속일 사(言, 5획) ⑧ 성길 소(疋, 7획) ⑨ 이를 위(言, 9획) ⑩ 모두 제(言, 9획) ⑪ 푸를 창(艸(艹), 10획) ⑫ 거칠 황(艸(艹), 6획) ⑬ 서리 상(雨, 9획) ⑭ 배부를 포(食, 5획) ⑮ 돌아볼 고(頁, 12획) ⑯ 벌 봉(虫, 7획) ⑰ 찾을 심(寸, 9획) ⑱ 비록 수(隹, 9획) ⑲ 무너질 붕(山, 8획) ⑳ 푸성귀 소(艸(艹), 10획) ㉑ 밟을 답(足, 8획) ㉒ 겸할 겸(八, 8획) ㉓ 바꿀 체(曰, 8획) ㉔ 늙은이 옹(羽, 4획) ㉕ 밤 률(木, 6획) ㉖ 어릴 몽(艸(艹), 10획) ㉗ 싹 아(艸(艹), 4획)

9

① 普 (　　)　② 邊 (　　)　③ 悲 (　　)
④ 常 (　　)　⑤ 宣 (　　)　⑥ 覺 (　　)
⑦ 拒 (　　)　⑧ 缺 (　　)　⑨ 剛 (　　)
⑩ 窮 (　　)　⑪ 鷗 (　　)　⑫ 濫 (　　)
⑬ 漏 (　　)　⑭ 默 (　　)　⑮ 盲 (　　)
⑯ 腹 (　　)　⑰ 頻 (　　)　⑱ 昭 (　　)
⑲ 飾 (　　)　⑳ 愼 (　　)　㉑ 燕 (　　)
㉒ 謂 (　　)　㉓ 翁 (　　)　㉔ 嘗 (　　)
㉕ 壹 (　　)　㉖ 菜 (　　)　㉗ 裁 (　　)

㉘ 訂 (　　　)　　㉙ 贈 (　　　)　　㉚ 擴 (　　　)

답
① 넓을 보(日, 8획)　② 가 변(辵(辶), 15획)　③ 슬플 비(心(忄), 8획)　④ 항상 상(巾, 8획)　⑤ 베풀 선(宀, 6획)　⑥ 깨달을 각(見, 13획)　⑦ 물리칠 거(手(扌), 5획)　⑧ 이지러질 결(缶, 4획)　⑨ 군셀 강(刀(刂), 8획)　⑩ 궁할 궁(穴, 10획)　⑪ 갈매기 구(鳥, 11획)　⑫ 넘칠 람(水(氵), 14획)　⑬ 샐 루(水(氵), 11획)　⑭ 잠잠할 묵(黑, 4획)　⑮ 먼눈 맹(目, 3획)　⑯ 배 복(肉(月), 9획)　⑰ 자주 빈(頁, 7획)　⑱ 밝을 소(日, 5획)　⑲ 꾸밀 식(食, 5획)　⑳ 삼갈 신(心(忄), 10획)　㉑ 제비 연(口, 12획)　㉒ 이를 위(言, 9획)　㉓ 늙은이 옹(羽, 4획)　㉔ 맛볼 상(口, 11획)　㉕ 한 일(士, 9획)　㉖ 나물 채(艸(艹), 8획)　㉗ 마를 재(衣, 6획)　㉘ 바로잡을 정(言, 2획)　㉙ 줄 증(貝, 12획)　㉚ 넓힐 확(手(扌), 15획)

10

① 壁 (　　　)　② 報 (　　　)　③ 務 (　　　)
④ 得 (　　　)　⑤ 銅 (　　　)　⑥ 禁 (　　　)
⑦ 宮 (　　　)　⑧ 權 (　　　)　⑨ 康 (　　　)
⑩ 留 (　　　)　⑪ 産 (　　　)　⑫ 慶 (　　　)
⑬ 列 (　　　)　⑭ 連 (　　　)　⑮ 麗 (　　　)
⑯ 訪 (　　　)　⑰ 隊 (　　　)　⑱ 仕 (　　　)
⑲ 督 (　　　)　⑳ 副 (　　　)　㉑ 律 (　　　)
㉒ 難 (　　　)　㉓ 罰 (　　　)　㉔ 賞 (　　　)
㉕ 達 (　　　)　㉖ 洗 (　　　)　㉗ 味 (　　　)
㉘ 怒 (　　　)　㉙ 端 (　　　)　㉚ 錄 (　　　)

답
① 벽 벽(土, 13획)　② 알릴 보(土, 9획)　③ 힘쓸 무(力, 9획)　④ 얻을 득(彳, 8획)　⑤ 구리 동(金, 6획)　⑥ 금할 금(示(礻), 8획)　⑦ 집 궁(宀, 7획)　⑧ 권세 권(木, 18획)　⑨ 편안할 강(广, 8획)　⑩ 머무를 류(田, 5획)　⑪ 낳을 산(生, 6획)　⑫ 경사 경(心(忄), 11획)　⑬ 벌릴 렬(刀(刂), 4획)　⑭ 이을 련(辵(辶), 7획)　⑮ 고울 려(鹿, 8획)　⑯ 찾을 방(言, 4획)　⑰ 떼 대(阜(阝), 9획)　⑱ 벼슬 사(人(亻), 3획)　⑲ 감독할 독(目, 8획)　⑳ 버금 부(刀(刂), 9획)　㉑ 법률 률(彳, 8획)　㉒ 어려울 난(隹, 11획)　㉓ 벌 벌(网(罒), 9획)　㉔ 상 상(貝, 8획)　㉕ 이를 달(辵(辶), 9획)　㉖ 씻을 세(水(氵), 6획)　㉗ 맛 미(口, 5획)　㉘ 성낼 노(心(忄), 5획)　㉙ 실마리 단(立, 9획)　㉚ 기록할 록(金, 8획)

11

① 政 (　　　)　② 策 (　　　)　③ 專 (　　　)
④ 努 (　　　)　⑤ 化 (　　　)　⑥ 鄕 (　　　)
⑦ 節 (　　　)　⑧ 海 (　　　)　⑨ 聖 (　　　)

⑩ 符 (   )   ⑪ 簡 (   )   ⑫ 哲 (   )
⑬ 社 (   )   ⑭ 號 (   )   ⑮ 懇 (   )
⑯ 脚 (   )   ⑰ 拳 (   )   ⑱ 彼 (   )
⑲ 鬪 (   )   ⑳ 擊 (   )   ㉑ 潔 (   )

답
① 정사 정(攵(攴), 5획) ② 꾀 책(竹, 6획) ③ 오로지 전(寸, 8획) ④ 힘쓸 노(力, 5획) ⑤ 될 화(匕, 2획) ⑥ 시골 향(邑(阝), 10획) ⑦ 마디 절(竹, 9획) ⑧ 바다 해(水(氵), 7획) ⑨ 성스러울 성(耳, 7획) ⑩ 부신 부(竹, 5획) ⑪ 편지 간(竹, 12획) ⑫ 밝을 철(口, 7획) ⑬ 모일 사(示(礻), 3획) ⑭ 부를 호(虍, 7획) ⑮ 간절할 간(心(忄), 13획) ⑯ 다리 각(肉(月), 7획) ⑰ 주먹 권(手(扌), 6획) ⑱ 저 피(彳, 5획) ⑲ 싸울 투(鬥, 10획) ⑳ 칠 격(手(扌), 13획) ㉑ 깨끗할 결(水(氵), 12획)

12

① 味 (   )   ② 航 (   )   ③ 豪 (   )
④ 影 (   )   ⑤ 井 (   )   ⑥ 央 (   )
⑦ 飛 (   )   ⑧ 難 (   )   ⑨ 岩 (   )
⑩ 炭 (   )   ⑪ 値 (   )   ⑫ 尾 (   )
⑬ 吹 (   )   ⑭ 移 (   )   ⑮ 寺 (   )
⑯ 池 (   )   ⑰ 銅 (   )   ⑱ 帶 (   )
⑲ 童 (   )   ⑳ 走 (   )

답
① 맛 미(口, 5획) ② 건널 항(舟, 4획) ③ 호걸 호(豕, 7획) ④ 그림자 영(彡, 12획) ⑤ 우물 정(제부수글자) ⑥ 가운데 앙(大, 2획) ⑦ 날 비(제부수글자) ⑧ 어려울 난(隹, 11획) ⑨ 바위 암(山, 5획) ⑩ 숯 탄(火, 5획) ⑪ 값 치(人(亻), 8획) ⑫ 꼬리 미(尸, 4획) ⑬ 불 취(口, 4획) ⑭ 옮길 이(禾, 6획) ⑮ 절 사(寸, 3획) ⑯ 못 지(水(氵), 3획) ⑰ 구리 동(金, 6획) ⑱ 띠 대(巾, 8획) ⑲ 아이 동(立, 7획) ⑳ 달릴 주(제부수글자)

13

① 却 (   )   ② 悟 (   )   ③ 悠 (   )
④ 替 (   )   ⑤ 遍 (   )   ⑥ 染 (   )
⑦ 嶺 (   )   ⑧ 耐 (   )   ⑨ 泥 (   )
⑩ 幾 (   )   ⑪ 勵 (   )   ⑫ 貸 (   )
⑬ 莫 (   )   ⑭ 渴 (   )   ⑮ 郊 (   )
⑯ 潭 (   )   ⑰ 姦 (   )   ⑱ 絡 (   )
⑲ 桐 (   )   ⑳ 冠 (   )   ㉑ 輪 (   )

㉒ 稻 (   )　　㉓ 裏 (   )　　㉔ 閣 (   )
㉕ 腦 (   )　　㉖ 鈍 (   )　　㉗ 濫 (   )
㉘ 隨 (   )　　㉙ 謂 (   )　　㉚ 漂 (   )

답

① 물러날 각(卩(㔾), 5획)　② 깨달을 오(心(忄), 7획)　③ 멀 유(心(忄), 7획)　④ 바꿀 체(曰, 8획)　⑤ 두루 편(辵(辶), 9획)　⑥ 물들일 염(木, 5획)　⑦ 고개 령(山, 14획)　⑧ 견딜 내(而, 3획)　⑨ 진흙 니(水(氵), 5획)　⑩ 몇 기(幺, 9획)　⑪ 권면할 려(力, 15획)　⑫ 빌릴 대(貝, 5획)　⑬ 없을 막(艸(艹), 7획)　⑭ 목마를 갈(水(氵), 9획)　⑮ 들 교(邑(阝), 6획)　⑯ 못 담(水(氵), 12획)　⑰ 간사할 간(女, 6획)　⑱ 이을 락(糸, 6획)　⑲ 오동나무 동(木, 6획)　⑳ 갓 관(冖, 7획)　㉑ 바퀴 륜(車, 8획)　㉒ 벼 도(禾, 10획)　㉓ 속 리(衣(衤), 7획)　㉔ 누각 각(門, 6획)　㉕ 뇌 뇌(肉(月), 9획)　㉖ 둔할 둔(金, 4획)　㉗ 넘칠 람(水(氵), 14획)　㉘ 따를 수(阜(阝), 13획)　㉙ 이를 위(言, 9획)　㉚ 뜰 표(水(氵), 11획)

14

다음은 1997년 9월 6일字 독자편지 '조선일보를 읽고'란의 記事의 일부를 옮긴 것이다. 漢字로 고친 것 중 ×표한 漢字의 訓과 音을 쓰시오.

노사가 기업성패 좌우

2일자 11면에는 불①況[×] 속에서 호황을 누리는 ②浦[×]항제철의 '성공 스토리'를 게③載[×]했고, 12면에는 경영에 실패한 기아그룹의 '부④債[×], GDP의 2.2%'라는 내용이 기사가 실려 있다. 지난날 포철은 노조운동이 부⑤振[×]한 데다 종업원의 급여에는 인색한 편인 반면, 기아는 노조활동도 활발하고 급여인상률도 좋은 편으로 알려져 있다. 그러나 이들 두 기사는 경영 상태가 좋을 때 이익금을 사내유보로 돌려 재무⑥構[×]조를 튼튼히 한 쪽이 결국은 성공 스토리의 주인공이 되고 종업원도 행복한 존재로 남는다는 것을 보여주고 있다. (後略)

---

① 況 (   )　　② 浦 (   )　　③ 載 (   )
④ 債 (   )　　⑤ 振 (   )　　⑥ 構 (   )

답

① 하물며 황(水(氵), 5획)　② 물가 포(水(氵), 7획)　③ 실을 재(車, 6획)　④ 빚질 채(人(亻), 11획)　⑤ 떨칠 진(手(扌), 7획)　⑥ 얽을 구(木, 10획)

15

다음 빈칸에 보기와 같이 알맞은 訓과 音을 쓰시오.

母 : 어미 모
---

① 受 : (   ) 수　　② 葉 : 잎 (   )　　③ 洗 : (   ) 세
④ 儒 : 선비 (   )　　⑤ 提 : (   ) 제

답
① 뜻 : 받을(又, 6획) ② 음 : 엽(艸(艹), 9획) ③ 뜻 : 씻을(水(氵), 6획) ④ 음 : 유(人(亻), 14획) ⑤ 뜻 : 끌(手(扌), 9획)

두 가지 이상의 음으로 발음되는 한자 다음 漢字는 두 가지 訓과 音으로 쓰이는 것이다. 그 訓과 音을 쓰시오. 【16 ~ 17】

16
① 降 (   )   ② 惡 (   )   ③ 更 (   )
④ 省 (   )   ⑤ 畵 (   )

답
① 내릴 강, 항복할 항(阜(阝), 6획) ② 악할 악, 싫어할 오(心(忄), 8획) ③ 다시 갱, 고칠 경(曰, 4획) ④ 살필 성, 덜 생(目, 4획) ⑤ 그림 화, 그을 획(田, 7획)

17
① 更 (   )   ② 易 (   )   ③ 復 (   )

답
① 다시 갱, 고칠 경(曰, 3획) ② 쉬울 이, 바꿀 역(日, 4획) ③ 다시 부, 회복할 복(彳, 9획)

부 수 다음 漢字의 部首를 쓰시오. 【18 ~ 24】

18
① 婚 (   )   ② 圖 (   )   ③ 勤 (   )
④ 往 (   )   ⑤ 照 (   )

답
① 女(계집 녀, 8획) : 婚(혼인할 혼) ② 囗(큰입구 안, 11획) : 圖(그림 도) ③ 力(힘 력, 11획) : 勤(부지런할 근) ④ 彳(두인 변, 5획) : 往(갈 왕) ⑤ 火(灬)(불화 발, 9획) : 照(비출 조)

19
① 刑 (   )   ② 墳 (   )   ③ 妻 (   )
④ 從 (   )   ⑤ 怠 (   )

① 刀(刂)(칼 도, 4획) : 刑(형벌 형) ② 土(흙 토, 12획) : 墳(봉분 분) ③ 女(계집 녀, 5획) : 妻(아내 처) ④ 彳(두인 변, 8획) : 從(따를 종) ⑤ 心(忄)(마음 심, 5획) : 怠(게으를 태)

20

① 窓 (   )   ② 創 (   )   ③ 鳴 (   )
④ 攻 (   )   ⑤ 統 (   )

답
① 穴(구멍 혈, 6획) : 窓(창문 창) ② 刀(刂)(칼 도, 10획) : 創(비롯할 창) ③ 鳥(새 조, 3획) : 鳴(울 명) ④ 攴(攵)(등글월 문, 3획) : 攻(칠 공) ⑤ 糸(실 사, 6획) : 統(거느릴 통)

21

① 賞 (   )   ② 育 (   )   ③ 領 (   )
④ 聞 (   )   ⑤ 席 (   )

답
① 貝(조개 패, 8획) : 賞(상 상) ② 肉(月)(고기 육, 3획) : 育(기를 육) ③ 頁(머리 혈, 5획) : 領(다스릴 령) ④ 耳(귀 이, 8획) : 聞(들을 문) ⑤ 巾(수건 건, 7획) : 席(자리 석)

22

① 勞 (   )   ② 春 (   )   ③ 罪 (   )
④ 字 (   )   ⑤ 雄 (   )

답
① 力(힘 력, 10획) : 勞(수고할 로) ② 日(날 일, 5획) : 春(봄 춘) ③ 网(罒)(그물 망, 8획) : 罪(허물 죄) ④ 子(아들 자, 3획) : 字(글자 자) ⑤ 隹(새 추, 4획) : 雄(수컷 웅)

23

① 球 (   )   ② 夜 (   )   ③ 集 (   )

답
① 玉(王)(구슬 옥(임금 왕), 7획) : 球(공 구) ② 夕(저녁 석, 5획) : 夜(밤 야) ③ 隹(새 추, 4획) : 集(모일 집)

24

① 冬 (　　)　　② 因 (　　)　　③ 安 (　　)
④ 鳴 (　　)　　⑤ 聞 (　　)

답 ① 冫(이수 변, 3획) : 冬(겨울 동)　② 囗(큰입구 안, 3획) : 因(인할 인)　③ 宀(갓머리, 3획) : 安(편안할 안)　④ 鳥(새 조, 3획) : 鳴(울 명)　⑤ 耳(귀 이, 8획) : 聞(들을 문)

부 수 다음 부수가 나타내는 기본이 되는 뜻을 보기처럼 쓰시오. 【25 ~ 26】

25

| 木 - 나무, 石 - 돌 |

① 巾 (　　)　　② 忄 (　　)　　③ 貝 (　　)
④ 刂 (　　)　　⑤ 足 (　　)

답 ① 수건(수건 건)　② 마음(마음 심 = 心)　③ 조개(조개 패)　④ 칼(칼 도 = 刀)　⑤ 발(발 족)

26

| 木 - 나무, 石 - 돌 |

① 夕 (　　)　　② 禾 (　　)　　③ 貝 (　　)
④ 罒 (　　)　　⑤ 頁 (　　)

답 ① 저녁(저녁 석)　② 벼(벼 화)　③ 조개(조개 패)　④ 그물(그물 망 = 网)　⑤ 머리(머리 혈)

획 수 다음 漢字의 총 획수를 쓰시오.

27

① 窮 (　　)　　② 總 (　　)　　③ 專 (　　)
④ 擔 (　　)　　⑤ 暖 (　　)

답 ① 15획(궁할 궁 : 穴, 10획)　② 17획(모두 총 : 糸, 11획)　③ 11획(오로지 전 : 寸, 8획)　④ 16획(멜 담 : 手(扌), 13획)　⑤ 13획(따뜻할 난 : 日, 9획)

3급선정 1000字 쓰기 및 활용

한자능력검정 3급 시험의 쓰기 범위는 3급선정 필수한자 1807字 中 한자능력검정용 기초한자 1000字(4급선정 필수한자)의 범위 내에서 출제되므로, 다음에 나오는 한자는 읽기는 물론 쓰기 및 한자어로서 활용할 수 있도록 철저한 학습이 요구된다. 그러나 쓰기용 필수한자 1000字 중 너무 쉬운 한자와 부수·획수 등이 앞의 것과 중복되는 것은 생략하였으므로 앞의 내용을 참조하기 바란다. ★표는 2가지 이상의 음과 뜻으로 나타내는 한자이므로 그 쓰임에 유의하기 바란다. ㉭은 약자를 나타내는 표시이다.

家 집 가	• 家風(가풍) : 한 집안에 전해 내려오는 풍습이나 범절(凡節) • 家親(가친) : 남에게 자기 아버지를 일컫는 말 • 歸家(귀가) : 집으로 돌아가거나 돌아옴				
家				家風	家親

歌 노래 가	• 歌手(가수) : 노래 부르는 일을 직업으로 하는 사람 • 歌謠(가요) : ① 민요, 동요, 속요, 유행가 따위를 통틀어 이르는 말 ② 대중가요의 준말 ㉭ 大衆歌謠 ┼비교 可(옳을 가) : 可決(가결), 可望(가망)				
歌				歌手	歌謠

價 값, 가치 가	• 價格(가격) : 돈으로 나타낸 상품의 교환가치 ㉭ 正札價格(정찰가격) • 價値(가치) : 어떤 사물이 지니고 있는 의의나 중요성. 값어치 ㉭ 價値觀(가치관) • 物價(물가) : 물건 값. 상품의 시장가격				
價		㉮ 価		價格	價値

加 더할 가	• 加入(가입) : 단체나 조직 등에 들어감 ㉰ 脫退(탈퇴) • 加減(가감) : 더하거나 뺌. 보태거나 덞 • 參加(참가) : 어떤 모임이나 단체에 관여하거나 참석하여 가입함 ㉰ 不參(불참)				
加				加減	參加

假 거짓 가	• 假名(가명) : ① 이름을 꾸며냄. 꾸며낸 이름 ② 남의 이름을 모칭(冒稱)함 • 假想(가상) : 가정적(假定的)으로 생각함 • 假建物(가건물) : (본 건물이 아닌)임시로 지은 건물				
假			㈜ 仮	假名	假想

街 거리 가	• 街區(가구) : 시가(市街)의 구획 • 街路樹(가로수) : (거리의 미관과 주민의 보건을 위하여)큰길의 양쪽 가에 줄지어 심은 나무 • 街談巷說(가담항설) : 거리의 뜬 소문. 세상의 풍설(風說) • 市街(시가) : 도시의 큰 거리 또는 번화한 거리 ㈜ 市街地(시가지)				
街				街區	街談

暇 한가할 가 겨를 가	• 暇逸(가일) : 한가히 놂 • 餘暇(여가) : 겨를, 틈 ㈜ 餘暇時間(여가시간) • 休暇(휴가) : (학교나 직장 등에서)일정한 기간동안 쉬는 일 또는 그 겨를 • 閑暇(한가) : 한가하여 편안함				
暇				休暇	閑暇

覺 깨달을 각	• 覺書(각서) : 상대편에게 약속하는 내용을 적어주는 문서 • 覺悟(각오) : ① 깨달아 앎 ② (앞으로 닥칠 일에 대비하여)마음의 준비를 함 • 錯覺(착각) : 실제와는 다른데도 실제처럼 깨닫거나 생각함 　발 전 刻骨難忘(각골난망), 刻舟求劍(각주구검)				
覺			㈜ 覚	覺悟	錯覺

刻 새길 각	• 刻苦(각고) : 대단히 애를 씀 또는 비상히 노력함 • 刻薄(각박) : 잔인(殘忍)하고 인정(人情)이 없음 • 板刻(판각) : 글씨나 그림 등을 판에 새김 또는 그 새긴 것				
刻				刻苦	板刻

間 사이 간 틈 간	• 間接(간접) : 중간에 매개(媒介)를 두고 연락하는 관계 • 空間(공간) : ① 아무 것도 없이 비어 있는 곳 ② 모든 방향으로 끝없이 펼쳐져 있는 빈곳 　비교　問(물을 문) : 問答(문답), 問喪(문상), 問議(문의), 問題(문제)				
間				間接	空間

看 볼 간	• 看過(간과) : ① 그냥 보기만 하고 내버려둠 ② 보는 중에 빠뜨리고 넘어감 • 看破(간파) : 속내를 환하게 알아냄 • 看護(간호) : 병상자(病傷者)를 살피어 돌봄　비 看病(간병)				
看				看過	看護

簡 대쪽 간 편지 간	• 簡潔(간결) : ① 간단하고 요령이 있음 ② 대범하고 결백함 • 簡素(간소) : (생활이나 차림시 등)간략하고 소박함 또는 간단하고 수수함 • 書簡(서간) : 편지　예 書簡文學(서간문학)				
簡				簡潔	書簡

感 감동할 감 느낄 감	• 感動(감동) : 깊이 느끼어 마음이 대단히 움직임 • 感謝(감사) : 고맙게 여김 또는 고맙게 여겨 사의(謝意)를 표함 • 感歎(감탄) : ① 감동하여 찬탄함 ② 느끼어 탄식함. 깊이 느낌 • 豫感(예감) : 무슨 일이 일어날 것 같다는 것을 사전에 느끼는 일 또는 그런 느낌				
感				感謝	豫感

敢 감히 감 굳셀 감	• 勇敢(용감) : 씩씩하고 겁이 없으며 기운참 • 敢行(감행) : 어려움을 무릅쓰고 과감히 행함 • 敢不生心(감불생심) : 감히 하려고 마음먹지 못함 • 果敢(과감) : 과단성이 있고 용감함				
敢				勇敢	敢行

監 볼 감 살필 감	• 監督(감독) : 보살펴 단속함　　예 監督官廳(감독관청) • 監修(감수) : 서적을 편찬(編纂)하는 일을 감독함 • 國子監(국자감) : ① 고려 때 국자감에서 진사(進士)를 뽑던 시험　② '성균관'의 다른 이름
監	監督　　　　監修

減 덜 감 감할 감	• 減免(감면) : ① (형벌 따위를)감하여 면제함　② 등급을 낮추어 면제함 • 減刑(감형) : 형벌을 가볍게 함 • 輕減(경감) : (부담이나 고통 따위를)덜어서 가볍게 함
減	減免　　　　輕減

强 강할 강 힘쓸 강	• 强健(강건) : 체질(體質)이 튼튼하고 건전(健全)함 • 强壓(강압) : ① 세게 억누름　② 함부로 억누름 • 强制(강제) : 위력(威力)으로 남의 자유의사를 억제(抑制)함 • 富强(부강) : 부국강병(富國强兵)의 준말
强	强壓　　　　富强

康 편안할 강	• 康寧(강녕) : 건강(健康)하고 편안함 • 健康(건강) : ① 육체가 아무 탈 없이 정상적이고 튼튼함　② 의식이나 사상이 바르고 견실함　예 健康診斷(건강진단) • 康衢煙月(강구연월) : ① 태평한 시대의 평화로운 거리풍경　② 태평스러운 시대
康	康寧　　　　健康

講 익힐 강 화해할 강	• 講究(강구) : 좋은 방법을 궁리함 • 講和(강화) : 서로 전쟁(戰爭)을 멈추고 화의(和議)함 • 受講(수강) : 강습을 받거나 강의를 들음 • 缺講(결강) : 예정되어 있던 강의를 쉼 또는 강의시간에 빠짐
講	講究　　　　缺講

降 내릴 강 항복할 항	• 降臨(강림) : 신(神)이 하늘에서 내려옴 • 降等(강등) : 등급(等級)을 내림 • 降伏(항복) : (전쟁 등에서)적에게 굴복함 동 降服(항복) • 降旗(항기) : 항복하는 표시로써 드는 깃발					降等		降伏	
降									

開 열 개	• 開館(개관) : 회관(會館)이나 공관(公館) 따위의 사무를 개시함 반 閉館(폐관) • 開拓(개척) : 토지를 개간하여 경지(耕地)를 넓힘 • 開票(개표) : 투표함(投票函)을 열고 투표결과를 조사함					開館		開拓	
開									

改 고칠 개	• 改築(개축) : 고치어 건축(建築)함 • 改革(개혁) : 새롭게 뜯어 고침 발전 改過遷善(개과천선), 朝令暮改(조령모개), 朝變夕改(조변석개)					改築		改革	
改									

個 낱 개	• 個別(개별) : 하나하나, 낱낱이 나눔 예 個別指導(개별지도) • 個性(개성) : 개인(個人)이나 개체(個體)의 타고난 특성 • 個人(개인) : 집단(단체)의 구성요소로서의 한 사람 비 個體(개체)					個別		個性	
個									

客 손님 객	• 客席(객석) : 연극, 영화, 운동경기 등을 구경하는 사람들이 앉는 자리 • 客室(객실) : 손님을 접대하는 방 • 賀客(하객) : 축하하는 손님 비 祝客(축객)					客席		賀客	
客									

擧 들 거 모두 거	• 擧論(거론) : 말을 꺼냄. 의제(議題)를 제출함 • 擧族(거족) : ① 온 혈족, 일족(一族) ② 전민족(全民族) • 選擧(선거) : 일정한 조직이나 집단에서 그 대표자나 임원을 투표 등의 방법으로 뽑음 예 選擧公營(선거공영)				
擧		일 擧		擧族	選擧

據 의거할 거	• 據點(거점) : 근거가 되는 점 • 占據(점거) : (일정한 곳을)차지하여 자리를 잡음 비 占領(점령) • 證據(증거) : 어떤 사실을 증명할 수 있는 근거 예 證據湮滅(증거인멸)				
據		속 拠		據點	證據

拒 막을 거 물리칠 거	• 拒逆(거역) : 명령을 거스름 • 拒否(거부) : 승낙하지 않음 반 受諾(수락), 承認(승인) [비교] 巨(클 거) : 巨富(거부), 巨額(거액)				
拒				拒逆	拒否

居 살 거 있을 거	• 居處(거처) : 집에 있음 또는 있는 곳 • 居留(거류) : ① (어떤 곳에)임시로 머물러 삶 ② 외국의 거류지에 삶 • 隱居(은거) : (세상을 피하여)숨어 삶				
居				居留	隱居

建 세울 건	• 建元(건원) : 창업(創業)한 천자(天子)가 연호(年號)를 정함 • 建議(건의) : 국가 또는 단체에 대하여 자기의 의견을 개진(開陣)함 • 建設(건설) : 건물이나 그 밖의 시설물을 만들어 세움 반 破壞(파괴)				
建				建元	建設

件 사건 건 조건 건	• 件數(건수) : 사물(事物)의 가지수 • 要件(요건) : 요긴한 일이나 조건 • 條件(조건) : ① 어떤 사물이 성립되거나 발생하는데 갖추어야 하는 요소 ② 어떤 일을 자기 뜻에 맞도록 하기 위해 내놓는 요구나 견해 예 條件反射(조건반사)						
件						件數	條件

健 건강할 건 굳셀 건	• 健忘(건망) : 사물을 잘 잊어버림. 기억력이 약함 • 健兒(건아) : 혈기(血氣)가 왕성한 청년. 건장(健壯)한 남아 • 保健(보건) : 건강을 지켜나가는 일 예 保健福祉部(보건복지부)						
健						健忘	保健

傑 뛰어날 걸	• 傑作(걸작) : ① 썩 잘 지은 글이나 작품(作品) ② 썩 잘된 제작 반 拙作(졸작) • 傑出(걸출) : 썩 뛰어남 • 豪傑(호걸) : 지용(智勇)이 뛰어나고 도량과 기개를 갖춘 사람 예 英雄豪傑(영웅호걸)						
傑						傑出	豪傑

檢 조사할 검	• 檢印(검인) : 서류나 물건을 검사하고 찍는 도장 • 檢討(검토) : 내용을 검사하면서 토구(討究)함 • 點檢(점검) : 낱낱이 조사함 또는 그 검사 예 安全點檢(안전점검)						
檢			㉑ 檢			檢討	點檢

儉 검소할 검	• 儉素(검소) : 검약(儉約)하고 질박(質朴)함. 순수함 • 儉約(검약) : 절약하여 낭비하지 않음 • 勤儉(근검) : 부지런하고 검소함 예 勤儉節約(근검절약)						
儉			㉔ 儉			儉素	勤儉

格 이를 격 자격 격	• 格言(격언) : 사리에 적당하여 본보기가 될 만한 짧은 말 • 格調(격조) : ① 시가(詩歌)의 품격과 성조(聲調) ② 품격, 인격 • 資格(자격) : (어떤 조직 속에서의)일정한 지위나 신분 예 資格停止(자격정지)

格					格調		資格	

堅 굳을 견	• 堅固(견고) : 굳음. 튼튼함 • 堅持(견지) : 주의, 주장이나 태도 등을 굳게 지니거나 지킴 비 堅執(견집) • 堅忍持久(견인지구) : 굳게 참아 오래 버팀

堅					堅固		堅持	

決 정할 결 판단할 결	• 決斷(결단) : ① 단호히 정함 ② 송사(訟事)를 판결함 • 決勝(결승) : 최후의 승부(勝負)를 결정함 • 解決(해결) : (사건이나 문제 등을)잘 해결함

決					決勝		解決	

結 맺을 결	• 結論(결론) : 설명하는 말이나 글의 끝맺는 부분 • 結婚(결혼) : 혼인(婚姻)의 관계를 맺는 일. 장가들고 시집가는 일 • 連結(연결) : 서로 이어서 맺음 발전 結者解之(결자해지), 結草報恩(결초보은)

結					結婚		連結	

潔 깨끗할 결	• 潔白(결백) : 마음이 깨끗하고 사욕(邪慾)이 없음 • 潔癖(결벽) : 유달리 깨끗함을 좋아하는 성질 • 純潔(순결) : ① 순수하고 깨끗함 ② 몸과 마음이 깨끗함

潔					潔癖		純潔	

缺 이지러질 결 모자랄 결	• 缺乏(결핍) : 모자람. 부족함 • 缺陷(결함) : 완전하지 못하여 흠이 됨. 부족 • 缺損(결손) : ① 축나거나 손해가 남 ② 계산상의 손실 예 缺損家庭(결손가정) • 完全無缺(완전무결) : 완전하여 아무런 결점이 없음						
缺					缺乏		缺損

警 경계할 경	• 警戒(경계) : ① 타일러 주의시킴 ② 방심(放心)하지 않고 조심함 • 警備(경비) : 만일을 염려하여 미리 방비함 또는 그 설비 • 警護(경호) : 경계하여 호위함						
警					警戒		警護

慶 경사 경	• 慶賀(경하) : 경사를 치하함 • 慶弔相問(경조상문) : 경사를 서로 축하하고 흉사(凶事)를 서로 위문함						
慶					慶賀		

輕 가벼울 경	• 輕微(경미) : 가볍고 작음 • 輕視(경시) : 가볍게 봄. 깔봄 • 輕快(경쾌) : ① 빠르고 상쾌함 ② 병이 조금 나음						
輕				(속) 軽		輕視	輕快

競 다툴 경 겨룰 경	• 競賣(경매) : ① 한 물건을 여러 사람이 사게 될 때 그 중에서 값을 제일 많이 부르는 사람에게 팜 ② 차입한 물건을 입찰(入札)에 의해 공매(公賣)해 팜 • 競爭(경쟁) : 서로 앞서거나 이기려고 다툼 예 競爭入札(경쟁입찰)						
競					競賣		競爭

經 경서 경	• 經營(경영) : 이익이 나도록 회사나 사업 등을 운영함 • 經歷(경력) : 겪어온 여러가지 일들. 이력(履歷) • 經濟(경제) : 인간이 공동생활을 하는 데에 필요한 재화를 획득, 이용하는 활동 및 사회관계 • 聖經(성경) : 각 종교에서 그 종교의 가르침의 중심이 되는 책　예 聖書(성서)
經	⑧ 経　　經營　　經濟

境 지경 경	• 境遇(경우) : 부닥친 형편이나 사정 • 環境(환경) : 주위의 사물이나 사정 • 國境(국경) : 나라와 나라 사이의 경계 예 國境紛爭(국경분쟁)
境	境遇　　環境

景 경치 경 볕 경	• 景觀(경관) : ① 경치(景致) ② 지표(地表)위의 풍경을 특징짓는 여러 요소를 종합한 것 • 景況(경황) : 흥미를 느낄 만한 겨를이나 형편 • 景氣(경기) : 매매나 거래 등에 나타난 경제활동의 상황　예 景氣變動(경기변동)
景	景觀　　景況

驚 놀랄 경	• 驚異(경이) : 놀라 이상히 여김 • 驚蟄(경칩) : 이십사절기의 하나. 우수(雨水)와 춘분(春分)의 사이에 있는 절기(節氣). 음력 삼월 오일경 • 驚歎(경탄) : ① 놀라 탄식(歎息)함 ② 몹시 감탄함
驚	驚異　　驚歎

傾 기울 경	• 傾斜(경사) : ① 기울어짐 ② 지층면과 수평면과의 각도 • 傾聽(경청) : 귀를 기울여 주의하여 들음 발전 傾國之色(경국지색), 傾危之士(경위지사)
傾	傾斜　　傾聽

更 고칠 경 다시 갱	• 更新(경신) : 고쳐 새롭게 함 • 更新(갱신) : 다시 새로워짐 • 更紙(갱지) : 좀 거친 양지(洋紙)의 한 가지. 신문인쇄 등에 쓰임 • 更迭(경질) : 교대함. 교체(交遞)함 • 變更(변경) : 바꾸어 고침　예 名義變更(명의변경)				
更				更迭	變更

鏡 거울 경	• 鏡鑑(경감) : 거울. 본보기 • 鏡臺(경대) : 거울을 달아 세운 화장대 　발전　明鏡止水(명경지수), 鏡花水月(경화수월)				
鏡				鏡鑑	鏡臺

敬 공경할 경 삼갈 경	• 敬老(경로) : 노인을 공경(恭敬)함　예 敬老堂(경로당) • 敬意(경의) : 공경하는 뜻 • 尊敬(존경) : 남의 훌륭한 행위나 인격 등을 높여 공경함				
敬				敬老	尊敬

界 세계 계	• 境界(경계) : ① 지역이 갈라지는 한계　② 어떤 분야와 다른 분야와의 갈라지는 　한계　예 境界線(경계선) • 限界(한계) : ① 땅의 경계　② 사물의 정하여진 범위　예 限界狀況(한계상황)				
界				境界	限界

階 섬돌 계	• 階級(계급) : ① 등급　② 층계. 계단(階段)　③ 신분 또는 재산, 직업에 의하여 　갈린 사회적 지위　예 階級打破(계급타파) • 位階(위계) : ① 벼슬의 품계　② 지위의 등극　예 位階秩序(위계질서)				
階				階級	位階

計 셈할 계 꾀할 계	• 計略(계략) : 꾀. 모략(謀略) 비 計策(계책) • 計算(계산) : ① 수량(數量)을 헤아림 ② 국가의 회계 • 設計(설계) : ① 공사나 공작 등에서 공사비, 재료, 구조 등의 계획을 세워 도면 같은데 구체적으로 명시하는 일 ② (앞으로 이루어야 할 일에 대해)구체적인 계획을 세움 예 設計圖(설계도)
計	計略　　　　設計

係 맬 계 계 계	• 係長(계장) : 관청이나 회사의 한 계(係)의 책임자 • 關係(관계) : ① 사람들 사이에 서로 얽혀진 연관 ② 동작, 현상, 사물 사이에 맺어진 서로의 연관 예 勞動關係(노동관계)
係	係長　　　　關係

繼 이을 계	• 繼母(계모) : 아버지의 후취(後娶) • 繼承(계승) : 조상이나 선임자의 뒤를 이어받음 비 受繼(수계) • 繼續(계속) : ① 끊이지 않고 잇대어 나아감 ② 끊겼던 일을 다시 시작하여 해 나감
繼	속 継　　繼承　　繼續

戒 경계할 계	• 戒律(계율) : 불교에서 계(戒)와 율(律). 곧 중이 지켜야 할 율법(律法) • 警戒(경계) : 잘못을 저지르지 않도록 미리 타일러 조심함 예 警戒警報(경계경보) • 懲戒(징계) : 허물을 뉘우치도록 주의를 주고 나무람 예 懲戒處分(징계처분)
戒	戒律　　　　懲戒

鷄 닭 계	• 鷄鳴(계명) : ① 닭의 울음 ② 첫닭이 울 무렵. 새벽 • 鷄肋(계륵) : 닭갈비. 닭의 갈비는 먹을 것은 없으나 그냥 버리기는 아깝다는 말로, 별로 소용은 없으나 버리기는 아까운 사물을 이름 발전 鷄卵有骨(계란유골), 群鷄一鶴(군계일학)
鷄	동 雞　　鷄鳴　　鷄肋

季 끝 계 계절 계	• 季子(계자) : 끝의 아들. 막내 아들 • 冬季(동계) : 겨울철. 동기(冬期) 凹 夏季(하계) • 季節(계절) : ① 한 해를 날씨에 따라 나눈 그 한 철 ② 어떤 일을 하는데 가장 알맞은 시절							
季						冬季		季節

系 계통 계	• 系統(계통) : ① 혈통(血統) ② 사물의 순서를 따라 연락된 길 • 系譜(계보) : 조상 때부터의 혈통이나 집안의 역사를 적은 책 • 傍系(방계) : 직계(直系)에서 갈라져 나온 계통							
系						系統		系譜

苦 괴로울 고	• 苦難(고난) : 괴로움과 어려움 凹 苦楚(고초) • 苦惱(고뇌) : 괴로움과 번뇌. 마음이 괴로움 凹 苦悶(고민) • 勞苦(노고) : (어떤 일을 이루기 위해)심신을 괴롭히며 애쓰는 일. 수고하는 일 비교 古(옛 고) : 古典(고전), 古稀(고희), 古代(고대)							
苦						苦難		勞苦

考 헤아릴 고	• 考古學(고고학) : 유적, 유골 등을 상고(詳考)하여 고대주민의 문화를 연구하는 학문 • 考慮(고려) : 생각하여 헤아림 • 考察(고찰) : 상고(詳考)하여 살핌							
考						考慮		考察

固 굳을 고	• 固辭(고사) : 굳이 사양(辭讓)함. 한사코 사퇴함 • 固定(고정) : 일정한 곳에 있어 움직이지 아니함 • 堅固(견고) : 굳고 튼튼함							
固						固辭		堅固

故 옛 고 까닭 고	• 故國(고국) : ① 건국(建國)한지 오래된 나라 ② 고향 ③ 본국(本國) • 故鄕(고향) : 자기가 나서 자란 곳 • 緣故(연고) : ① 까닭, 사유(事由) ② 혈연이나 인척관계, 정분 등에 의해 특별한 관계
故	故鄕　　緣故

孤 홀로 고	• 孤島(고도) : 외딴 섬 • 孤兒(고아) : 부모가 없는 어린 애 예 孤兒院(고아원) 〔발전〕 孤掌難鳴(고장난명)
孤	孤島　　孤兒

庫 곳집 고	• 寶庫(보고) : ① 보물처럼 귀중한 것이 갈무리되어 있는 곳 ② 재화(財貨)가 많이 나는 땅 • 倉庫(창고) : ① 곳집 ② 창고업자가 남의 화물을 보관하기 위해 사용하는 설비 • 在庫(재고) : 在庫品(재고품 : 창고에 있는 물건)의 준말
庫	寶庫　　倉庫

曲 굽을 곡	• 曲流(곡류) : 꾸불꾸불 흘러가는 물. 굽이쳐 흐르는 물 • 曲線(곡선) : 부드럽게 굽은 선 예 曲線美(곡선미) • 歪曲(왜곡) : 사실과 다르게 곱게 봄
曲	曲線　　歪曲

穀 곡식 곡	• 穀倉(곡창) : ① 곡식을 쌓아 두는 집 ② 곡식이 많이 나는 지방을 가리키는 말 • 糧穀(양곡) : 양식으로 쓰이는 곡식(쌀, 보리, 밀 등) 예 糧穀收買(양곡수매) • 五穀(오곡) : ① 다섯가지 주요 곡식(쌀, 보리, 콩, 조, 기장) ② 곡식을 통틀어 이르는 말 예 五穀百果(오곡백과)
穀	穀倉　　糧穀

困 곤할 곤	• 困辱(곤욕) : 심한 모욕(侮辱) • 疲困(피곤) : (몸이나 마음이)지쳐서 고단함 • 貧困(빈곤) : (주로 물질적인 것이 넉넉치 못하여)살림살이가 어려움						
困						困辱	疲困

空 빌 공	• 空間(공간) : ① 빈자리, 빈틈 ② 천지(天地)의 사이 • 空腹(공복) : ① 빈 속 ② 배가 고픔 • 虛空(허공) : 텅빈 공중 [발 전] 空手來空手去(공수래공수거), 空中樓閣(공중누각)						
空						空腹	虛空

功 공 공 말할 공	• 功德(공덕) : ① 공적(功績)과 덕행 ② 불교에서 현재 또는 미래에 행복을 가져올 선행 • 功勞(공로) : 애를 써 이룬 공적 • 功勳(공훈) : (나라나 회사 등에)드러나게 세운 공. 훈공(勳功) [발 전] 螢雪之功(형설지공)						
功						功德	功勳

孔 구멍 공 성 공	• 孔孟(공맹) : 공자(孔子)와 맹자(孟子) • 孔明(공명) : ① 대단히 밝음 ② 제갈량(諸葛亮)의 자(字) • 孔子(공자) : 유가(儒家)의 교조(教祖)로서 춘추시대의 노(魯)나라 사람. 이름은 구(丘), 자(字)는 중니(仲尼). 시(詩), 서(書), 예(禮), 악(樂), 역(易), 춘추(春秋) 등 육경(六經)을 산술하였음						
孔						孔孟	孔明

攻 칠 공 익힐 공	• 攻擊(공격) : ① 나아가 적을 침 ② 엄하게 논박함. 몹시 꾸짖음 • 攻勢(공세) : 공격을 하는 태세 • 侵攻(침공) : (남의 나라를)침노하여 쳐들어감 • 專攻(전공) : (어느 일정한 부문에 대해)전문적으로 연구함 예 專攻科目(전공과목)						
攻						攻勢	侵攻

科 과정 과 조목 과	• 科擧(과거) : 옛날에 문무관(文武官)을 등용(登用)하던 시험 • 科目(과목) : 학문의 구분 • 科料(과료) : 경미(輕微)한 죄에 과하는 재산형 **발전** 金科玉條(금과옥조) : 금이나 옥같이 귀중하게 여기어 지킬 법규나 규정
科					科擧		科料	

果 열매 과 결과 과	• 果樹(과수) : 과실나무. 과목(果木) • 果實(과실) : 먹을 수 있는 나무의 열매 • 效果(효과) : ① 보람있는 결과 ② 영화나 연극에서의 음악, 조명 등 • 茶果(다과) : '차'와 '과자'를 아울러 이르는 말 예 茶果會(다과회)
果					果樹		茶果	

課 부과할 과 과목 과	• 課業(과업) : 맡긴 업무 • 課稅(과세) : 세금을 매김 또는 그 세금 예 課稅率(과세율) • 課程(과정) : ① 할당한 일의 분량 ② 물품에 대한 세금 ③ 학년의 정도에 딸린 과목(課目) • 課題(과제) : 문제를 하라고 내어 줌 또는 그 문제
課					課程		課題	

過 지날 과 허물 과	• 過激(과격) : 지나치게 격렬함 • 過敏(과민) : 감각이 지나치게 예민함 • 過飮(과음) : 술을 지나치게 마심 • 超過(초과) : 일정한 수나 한도를 넘음 • 過不及(과불급) : 지나침과 미치지 못함. 알맞지 아니함
過					過激		過飮	

觀 볼 관	• 觀覽(관람) : 구경함 • 觀測(관측) : ① 천문을 관찰하여 천체의 변화, 운행 등을 측량함 ② 사물을 살펴 헤아림 **발전** 坐井觀天(좌정관천), 袖手傍觀(수수방관)
觀					觀覽		觀測	

關 관문 관 관계할 관	• 關連(관련) : 서로 관계(關係)됨 • 關與(관여) : 관계함. 참여함 • 關稅(관세) : 세관에서 수출입품(輸出入品)에 부과하는 세금 • 機關(기관) : 어떤 목적을 이루기 위해 설치된 조직							
關				㉙ 関		關與		機關

管 맡을 관 관 관	• 管理(관리) : ① 사무를 관할(管轄) 처리함 ② 물건을 보관함 ③ 사람을 지휘, 감독함 • 保管(보관) : (물건 등을)맡아서 관리함 ㉠ 保管料(보관료) [발 전] 管鮑之交(관포지교) [비교] 官(벼슬 관, 관청 관) : 官吏(관리), 依官(의관), 官權(관권)							
管						管理		保管

廣 넓을 광	• 廣告(광고) : 세상에 널리 알림 • 廣義(광의) : 범위를 넓게 잡은 뜻 ㊂ 狹義(협의) • 廣開土王(광개토왕) : 고구려(高句麗)의 19대 왕(工)							
廣				㉙ 広		廣告		廣義

鑛 쇳돌 광	• 鑛脈(광맥) : 광물(鑛物)의 맥. 쇳줄 • 鑛泉(광천) : 광물질을 다량으로 함유한 샘이나 온천 ㉠ 鑛泉水(광천수) • 採鑛(채광) : 광석을 캐냄							
鑛						鑛脈		鑛泉

校 학교 교	• 登校(등교) : (학생이)학교에 감 ㊂ 下校(하교) • 將校(장교) : 육·해·공군의 소위 이상의 무관을 통틀어 이르는 말 ㊂ 士兵(사병) [비교] 交(사귈 교) : 交感(교감), 交流(교류), 交付(교부), 交涉(교섭), 交換(교환)							
校						登校		將校

教 가르칠 교	• 敎師(교사) : 학문(學問), 기예(技藝)를 가르치는 사람. 스승 • 敎訓(교훈) : (사랑으로써 나아갈 길을 그르치지 않도록)가르치고 깨우침 또는 그 가르침 • 宣敎(선교) : 종교를 전하여 널리 펼침 ㉫ 포교(布敎)			
敎		㉔ 教	敎訓	宣敎

球 공 구	• 球技(구기) : 공을 사용하는 운동경기 ㉑ 球技種目(구기종목) • 電球(전구) : 공 모양의 둥근 전등. 전등알 ㉑ 白熱電球(백열전구) • 地球(지구) : 인류가 살고 있는 천체 ㉑ 地球村(지구촌)			
球			球技	地球

區 지경 구	• 區域(구역) : 갈라놓은 경계 • 區劃(구획) : 경계를 갈라 정함. 구분하여 획정(劃定)함 • 選擧區(선거구) : 국회의원을 선출하는 단위로서 나누어진 구역			
區		㉔ 区	區域	區劃

舊 옛 구 오랠 구	• 舊敎(구교) : 천주교(天主敎) ㉫ 新敎(신교) • 復舊(복구) : 파괴된 것을 다시 본래의 상태대로 고치는 공사(工事) • 新舊(신구) : 새 것과 헌 것. 새 것과 낡은 것 ㉑ 新舊交代(신구교대) 　발전　舊態依然(구태의연), 送舊迎新(송구영신)			
舊		㉔ 旧	復舊	新舊

具 갖출 구 그릇 구	• 具備(구비) : 빠짐없이 모두 갖춤 또는 빠짐없이 모두 갖추고 있음 　㉑ 具備書類(구비서류) • 具現(구현) : 구체적으로 나타냄 • 器具(기구) : 세간, 그릇, 연장 등을 통틀어 이르는 말 • 文房具(문방구) : 글을 쓰거나 사무를 보거나 하는데 필요한 기구 ㉞ 文具(문구)			
具			具備	器具

救 구원할 구 도울 구	• 救急(구급) : 위급한 것을 구원함 예 救急車(구급차) • 救援(구원) : 도와 건져줌 • 救濟(구제) : 사람을 구원하여 건져줌 • 救護(구호) : 구제하고 보호함. 원조하고 보호하여 위난(危難)에서 면하게 함			
救			救急	救護

求 구할 구 탐낼 구	• 求乞(구걸) : 남에게 돈, 곡식 등을 거져 달라고 청함 • 求愛(구애) : 사랑을 받기를 바람 • 要求(요구) : ① 달라고 청함 ② 어떤 행위를 하도록 청하거나 구함 • 探求(탐구) : (진리나 법칙 등을)더듬어 깊이 연구함 발전 刻舟求劍(각주구검), 緣木求魚(연목구어)			
求			求愛	探求

構 얽을 구	• 構造(구조) : ① 얽어 만듦 ② 만든 본대 • 機構(기구) : ① 하나의 조직을 이루고 있는 구조적인 체계 ② 기계의 내부구조 예 行政機構(행정기구) • 虛構(허구) : 사실이 아닌 것을 사실처럼 얽어 만듦 비 架空(가공)			
構			構造	虛構

局 방 국	• 局限(국한) : 어떠한 국부(局部)에만 한정(限定)함 • 結局(결국) : 일의 마무리 단계. 끝. 판국. 결말 • 當局(당국) : ① 어떤 일을 담당하여 주재함 또는 그 기관 ② 당국자의 준말			
局			局限	當局

國 나라 국	• 國防(국방) : 외적(外敵)이 침범(侵犯)하지 못하도록 준비하는 방비 • 國寶(국보) : ① 나라의 보배 ② 역사상 또는 예술상 귀중한 것으로서 국가에서 보호하는 건축・기물(器物)・서화(書畵)・전적(典籍) 등 • 憂國(우국) : 나라의 현상이나 장래에 대하여 걱정함 예 憂國衷情(우국충정)			
國		송 国	國寶	憂國

郡 고을 군	• 郡守(군수) : 한 군(郡)의 우두머리. 곧 군의 태수(太守) • 郡縣(군현) : 군과 현. 군하의 지방　〈예〉郡縣制度(군현제도) 〖비교〗君(임금 군) : 君臣(군신), 君師父一體(군사부일체), 君主(군주), 聖君(성군), 郎君(낭군)				
郡				郡守	郡縣

群 무리 군	• 群衆(군중) : 많이 모인 여러 사람 • 群集(군집) : 떼를 지어 모임 또는 많은 사람이 모임 • 拔群(발군) : 여럿 가운데서 특히 뛰어남 〖발전〗群雄割據(군웅할거), 群鷄一鶴(군계일학)				
群				群集	拔群

屈 굽을 굴	• 屈服(굴복) : 굽히어 복종(服從)함. 힘이 미치지 못하여 복종함 • 屈辱(굴욕) : 자기 의사를 굽히어 남에게 복종하는 치욕(恥辱) • 卑屈(비굴) : 용기가 없고 비겁함. 줏대가 없고 품성이 천함				
屈				屈服	卑屈

宮 집 궁	• 宮殿(궁전) : 대궐(大闕). 임금이 거처하는 집　〈비〉宮闕(궁궐) • 迷宮(미궁) : (범죄 사건 등이)복잡하게 얽혀서 판단하거나 해결하기 어렵게 된 상태 • 龍宮(용궁) : 바닷 속에 있다는 용왕의 궁전　〈비〉水宮(수궁)				
宮				宮殿	迷宮

窮 궁할 궁	• 窮極(궁극) : ① 끝. 극한(極限)　② 끝까지 이름　③ 할대로 다함 • 窮乏(궁핍) : 빈궁함. 가난함 또는 그 사람 • 追窮(추궁) : (잘못이나 책임 등을)끝까지 캐어 따짐				
窮				窮極	追窮

權 권세 권	• 權謀(권모) : 임기응변의 꾀　예 權謀術數(권모술수) • 權益(권익) : 권리와 이익(利益) • 執權(집권) : 권력을 한군데로 모음　반 分權(분권)			
權		속 權	權謀	執權

勸 권할 권	• 勸善(권선) : 착한 일을 하도록 권함　예 勸善懲惡(권선징악) • 勸誘(권유) : 권하여 하도록 함 • 勸獎(권장) : 권하여 힘쓰게 함. 장려함			
勸		속 勸	勸善	勸誘

卷 책 권 두루마기 권	• 卷頭(권두) : 책 또는 두루마리 같은 것의 첫걸음　비 卷首(권수) • 席卷(석권) : (자리를 말아가듯)닥치는대로 영토를 휩씀 • 壓卷(압권) : (책이나 예술작품, 공연물 등에서)가장 뛰어난 부분 또는 여럿 중에서 가장 뛰어난 것			
卷			卷頭	壓卷

券 문서 권	• 證券(증권) : 주식, 공채, 사채 등의 유가증권(有價證券)　예 證券投資(증권투자) • 債券(채권) : 국가나 지방자치단체 또는 은행, 회사 등이 필요한 자금을 빌릴 경우에 발행하는 공채(公債)나 사채(私債) 등의 유가증권			
券			證券	債券

歸 돌아갈 귀	• 歸結(귀결) : 끝을 맺음 또는 그 결과 • 歸省(귀성) : 부모를 뵈러 고향으로 돌아감. 고향에 가서 부모를 뵘 • 歸順(귀순) : 반항심을 버리고 순종함　예 歸順間諜(귀순간첩)			
歸			歸省	歸順

規 법 규	• 規範(규범) : 법(法). 본보기 • 規制(규제) : ① 規定(규정) ② 규율을 세워 제한함 • 規模(규모) : 물건의 구조					
規					規範	規模

均 고를 균 평평할 균	• 均等(균등) : 고르고 가지런하여 차별이 없음 • 均衡(균형) : 어느 편에 치우쳐서 기울어지지 않고 고름 예) 均衡豫算(균형예산) • 平均(평균) : ① (수나 양의)크고 작음이나 많고 적음의 차이가 나지 않게 함 또는 그러한 차이가 없이 고름 ② 중간값 예) 平均臺(평균대)					
均					均等	平均

極 다할 극	• 極端(극단) : ① 맨 끝 ② 中庸(중용)을 벗어나 한쪽으로 아주 치우침 • 極盛(극성) : ① 몹시 왕성함 ② 성질이 지독하고 과격함 • 極甚(극심) : 아주 심함 • 極致(극치) : 극단에 이른 경지(境地)					
極					極端	極致

劇 심할 극 연극 극	• 劇團(극단) : 연극(演劇)하는 단체 • 極烈(극렬) : 과격하고 맹렬함 • 悲劇(비극) : 인생의 불행이나 슬픔을 제재로 하여 슬픈 결말로 끝맺는 극 반) 喜劇(희극) • 慘劇(참극) : 참혹하고 끔찍하게 벌어진 일이나 사건					
劇					劇團	悲劇

根 뿌리 근 근본 근	• 根幹(근간) : ① 뿌리와 줄기 ② 根本(근본) • 根絶(근절) : 뿌리째 없애버림 • 根據(근거) : ① 사물의 토대 ② 이론, 의견 등의 그 근본이 되는 의거(依據) • 禍根(화근) : 재화(災禍)의 근원(根源)					
根					根幹	禍根

近 가까울 근	• 近郊(근교) : 도회에 가까운 변두리 • 近接(근접) : 가까움 또는 가까워짐. 접근함 • 側近(측근) : 곁의 가까운 곳 또는 측근자						
近						近郊	側近

筋 힘줄 근	• 筋肉(근육) : ① 힘줄과 살 ② 신체(身體) 예 筋肉質(근육질) • 鐵筋(철근) : (건물이나 구조물을 지을 때)콘크리트 속에 박아 뼈대로 삼는 가는 쇠막대						
筋						筋肉	鐵筋

勤 부지런할 근	• 勤勉(근면) : 부지런히 힘씀 예 勤勉誠實(근면성실) • 勤務(근무) : 일에 종사함 예 勤務召集(근무소집) • 退勤(퇴근) : 직장에서 근무시간을 마치고 나옴 반 出勤(출근)						
勤						勤勉	退勤

今 이제 금	• 今世(금세) : 지금 세상 비 當世(당세), 現世(현세) • 昨今(작금) : ① 어제와 오늘 ② 요즘. 요사이 발전 今昔之感(금석지감), 今時初聞(금시초문)						
今						今世	昨今

禁 금할 금	• 禁忌(금기) : 길흉(吉凶)에 관한 미신으로 꺼리는 일 또는 꺼리어 싫어하는 일 • 禁酒(금주) : ① 술을 먹지 못하게 함 ② 자기가 술을 끊음 • 通禁(통금) : 통행금지(通行禁止)						
禁						禁忌	禁酒

急 급할 급	• 急變(급변) : 별안간 달라짐 • 急進(급진) : ① 급히 나아감 ② 일을 빨리 실현코자 하여 서둠 예 急進展(급진전) • 危急(위급) : 매우 위태롭고 급함			
急			急進	危急

級 등급 급	• 等級(등급) : (값, 품질, 신분 등의)높고 낮음이나 좋고 나쁨의 차를 여러 층으로 나눈 급수 예 等級判定(등급판정) • 階級(계급) : 지위나 관직 등의 등급			
級			等級	階級

給 줄 급	• 給與(급여) : 돈이나 물건을 줌 예 給與所得(급여소득) • 供給(공급) : 요구나 필요에 따라 물품 등을 제공함 반 需要(수요) • 配給(배급) : 여러 몫으로 나누어 줌 예 配給制(배급제)			
給			給與	供給

記 기록할 기 기억할 기	• 記念(기념) : 기억하여 잊지 아니함 예 記念碑(기념비) • 記錄(기록) : 적음 또는 그 서류 • 記憶(기억) : 마음 속에 간직하여 잊지 아니함 • 暗記(암기) : 쓴 것을 보지 않고서도 기억할 수 있도록 외움			
記			紀念	暗記

氣 기운 기 숨 기	• 氣流(기류) : 대기(大氣)의 유동 • 氣候(기후) : 대기의 변동과 수륙의 형세에 따라 생기는 날씨현상 • 節氣(절기) : 이십사절기 비 絶後(절후)			
氣		예 気	氣流	節氣

旗 기 기	• 旗手(기수) : 기를 드는 사람 • 太極旗(태극기) : 우리나라의 국기 • 弔旗(조기) : 조의(弔意)를 나타내기 위하여 검은 선으로 일정한 표시를 한 기						
旗					太極旗		弔旗	

基 터 기 바탕 기	• 基般(기반) : 기초가 되는 지반(地盤) • 基點(기점) : 기본이 되는 점 • 基準(기준) : 기본이 되는 표준 • 基礎(기초) : ① 주춧돌 ② 사물의 근본						
基					基般		基礎	

技 재주 기	• 技巧(기교) : (문학, 예술, 미술 등의)표현이나 제작에 대한 솜씨 • 技術(기술) : 공예(工藝)의 재주 예 技術蓄積(기술축적) • 特技(특기) : 특별한 기능이나 기술 비 長技(장기)						
技					技巧		特技	

汽 ★ 김 기 거의 흘	• 汽車(기차) : 증기의 작용으로 궤도 위를 다니는 수레 예 汽罐車(기관차) • 汽笛(기적) : 기차, 기선(汽船) 등의 증기의 힘으로 내는 고동						
汽					汽車		汽笛	

期 기약할 기 기간 기	• 期待(기대) : 희망을 가지고 기다림 • 期約(기약) : 때를 작정하여 약조(約條)함 • 延期(연기) : 정해놓은 기한을 물림 • 思春期(사춘기) : 몸의 생식기기능의 거의 완성되고 이성(異性)에 관심을 가지게 되는 젊은 시절						
期					期待		思春期	

器 그릇 기	• 器質(기질) : 타고난 재능(才能)이 있는 바탕 • 器官(기관) : 생물체의 생활작용을 하는 부분 　발전　大器晚成(대기만성)					
器					器質	器官

起 일어날 기	• 起訴(기소) : 소송을 법원에 제기함 • 起案(기안) : 문안을 기초함 • 起居(기거) : 일정한 곳에서 일정한 생활을 함 • 隆起(융기) : 어느 한 부분이 높이 치솟아오름 　발전　起居萬福(기거만복), 起死回生(기사회생)					
起					起訴	起案

奇 기이할 기	• 奇拔(기발) : 특별히 뛰어남 • 奇蹟(기적) : 사람의 생각과 힘으로는 할 수 없는 기이(奇異)한 일 　발전　奇想天外(기상천외), 奇怪罔測(기괴망측), 奇巖怪石(기암괴석)					
奇					奇拔	奇蹟

機 틀 기 때 기	• 機械(기계) : 어느 다른 힘을 받아 움직여 자동적으로 일을 하는 장치 • 機會(기회) : 어떤 일을 해나가는데 꼭 알맞은 고비 • 機關(기관) : 어떤 목적을 달성하기 위한 시설　예　行政機關(행정기관)					
機					機械	機關

紀 실마리 기 적을 기	• 紀綱(기강) : ① 국가의 법　② 다스림 • 紀載(기재) : 문서에 적어 실음. 기재(記載) • 本紀(본기) : 기전체의 역사책에서 제왕의 사적을 적은 내용 • 紀元(기원) : ① 건국의 첫해　② 연수를 기산하는 첫해					
紀					紀綱	紀元

寄 붙일 기	• 寄宿(기숙) : 남의 집에 몸을 붙여 숙식(宿食)함 • 寄與(기여) : 이바지함. 공헌함　예 寄宿舍(기숙사) • 寄贈(기증) : 물건을 보내어줌. 증정함					
寄					寄宿	寄贈

吉 길할 길	• 吉夢(길몽) : 상서로운 꿈 • 吉兆(길조) : 상서로운 일이 있을 조짐 발전 吉凶禍福(길흉화복), 立春大吉(입춘대길)					
吉					吉夢	吉兆

暖 따뜻할 난	• 暖爐(난로) : ① 화로 ② 스토우브 • 暖房(난방) : 따뜻하게 하여 놓은 방 또는 방을 따뜻하게 함 • 溫暖(온난) : 날씨가 따뜻함　예 溫暖前線(온난전선)					
暖					暖房	溫暖

難 어려울 난	• 難關(난관) : 통과하기 어려운 문 또는 관문 • 難易(난이) : 어려움과 쉬움　예 難易度(난이도) • 困難(곤란) : ① 처리하기 어려움 ② 생활이 쪼들림					
難					難關	困難

納 들일 납	• 納附(납부) : 공과금이나 수업료, 등록금 등을 냄　비 納入(납입) • 納稅(납세) : 세금을 바침　예 納稅申告(납세신고) • 獻納(헌납) : 금품을 바침					
納					納附	納稅

念 생각 념	• 念願(염원) : 내심에 생각하고 바라는 바　凹 所願(소원) • 專念(전념) : 오로지 한가지 일에만 마음을 씀 • 執念(집념) : 한가지 일에만 달라붙어 정신을 쏟음				
念				念願	執念

努 힘쓸 노	• 努力(노력) : 어떤 일을 이루기 위해 애씀. 힘을 들임 　[비교] 勞力(노력) : 어떤 일을 하는데 드는 힘, 생산에 드는 인력(人力), 노동력 • 努肉(노육) : 굳은 살				
努				努力	努肉

怒 성낼 노	• 怒氣(노기) : 성이 난 얼굴빛　예 怒氣衝天(노기충천) • 激怒(격노) : 격렬하게 성냄　凹 激忿(격분) 　[발전] 天人共怒(천인공노), 怒發大發(노발대발)				
怒				怒氣	激怒

農 농사 농	• 農耕(농경) : 농사를 짓는 일. 농사. 농업 • 農繁期(농번기) : 농사에 바쁜 시기　凹 農閒期(농한기) • 農作物(농작물) : 농사를 지어 된 물건				
農				農耕	農繁期

能 능할 능 재능 능	• 能率(능률) : 일정한 시간에 할 수 있는 일의 비례 • 能通(능통) : 사물에 잘 통달함 • 才能(재능) : 재주와 능력. 재력(才力)　凹 才幹(재간) • 技能(기능) : 기술적인 능력이나 재능　凹 技倆(기량)				
能				能率	技能

短 짧을 단	• 短縮(단축) : 짧게 줄임 • 短點(단점) : 다른 것과 비교하여 모자라거나 흠이 되는 점　⑪ 長點(장점) • 長短(장단) : ① 길고 짧음　② 박자, 리듬					
短					短縮	短點

團 둥글 단 모일 단	• 團結(단결) : 여러 사람이 서로 결합(結合)함　⑪ 團合(단합) • 團束(단속) : 법률, 규칙, 명령 등을 어기지 않게 통제함 • 財團(재단) : 일정한 목적을 위해 결합된 재산의 집합　㈜ 財團法人(재단법인)					
團			㈜ 団		團結	團束

壇 단 단	• 祭壇(제단) : 제사를 지내는 단 • 演壇(연단) : 연설이나 강연을 하기 위해 청중석 앞에 한층 높게 마련한 단 • 花壇(화단) : 꽃밭					
壇					祭壇	演壇

斷 끊을 단	• 斷定(단정) : 결단을 내려 정함 • 斷罪(단죄) : 죄를 처단(處斷)함 • 勇斷(용단) : 용기있게 결단함 또는 그 결단					
斷			㈜ 断		斷罪	勇斷

端 실마리 단 끝 단	• 端緒(단서) : 실마리 • 端雅(단아) : 단정하고 아담함. 단아함 • 端午(단오) : 명일(明日)의 하나. 곧 음력 5월 5일 • 極端(극단) : 극도에 이르러 더 나아갈 수 없는 상태					
端					端緒	極端

單 홑 단	• 單語(단어) : 낱말 • 單純(단순) : 복잡하지 않고 순일(純一)함 • 簡單(간단) : 까다롭지 않고 단순함. 간략함　예 簡單明瞭(간단명료)				
單			예 单	單語	簡單

檀 박달나무 단	• 檀君(단군) : 우리나라의 시조(始祖)로 조선(朝鮮)을 개국하였다고 함. 이름은 　왕검(王儉)　예 檀君神話(단군신화) • 檀木(단목) : 박달나무				
檀				檀君	檀木

段 조각 단	• 段階(단계) : 일의 차례를 따라 나아가는 과정. 계단 • 分段(분단) : 사물을 여러 단계로 나눔 • 段落(단락) : ① 문장의 큰 부분　② 일이 다 된 끝. 결말				
段				段階	段落

達 통달할 달 이를 달	• 通達(통달) : ① 막힘이 없이 통하여 환히 앎　② 도(道)에 깊이 통함 • 熟達(숙달) : 무엇에 익숙하여 통달함 • 到達(도달) : 정한 곳이나 수준에 이르러 다다름　비 到着(도착)				
達				通達	到達

談 이야기 담	• 談笑(담소) : 스스럼 없이 웃으며 이야기함 • 談判(담판) : 쌍방이 서로 의논하여 판결함 • 會談(회담) : 만나거나 모여서 의논함　예 頂上會談(정상회담)				
談				談笑	會談

擔 멜 담 맡을 담	• 擔當(담당) : 일을 맡아 함 • 擔任(담임) : 책임을 지고 일을 맡아 봄 • 負擔(부담) : 어떤 일이나 의무, 책임 등을 떠 맡음　㉠ 負擔額(부담액)				
擔			㋓担	擔當	負擔

答 대답할 답	• 答禮(답례) : 남에게 받은 예를 갚는 예 • 答狀(답장) : 회답하는 편지 • 問答(문답) : 물음과 대답, 서로 묻고 답함　㉠ 問答式(문답식)				
答				答禮	問答

堂 집 당	• 堂伯叔(당백숙) : 아버지의 종형제(從兄弟) • 講堂(강당) : 학교 등에서 강연, 강의, 의식 등을 하기 위해 특별히 마련한 큰 방 • 書堂(서당) : 글방				
堂				講堂	書堂

當 마땅할 당	• 當選(당선) : 선거(選擧)에 뽑힘 • 當然(당연) : 이치에 당함. 마땅히 그러함 • 抵當(저당) : (일정한 부동산이나 동산 등을)채무의 담보로 삼음 　㉠ 抵當權設定(저당권설정)				
當			㋓当	當選	抵當

黨 무리 당	• 黨爭(당쟁) : 당파(黨派)의 싸움 • 黨論(당론) : ① 그 당파의 주장하는 의론　② 바른 의론. 정론 • 野黨(야당) : 정당정치에서 정권을 담당하고 있지 않은 정당　㉫ 與黨(여당)				
黨			㋓党	黨爭	野黨

對 마주볼 대 대답할 대	• 對比(대비) : 맞대어 비교함 ⓑ 對照(대조) • 對酌(대작) : 서로 마주 대하여 술을 마심 • 對抗(대항) : 서로 맞서서 겨룸 • 敵對(적대) : 적으로 맞서 버팀 ⓔ 敵對視(적대시)					
對			ⓢ 対		對酌	敵對	

待 기다릴 대 대접할 대	• 待望(대망) : 기다리고 바람 • 待接(대접) : 대우(待遇) • 期待(기대) : 어느 때를 기약하여 바람 • 招待(초대) : 남을 청하여 대접함 ⓔ 招待券(초대권)					
待					待接	招待	

隊 떼 대	• 隊列(대열) : 대를 지어 늘어진 행렬 • 軍隊(군대) : 일정한 규율이나 질서 아래 조직편제된 군인집단 • 除隊(제대) : 현역군인이 규정된 연한이 차거나 그 밖의 일로 복무 해제되어 예비역에 편입되는 일 ⓑ 入隊(입대)					
隊					隊列	除隊	

帶 띠 대	• 帶同(대동) : 함께 데리고 감 • 地帶(지대) : ① (자연적, 인위적으로)한정된 일정한 구역 ② 자연조건이 띠 모양을 이룬 지역 • 携帶(휴대) : 어떤 물품을 몸에 지님 ⓔ 携帶物品(휴대물품)					
帶					帶同	携帶	

德 덕 덕	• 德望(덕망) : 덕행이 있는 명망(名望) • 德行(덕행) : 어질고 두터운 행실(行實) • 恩德(은덕) : 은혜로 입은 신세					
德			ⓢ 悳		德望	恩德	

道 길 도 말할 도	• 道德(도덕) : 사람이 행하여야 할 도리　　道德君子(도덕군자) • 道路(도로) : 사람이 통행하는 길 • 報道(보도) : (신문이나 방송으로)새 소식을 널리 알림 또는 그 소식 • 軌道(궤도) : 물체가 일정한 법칙에 따라 운동할 때 그리는 경로					
道					道德	報道

圖 꾀할 도 그림 도	• 圖謀(도모) : 일을 이루려고 꾀함 • 圖畵(도화) : 그림 또는 그림을 그림 • 略圖(약도) : 요점이나 요소만을 간략하게 나타낸 그림 • 設計圖(설계도) : 설계한 것을 그린 도면					
圖			예 図		圖謀	略圖

度★ 정도 도 헤아릴 탁	• 度量(도량) : ① 길이를 재는 기구　② 사물을 너그럽게 용납하여 처리하는 품성 　예 度量衡(도량형) • 速度(속도) : 빠르기 • 溫度(온도) : 덥고 찬 성도 또는 그 도수　　예 溫度計(온도계) • 度地(탁지) : 토지를 측량함					
度					度量	溫度

到 이를 도	• 到達(도달) : 이름. 다다름 • 到處(도처) : 가는 곳. 이르는 곳 • 到着(도착) : 다다름					
到					到達	到着

島 섬 도	• 島嶼(도서) : 섬의 총칭. 큰 것을 도(島), 작은 것을 서(嶼)라고 함 • 無人島(무인도) : 사람이 살지 않는 섬 • 半島(반도) : 대륙에서 바다쪽으로 길게 뻗어 나와 3면이 바다인 큰 육지					
島					島嶼	半島

都 도읍 도	• 都城(도성) : 서울. 도읍(都邑) • 都會地(도회지) : 사람이 많이 살고 번화한 곳. 도시 반 農村(농촌) • 首都(수도) : 한 나라의 중앙정부가 있는 도시. 서울 예 首都圈(수도권)						
都					都會地		首都

導 이끌 도	• 導火線(도화선) : ① 화약이 터지도록 불을 점화하는 심지 ② 사건이 발생하는 직접 원인 • 引導(인도) : ① 가르쳐 일깨움 ② 길을 안내함 • 指導(지도) : 어떤 목적이나 방향에 따라 가르치어 이끎 예 指導鞭撻(지도편달)						
導					導火線		指導

徒 걸어다닐 도 무리 도	• 徒步(도보) : 걸어감. 보행(步行) • 徒黨(도당) : '떼를 지은 무리'를 얕잡아 이르는 말 • 信徒(신도) : 종교를 믿는 사람 비 敎徒(교도) • 徒食(도식) : 놀고 먹음 예 無爲徒食(무위도식)						
徒					徒步		徒黨

逃 달아날 도	• 逃走(도주) : 달아남 • 逃避(도피) : 달아나서 몸을 피함 예 逃避行脚(도피행각) • 逃亡(도망) : 달아남. 쫓겨감						
逃					逃走		逃避

盜 도둑 도	• 盜難(도난) : 도둑을 맞는 재난 • 盜賊(도적) : 남의 물건을 훔치는 사람. 도둑 • 强盜(강도) : 폭행, 협박 등 강제수단으로 남의 금품을 빼앗는 일 또는 그러한 도둑						
盜					盜難		强盜

讀 ★
읽을 독 / 구절 두

- 讀破(독파) : 책(冊)을 다 읽어내림
- 講讀(강독) : 글을 읽고 그 뜻을 밝힘
- 靜讀(정독) : (여러모로 살피어)자세히 읽음
- 句讀法(구두법) : 구두점의 사용법 또는 사용법에 대한 규칙

讀			㉿ 読	讀破	靜讀	

獨
홀로 독

- 獨斷(독단) : 주관적 편견으로 판단함
- 獨裁(독재) : 주권자(主權者)가 자기마음대로 정무(政務)를 처단함
  - ㉠ 獨裁政權(독재정권)
- 孤獨(고독) : ① 외로움 ② 짝 없는 홀몸 ㉠ 孤獨感(고독감)

獨			㉿ 独	獨裁	孤獨	

督
감독할 독 / 재촉할 독

- 督勵(독려) : 감독하고 장려함
- 督促(독촉) : 몹시 재촉함
- 監督(감독) : 보살피고 지도, 단속함 ㉠ 監督官廳(감독관청)

督					督促	監督	

毒
독 독

- 毒舌(독설) : 악랄하게 혀를 놀려 남을 해치는 말. 신랄한 욕
- 毒藥(독약) : 독이 있는 약
- 消毒(소독) : 물건에 묻어있는 병원균을 약품, 열, 빛 등으로 죽이는 일

毒					毒藥	消毒	

動
움직일 동

- 動機(동기) : ① 행동의 직접원인 ② 행위의 직접원인이 되는 마음상태
- 動脈(동맥) : 심장의 피를 전신에 보내는 맥관
- 稼動(가동) : 일을 하기 위하여 기계를 움직임 ㉠ 稼動率(가동률)

動					動機	稼動	

洞★ 고을 동 통할 통	• 洞窟(동굴) : 굴. 깊고 넓은 굴 • 洞察(통찰) : 온통 밝히어 살핌 • 洞燭(통촉) : 아랫사람의 사정을 깊이 헤아리어 살핌 **비교** 同(한가지 동) : 同感(동감), 同甲(동갑), 同居(동거), 同乘(동승), 協同(협동), 混同(혼동)
洞					洞窟		洞察	

冬 겨울 동	• 冬季(동계) : 동기(冬期). 겨울동안의 시기 반 夏季(하계) • 嚴冬(엄동) : 몹시 추운 겨울 예 嚴冬雪寒(엄동설한) • 越冬(월동) : 겨울을 넘김. 겨울을 남
冬					冬季		越冬	

童 아이 동	• 童顔(동안) : 어린 애같은 얼굴. 나이보다 젊어 보이는 얼굴 • 兒童(아동) : 초등학교에 다니는 어린아이 예 兒童文學(아동문학) • 神童(신동) : 여러가지 재주와 지혜가 남달리 뛰어난 아이
童					童顔		兒童	

銅 구리 동	• 銅像(동상) : 구리로 그 사람의 형체와 같이 만든 형상 • 銅錢(동전) : 구리로 만든 돈 • 靑銅(청동) : 구리와 주석의 합금 예 靑銅器時代(청동기시대)
銅					銅像		銅錢	

頭 머리 두	• 頭髮(두발) : 머리털 • 念頭(염두) : 마음. 생각 • 頭腦(두뇌) : ① 뇌 ② 슬기, 지혜, 머리 예 頭腦勞動(두뇌노동)
頭					頭髮		念頭	

得 얻을 득	• 得失(득실) : 얻음과 잃음. 이익과 손해 • 納得(납득) : 남의 말이나 행동을 잘 알아차려 이해함 • 拾得(습득) : 배워 터득함. 익혀서 얻음				
得				得失	拾得

等 등급 등 가지런할 등	• 等級(등급) : 고하, 우열 등의 차례 • 均等(균등) : 수량이나 상태 등이 차별없이 고름 • 差等(차등) : ① 차이가 나는 등급 ② 대비관계에서 나타나는 차이 • 平等(평등) : 차별이 없이 동등함 예 平等選擧(평등선거)				
等				等級	差等

燈 등잔 등	• 燈油(등유) : 등불을 켜는데 쓰는 기름 • 點燈(점등) : 전깃불을 켬 반 消燈(소등) • 走馬燈(주마등) : 사물이 덧없이 빨리 변하여 돌아감을 비유하는 말 발전 燈下不明(등하불명), 燈火可親(등화가친)				
燈				燈油	點燈

羅 벌일 라	• 羅列(나열) : 죽 늘어섬 비 陳列(진열) • 羅針盤(나침반) : 지침으로 방위를 알 수 있도록 만든 기구 • 網羅(망라) : 널리 빠짐없이 모음				
羅				羅針盤	網羅

樂 ★ 즐거울 락 좋아할 요 음악 악	• 樂園(낙원) : 살기좋은 즐거운 장소. 천국(天國) • 娛樂(오락) : 피로나 긴장을 풀기 위해 게임, 노래, 춤 등으로 즐겁게 노는 일 • 快樂(쾌락) : ① 기분이 좋고 즐거움 ② 욕망을 만족시키는 즐거움 • 樂山樂水(요산요수) : 산수를 좋아함				
樂			송 楽	樂園	快樂

落 떨어질 락	• 落第(낙제) : 성적이 일정한 수준에 미치지 못하여 유급하게 되는 일 • 落後(낙후) : 뒤떨어짐 • 沒落(몰락) : ① 멸망하여 없어짐 ② 쇠하여 보잘 것 없이 됨						
落					落第	沒落	

亂 어지러울 란	• 亂離(난리) : ① 나라가 어지러워 백성이 뿔뿔이 흩어짐 ② 전쟁 • 亂舞(난무) : 아무 질서없이 뒤섞여 춤을 춤 • 紛亂(분란) : 어수선하고 떠들썩함						
亂			(속) 乱		亂舞	紛亂	

卵 알 란	• 卵黃(난황) : 달걀의 노른자위 (반) 卵白(난백) • 鷄卵(계란) : 달걀 • 累卵(누란) : 포개놓은 알, 즉 매우 불안정하고 위태로운 상태를 비유한 말 　(예) 累卵之勢(누란지세)						
卵					卵黃	鷄卵	

覽 볼 람	• 博覽(박람) : 여러가지 책을 많이 읽음 (예) 博覽會(박람회) • 閱覽(열람) : (도서관 등에서) 책이나 신문 등을 죽 훑어봄 (예) 閱覽席(열람석) • 遊覽(유람) : 두루 구경하며 돌아다님 (예) 遊覽船(유람선)						
覽			(속) 覧		閱覽	遊覽	

朗 밝을 랑	• 朗讀(낭독) : 소리를 높혀 읽음 • 朗誦(낭송) : 소리를 높혀 읽거나 외움 • 明朗(명랑) : 맑고 밝음. 쾌활함						
朗					朗讀	明朗	

冷 찰 랭	• 冷凍(냉동) : 차게 하여 얼림　예) 冷凍食品(냉동식품) • 冷靜(냉정) : 감정을 누르고 침착함 • 冷徹(냉철) : 냉정하고 투철함					
冷					冷凍	冷靜

略 간략할 략	• 略歷(약력) : 간단하게 적은 이력 • 略述(약술) : 대강 진술함　비) 略陳(약진) • 簡略(간략) : (한 부분을)덜어서 줄임					
略			속) 畧		略歷	簡略

量 헤아릴 량 용량 량	• 計量(계량) : 분량이나 무게 등을 잼　예) 計量器(계량기) • 雅量(아량) : 깊고 너그러운 마음씨. 도량(度量) • 裁量(재량) : 자기의 의견에 의해 임의로 재단하고 처치함 • 測量(측량) : 생각하여 헤아림　비) 測定(측정)					
量					計量	裁量

糧 양식 량	• 糧穀(양곡) : 양식으로 쓰이는 곡식 • 食糧(식량) : 양식, 정신적인 활동에 양분과 같은 구실을 하는 것 • 軍糧米(군량미) : 군대의 식량으로 쓰는 쌀					
糧			속) 粮		糧穀	食糧

旅 나그네 려	• 旅館(여관) : 나그네를 묵게 하는 집 • 旅券(여권) : 해외여행 때 허가하여 주는 문서. 여행권 • 旅程(여정) : 여행하는 노정(路程)					
旅					旅券	旅程

麗 고울 려	• 麗句(여구) : 아름다운 글귀. 말　예 美辭麗句(미사여구) • 秀麗(수려) : 경치나 용모가 빼어나게 아름다움 • 華麗(화려) : 빛나고 아름다움						
麗					秀麗		華麗

慮 생각할 려	• 考慮(고려) : 생각하여 헤아림 • 念慮(염려) : 마음을 놓지 못함. 걱정함 • 配慮(배려) : 여러모로 자상하게 마음을 씀						
慮					考慮		配慮

歷 지낼 력	• 歷史(역사) : 인류사회의 변천, 흥망의 과정 또는 기록 • 歷任(역임) : 여러 벼슬을 차례로 지냄 • 履歷(이력) : 지금까지 닦아온 학업이나 거쳐온 직업 등의 경력(經歷)						
歷					歷任		履歷

練 익힐 련	• 練習(연습) : 자꾸 되풀이 하여 배움 • 訓練(훈련) : 무예나 기술을 배워 익힘 • 洗練(세련) : (글, 교양, 인품 등을 갖고)다듬어 우아하고 고상하게 함						
練					練習		訓練

連 이을 련	• 連帶(연대) : ① 서로 연결(連結)함　② 공동으로 책임을 짐 • 連勝(연승) : 연달아 이김　ㅂ 連敗(연패) • 連載(연재) : 긴 글을 끊어서 계속하여 실음						
連					連帶		連載

烈 세찰 렬 사나울 렬	• 烈女(열녀) : 정조(貞操)를 굳게 지키는 여자 • 猛烈(맹렬) : 기세가 몹시 세참 • 壯烈(장렬) : (의지가)씩씩하고 열렬(熱烈)함 [비교] 列(벌일 렬) : 列强(열강), 列擧(열거), 羅列(나열), 陳列(진열), 排列(배열)				
烈				烈女	壯烈

領 다스릴 령	• 領海(영해) : 그 연안에 있는 나라의 통치권 밑에 있는 바다 • 領袖(영수) : 어떤 단체의 대표가 되는 사람, 우두머리 예) 領袖會談(영수회담) • 領收(영수) : 돈이나 물건 등을 받음, 수령(受領) 예) 領收證(영수증)				
領				領海	領袖

令 명령할 령 하여금 령	• 令夫人(영부인) : 지체높은 사람의 아내를 높여서 일컫는 말 • 令愛(영애) : 남의 딸의 존칭 • 假令(가령) : '가정하여 말한다면', '예컨대'의 뜻을 나타내는 접속부사 • 號令(호령) : ① (사람을 움직이기 위해)명령함 ② 큰 소리로 꾸짖음				
令				令夫人	號令

例 법식 례 보기 례	• 例規(예규) : 예법(例法) • 例題(예제) : 연습을 위해 보기로 내는 문제 • 慣例(관례) : 이전부터 내려와서 습관처럼 되어버린 일 • 判例(판례) : 판결례(判決例)의 준말				
例				例題	慣例

禮 예절 례	• 禮遇(예우) : 예를 갖추어 대우함 • 禮儀(예의) : 예절과 의용(儀容) 예) 禮儀凡節(예의범절) • 婚禮(혼례) : 혼인의 의례, 혼례식의 준말				
禮		예) 礼		禮遇	婚禮

路 길 로	· 路線(노선) : 버스 등 교통기관이 다니는 일정한 길. 개인이나 조직의 일정한 행동방침 · 路程(노정) : 여행의 경로나 일정 · 徑路(경로) : 사람이나 사물이 거쳐온 길 또는 거쳐간 길			
路			路線	徑路

勞 수고할 로	· 勞動(노동) : 일함. 힘써 일함 예 勞動三權(노동삼권) · 勤勞(근로) : (힘이 드는)일을 함. 힘써 부지런히 일함 · 慰勞(위로) : 괴로움을 어루만져 잊게 함			
勞		속 労	勞動	勤勞

綠 초록빛 록 푸를 록	· 綠池(녹지) : 물이 푸른 못 · 綠陰(녹음) : 푸른 잎이 우거진 나무의 그늘 · 綠化(녹화) : 나무를 많이 심어 푸르게 함 예 山林綠化(산림녹화) · 新綠(신록) : 초여름에 새로 나온 잎들이 띤 연한 초록빛			
綠		약 綠	綠陰	新綠

錄 기록할 록	· 錄音(녹음) : 음향, 음성, 음악 등을 필름이나 레코드같은 데에 기계로 기록하여 넣는 일 · 記錄(기록) : (어떤 사실을)뒤에 남기려고 적음 · 登錄(등록) : 문서에 적어 둠 예 住民登錄(주민등록)			
錄			記錄	錄音

論 논의할 론 말할 론	· 論議(논의) : 서로 의견을 진술함 · 論證(논증) : 사리에 구별하여 증명함 · 討論(토론) : 어떤 문제를 두고 여러 사람이 의견을 말하고 옳고 그름을 따져 논의함 · 輿論(여론) : 사회대중의 공통된 의견으로 나타남 예 輿論調査(여론조사)			
論			論證	輿論

料 헤아릴 료	• 料理(요리) : 음식을 조리함 또는 그 음식 • 資料(자료) : 무엇을 하기 위한 재료(材料) • 飮料(음료) : 사람이 갈증을 풀거나 맛을 즐기기 위해 마시는 액체 　예 淸凉飮料(청량음료)				
料				料理	飮料

龍 용 룡	• 龍宮(용궁) : 바다 속에 있다는 용왕의 궁전 • 龍顔(용안) : 임금의 얼굴 • 臥龍(와룡) : 도사리고 누워 있는 용, 즉 초야에 묻혀 있는 큰 인물을 비유한 말				
龍			예 竜	龍顔	臥龍

類 무리 류 같을 류	• 類似(유사) : 서로 비슷함 • 類推(유추) : 서로 비슷한 점으로부터 그 밖의 일을 미루어 짐작함 • 種類(종류) : 어떤 기준에 따라 나눈 갈래 　발전 類萬不同(유만부동), 類類相從(유유상종)				
類				類似	種類

流 흐를 류	• 流浪(유랑) : 이리저리 방랑함 • 流布(유포) : 세상에 널리 퍼짐 　발전 流芳百世(유방백세), 流言蜚語(유언비어)				
流				流浪	流布

留 머무를 류 남을 류	• 留保(유보) : 멈추어 두고 보존함 • 留宿(유숙) : 남의 집에 머물러 묵음 • 滯留(체류) : (딴 곳에 가서)오래 머물러 있음　예 長期滯留(장기체류) • 押留(압류) : 국가기관이 채무자의 재산의 사용이나 처분을 금함				
留				留保	押留

柳 버드나무 류	• 柳眉(유미) : 버들잎 모양의 아름다운 눈썹. 곧 미인의 눈썹 • 柳態(유태) : 버드나무 가지와 같은 고운 맵시. 곧 미인의 자태 　예 柳態花容(유태화용)				
柳				柳眉	柳態

陸 뭍 륙 육지 륙	• 陸軍(육군) : 육상에서 전투를 맡은 군대 • 陸橋(육교) : 도로나 철도 위에 가로질러 놓은 다리 • 離陸(이륙) : 비행기가 날기 위해서 땅에서 떠오름　반 着陸(착륙)				
陸				陸橋	離陸

輪 바퀴 륜 돌 륜	• 輪郭(윤곽) : 주위의 선. 외곽　반 核心(핵심) • 輪番(윤번) : 차례로 번을 듦 • 輪轉(윤전) : (바퀴모양으로)빙빙 돎. 회전함 • 輪廻(윤회) : 차례로 돌아감　예 輪廻思想(윤회사상)				
輪				輪郭	輪轉

律 법률 률 가락 률	• 律動(율동) : 규칙적인 운동. 음률의 곡조. 리듬에 맞추어 추는 춤 • 戒律(계율) : 중이 지켜야 할 규율. 율법(律法) • 規律(규율) : 일상생활의 질서 　발전 二律背反(이율배반), 千篇一律(천편일률)				
律				律動	規律

理 다스릴 리 이치 리	• 理念(이념) : 무엇을 최고의 것으로 하는가에 대한 그 사람의 근본적인 생각 • 理想(이상) : 그렇게 되었으면 하고 마음에 그리며 추구하는 최상, 최선의 목표 • 管理(관리) : 어떤 일을 맡아 관할하고 처리함 • 眞理(진리) : 참된 도리. 바른 이치				
理				理想	眞理

利 이로울 리	• 利己(이기) : 자기 한 몸의 이익과 쾌락만을 꾀함　예 利己主義(이기주의) • 利益(이익) : 이득. 유익함　반 損失(손실) • 福利(복리) : 생활면에서 만족감을 느낄만한 이로운 일　예 福利厚生(복리후생)					
利					利益	福利

李 오얏나무 리	• 李杜(이두) : 중국 당나라 때의 시인인 이백(李白)과 두보(杜甫)를 이르는 말 • 李花(이화) : 자두꽃 　비교 梨花(이화) : 배나무의 꽃, 배꽃					
李					李杜	李花

離 떠날 리 떨어질 리	• 離間(이간) : 두 사람 사이를 서로 떨어지게 만듦 • 離脫(이탈) : 떨어져 벗어남. 관계를 끊음 • 離婚(이혼) : 부부관계를 끊고 서로 갈라섬 • 隔離(격리) : 서로 통하지 못하게 사이를 막거나 떼어 놓음					
離					離脫	隔離

萬 일만 만	• 萬感(만감) : 여러가지 생각. 만가지의 느낌 • 萬福(만복) : 온갖 복록(福祿) 　발전 萬頃蒼波(만경창파), 萬古不變(만고불변), 萬事亨通(만사형통), 萬壽無疆(만수무강)					
萬			속 万		萬感	萬福

滿 가득할 만	• 滿了(만료) : 다 끝남. 완료(完了) • 圓滿(원만) : (성격이나 행동이)모나지 않고 두루 너그러움 • 充滿(충만) : (어떤 한정된 곳에)가득참					
滿			속 滿		滿了	充滿

望 바랄 망 원망할 망	• 望鄕(망향) : 고향(故鄕)을 바라보고 그리워함 • 德望(덕망) : 덕행(德行)으로 얻은 명망(名望) • 野望(야망) : 바라서는 안될 분수에 넘치는 희망 • 希望(희망) : (어떤 일을)이루거나 얻고자 기대하는 바람, 소망 반 絶望(절망)				
望				望鄕	希望

每 매양 매 마다 매	• 每番(매번) : 번번이 • 每週(매주) : 각주 또는 주간마다 • 每回(매회) : 번번이. 매차(每次)				
每				每番	每週

賣 팔 매	• 賣却(매각) : 팔아버림 • 賣國奴(매국노) : 매국하는 행동을 하는 놈 • 賣盡(매진) : 물건이 전부 팔림				
賣			예 売	賣却	賣國奴

買 살 매	• 賣買(매매) : 사는 일과 파는 일. 사고 팖 • 買收(매수) : ① 물건을 사들임 ② 남의 마음을 사서 자기편으로 삼음 • 買占(매점) : 물건을 휩쓸어 사 둠 예 買占賣惜(매점매석)				
買				賣買	買占

妹 손아랫 누이 매	• 妹弟(매제) : 손아래 누이의 남편 • 令妹(영매) : 남을 높이어 그의 '누이동생'을 일컫는 말 • 姉妹(자매) : 여자끼리의 언니와 아우 예 兄弟姉妹(형제자매)				
妹				令妹	姉妹

脈　　맥 맥	• 脈絡(맥락) : ① 혈관의 계통　② 사물의 연결. 줄거리 • 脈搏(맥박) : 심장의 박동에 따라 일어나는 동맥벽의 주기적인 파동 • 診脈(진맥) : 손목의 맥을 짚어 보아 진찰함
脈	｜　｜　｜　｜　脈絡　｜　診脈　｜

勉　　힘쓸 면	• 勉學(면학) : 공부를 힘써 함 • 勉勵(면려) : 힘써 하도록 격려함 • 勸勉(권면) : 어떤 일을 권하고 격려하여 힘쓰게 함
勉	｜　｜　｜　｜　勉學　｜　勸勉　｜

命　　목숨 명 시킬 명	• 命令(명령) : 웃사람이 아랫사람에게 내리는 분부 • 命脈(명맥) : 목숨과 맥, 즉 목숨. 생명(生命) • 使命(사명) : 맡겨진 임무　예) 使命感(사명감) • 革命(혁명) : 급격한 변혁이 일어나는 일　예) 革命家(혁명가)
命	｜　｜　｜　｜　命令　｜　使命　｜

鳴　　울 명	• 鳴鐘(명종) : 종소리. 종을 쳐서 울림 • 共鳴(공명) : ① 남의 사상이나 의견 등에 동감함　② 마주 울림 • 悲鳴(비명) : 몹시 놀라거나 다급할 때 지르는 외마디 소리
鳴	｜　｜　｜　｜　鳴鐘　｜　悲鳴　｜

模　　법 모 본뜰 모	• 模倣(모방) : 본받음. 본뜸. 흉내냄 • 模範(모범) : 배워서 본받을 만함. 본보기　예) 模範生(모범생) • 模造(모조) : 본떠 만듦. 모방하여 만듦　예) 模造品(모조품) • 規模(규모) : 사물의 구조나 구상의 크기
模	｜　｜　｜　｜　模倣　｜　規模　｜

牧 목장 목 기를 목	• 牧童(목동) : 마우(馬牛)를 치는 아이 • 牧師(목사) : 기독교의 교회의 교직의 하나 • 牧畜(목축) : 소, 양, 말 등을 목장(牧場) 또는 들에 놓아 먹여 기름 • 放牧(방목) : 가축을 놓아 기름ㅤ				
牧				牧畜	放牧

妙 묘할 묘	• 妙味(묘미) : 미묘한 맛. 극치의 취미 • 妙案(묘안) : 아주 뛰어난 생각. 절묘한 방안 • 巧妙(교묘) : ① 솜씨나 재치가 약삭빠름 ② 매우 잘되고 묘함				
妙				妙味	巧妙

墓 무덤 묘	• 墓誌(묘지) : 죽은 사람의 이름, 신분, 행적 등을 새겨 무덤 옆에 파묻는 돌이나 도판 • 墳墓(분묘) : 무덤 • 省墓(성묘) : 조상의 산소에 가서 인사를 드리고 산소를 살피는 일				
墓				墓誌	省墓

武 굳셀 무	• 武器(무기) : 전쟁에 쓰이는 기구 ㈃ 兵器(병기) • 武裝(무장) : 전쟁 때 하는 군인의 옷차림 • 武藝(무예) : 검술, 궁술 등 무술(武術)에 관한 재주. 무기(武技)				
武				武裝	武藝

務 힘쓸 무 일 무	• 任務(임무) : 맡은 일 예 任務完遂(임무완수) • 職務(직무) : (직업으로서)맡아서 하는 일 예 職務遺棄(직무유기) • 執務(집무) : 사무를 봄 예 執務時間(집무시간) • 義務(의무) : 마땅히 해야 할 직분 예 義務敎育(의무교육)				
務				任務	職務

舞 춤출 무	• 舞踊(무용) : 춤　舞踊團(무용단) • 舞臺(무대) : 공연하기 위해 마련한 자리 • 亂舞(난무) : ① 한데 뒤섞여 어지럽게 춤을 춤 ② 함부로 나서서 마구 날뜀					
舞				舞臺	亂舞	

問 물을 문	• 問答(문답) : 물음과 대답. 묻고 답함 • 問喪(문상) : 사람의 죽음에 대(對)하여 위로함　弔喪(조상) • 慰問(위문) : 불쌍한 사람이나 수고하는 사람들을 방문하여 위로함 　예 慰問便紙(위문편지)					
問				問答	慰問	

聞 들을 문	• 見聞(견문) : ① 보고 들음 ② 보고 들어서 얻은 지식　見聞錄(견문록) • 聽聞(청문) : 설교나 연설 등을 들음　聽聞會(청문회) • 風聞(풍문) : 바람결에 들리는 소문					
聞				見聞	聽聞	

物 물건 물	• 物價(물가) : 물건의 값　物價指數(물가지수) • 物情(물정) : ① 사물의 본질 ② 세상의 형편 • 寶物(보물) : 보배로운 물건　寶貨(보화)					
物				物價	寶物	

美 아름다울 미	• 美談(미담) : 후세에 전할만한 아름다운 이야기 • 美貌(미모) : 아름답고 고운 얼굴 • 美人計(미인계) : 여색(女色)을 이용하여 남을 꾀는 꾀					
美				美談	美貌	

味 맛 미	• 味覺(미각) : 혀의 미신경으로 느끼는 감각　　例 味覺神經(미각신경) • 興味(흥미) : ① (흥을 느끼는)재미　② 관심을 가지는 감정 • 珍味(진미) : 음식의 썩 좋은 맛　　例 山海珍味(산해진미)
味	味覺　　珍味

密 빽빽할 밀	• 密封(밀봉) : 단단히 봉함. 꼭 봉함 • 密接(밀접) : ① 꼭 달라붙음　② 서로 떨어지기 어려운 깊은 관계가 있음 • 秘密(비밀) : 남에게 알려서는 안되는 내용
密	密封　　秘密

朴 성 박 순박할 박	• 素朴(소박) : 꾸밈이나 거짓이 없는 있는 그대로의 모습 • 醇朴(순박) : 순량하고 꾸밈이 없음 • 質朴(질박) : 꾸밈이 없고 수수함
朴	素朴　　醇朴

博 넓을 박 노름 박	• 博識(박식) : 보고 들은 것이 많아서 많이 앎 • 博物館(박물관) : 여러 자료를 널리 수집, 보관하고 전시한 시설 　　例 民俗博物館(민속박물관) • 博愛(박애) : 모든 사람을 평등하게 사랑함 • 賭博(도박) : 돈이나 재물을 걸고 따먹기를 다투는 짓. 노름. 돈내기
博	博識　　賭博

拍 칠 박	• 拍車(박차) : 어떤 일의 촉진을 위하여 더하는 힘 　발전 拍掌大笑(박장대소),　拍手喝采(박수갈채)
拍	拍車　　拍手

半 반 반 가운데 반	• 半減(반감) : 절반을 덞 또는 절반이 줆 • 半徑(반경) : 원(圓) 또는 구(球)의 직경의 절반. 반지름 • 半島(반도) : 한 면만 육지에 닿고 그 나머지 세 면은 바다에 싸인 땅 • 折半(절반) : 하나를 반으로 가른 그 하나				
半				半減	半島

班 나눌 반	• 班白(반백) : 머리털의 흑백이 서로 반씩 섞임 또는 그 노인 • 班位(반위) : ① 지위(地位) ② 같은 지위에 있음 • 兩班(양반) : (조선시대 중기 이후부터)지체나 신분이 높은 상류계급 사람, 곧 사대부를 이르는 말				
班				班位	兩班

髮 머리털 발	• 頭髮(두발) : 머리털 • 髮膚(발부) : 머리털과 살. 모발(毛髮)과 피부(皮膚) 예 身體髮膚(신체발부) • 削髮(삭발) : 길었던 머리를 박박 깎음				
髮				頭髮	髮膚

發 필 발 일어날 발	• 發刊(발간) : 인쇄하여 세상에 내놓음 • 發射(발사) : 총이나 활을 쏨 • 啓發(계발) : 지능을 깨우쳐 열어줌 예 啓發敎育(계발교육) • 摘發(적발) : (숨겨서 드러나지 않는 것을)들추어 냄				
發		속 発		發刊	啓發

放 놓을 방 내칠 방	• 放課(방과) : 그날 학과(學課)를 끝냄 • 放浪(방랑) : 정처없이 떠돌아 다님 • 豪放(호방) : 도량이 크며 작은 일에 거리낌이 없음 • 釋放(석방) : 잡혀있는 사람을 용서하여 놓아줌				
放				放浪	釋放

房 결방 방 집 방	• 房室(방실) : 방(房) • 閨房(규방) : 부녀자가 거처하는 방 • 獨房(독방) : 혼자서 거처하는 방 예) 獨守空房(독수공방) • 茶房(다방) : 차 또는 음료수를 파는 영업소. 다실				
房				閨房	茶房

訪 찾을 방	• 訪問(방문) : 남을 찾아 봄. 심방함 예) 訪問販賣(방문판매) • 探訪(탐방) : 어떤 사람이나 장소를 탐문하여 찾아봄 • 來訪(내방) : (남이 나를)찾아봄 예) 往訪(왕방)				
訪				訪問	來訪

妨 방해할 방	• 妨害(방해) : 남의 일에 훼살을 놓아 못하게 함 예) 業務妨害(업무방해) • 無妨(무방) : 지장이 없음				
妨				妨害	無妨

防 둑 방 막을 방	• 防備(방비) : 방어하는 설비를 함 • 防衛(방위) : 방어(防禦)하여 호위함 예) 國土防衛(국토방위) • 消防(소방) : 불이 나지 않도록 미리 막고, 불이 났을 때 불을 끄는 일 • 豫防(예방) : (탈이 나기 전에)미리 막음 예) 豫防接種(예방접종)				
防				防備	消防

倍 갑절 배	• 倍加(배가) : 갑절로 늘어남 또는 갑절로 늘림 • 倍數(배수) : 갑절이 되는 수 반) 約數(약수) • 倍增(배증) : 갑절로 늘어남				
倍				倍加	倍數

配 짝지을 배	• 配給(배급) : 분배하여 공급함. 적당히 나누어줌 • 配匹(배필) : 부부로서의 짝. 배우(配偶) 예 天生配匹(천생배필) • 流配(유배) : (죄인을) 귀양보냄						
配					配給		流配

背 등 배 등질 배	• 背景(배경) : ① 무대 뒤쪽 벽에 꾸민 경치 ② 주위의 상태 • 背叛(배반) : 등지고 돌아섬 • 違背(위배) : 위반(違反). (약속이나 명령 등을)어기거나 지키지 아니함 발전 背水之陣(배수지진), 背恩忘德(배은망덕)						
背					背景		背叛

拜 절 배	• 拜謁(배알) : 절하고 뵘. 지체높은 분을 만나 뵘 • 崇拜(숭배) : 종교적 대상을 절대시하여 우러러 만듦 예 偶像崇拜(우상숭배) • 禮拜(예배) : 신이나 부처에게 공손한 마음으로 절하는 일 예 禮拜堂(예배당)						
拜					拜謁		崇拜

番 차례 번	• 番號(번호) : 차례를 나타내는 호수 • 當番(당번) : 번드는 차례에 당함 또는 그 사람 비 非番(비번) • 輪番(윤번) : 차례로 번듦 또는 그 돌아가는 차례 예 輪番制(윤번제)						
番					番號		輪番

罰 벌 벌	• 罰則(벌칙) : 처벌하는 규칙 • 賞罰(상벌) : ① 상과 벌 ② 잘한 것에는 포상하고 잘못한 것에는 벌을 주는 일 • 刑罰(형벌) : 국가가 죄를 범한 자에게 제재를 가함						
罰					罰則		刑罰

伐 칠 벌	• 伐草(벌초) : 산소(山所)의 잡초를 베어서 깨끗이 함 • 征伐(정벌) : 무력을 써서 적이나 죄 있는 무리를 치는 일 • 盜伐(도벌) : 산의 나무를 몰래 벰				
伐				伐草	征伐

範 법 범 한계 범	• 範例(범례) : 본보기 • 範圍(범위) : 일정한 한계 안. 한계를 그음 • 模範(모범) : 본받아 배울만한 본보기 • 師範(사범) : 학술, 기예, 무술 등을 가르치는 사람　예 師範大學(사범대학)				
範				範圍	模範

犯 범죄 범	• 犯罪(범죄) : 죄를 저질러서 범함 또는 그 죄　예 犯罪行脚(범죄행각) • 防犯(방범) : 범죄가 일어나지 않도록 막음 • 侵犯(침범) : (남의 권리나 영토 등을)침노하여 범함				
犯				犯罪	侵犯

壁 벽 벽	• 壁報(벽보) : 벽에 쓰거나 붙여 여러 사람에게 알리는 것 • 壁畵(벽화) : 벽에 그린 그림 • 絶壁(절벽) : 낭떠러지　예 絶壁江山(절벽강산)				
壁				壁報	絶壁

變 변할 변 재앙 변	• 變貌(변모) : 모습이 바뀜 • 變節(변절) : 절개(節槪)를 고침. 지조(志操)를 지키지 못함 • 異變(이변) : 괴이한 변고. 상례에서 벗어나는 변화				
變		예 変		變貌	異變

邊 가 변	• 邊境(변경) : 나라의 경계(境界)가 되는 변두리의 땅 • 周邊(주변) : 둘레의 언저리　㉠ 周邊地域(주변지역) • 海邊(해변) : 바닷가						
邊					邊境		海邊

辯 말잘할 변	• 辯護(변호) : 변명하여 비호(庇護)함　㉠ 辯護士(변호사) • 辯明(변명) : (자신의 언행 등에 대해)남이 납득할 수 있도록 설명함 • 雄辯(웅변) : (청중을 감동시킬 수 있는)조리있고 힘차게 하는 거침없는 변설(辯舌)						
辯					辯護		雄辯

別 나눌 별 다를 별	• 別居(별거) : 따로 살림을 함 • 別館(별관) : 본관(本官) 밖에 따로 설치한 집 • 差別(차별) : 차가 있게 구별함　㉠ 差別待遇(차별대우) • 判別(판별) : 명확히 구별함. 분명히 구별됨						
別					別居		別館

報 갚을 보 알릴 보	• 報復(보복) : 은혜 또는 원수를 갚음 • 報償(보상) : 남에게 빚진 것을 갚아줌 • 誤報(오보) : 그릇되게 보도함 또는 그런 보도 • 通報(통보) : (어떤 자료나 소식 등을)통지하여 보고함　㉠ 氣象通報(기상통보)						
報					報償		誤報

寶 보배 보	• 寶鑑(보감) : 귀한 거울. 모범이 될만한 사물　㉠ 東醫寶鑑(동의보감) • 寶庫(보고) : 물자가 많이 산출되는 땅 • 家寶(가보) : (대를 이어 전해 내려오는)한 집안의 보물						
寶					寶鑑		寶庫

保 보전할 보	• 保健(보건) : 건강을 보전(保全)함 • 留保(유보) : 뒷날로 미룸. 보류(保留) • 擔保(담보) : 장차 남에게 끼칠지도 모르는 손해의 보상이 되는 것							
保						保健		留保	

步 걸음 보	• 步行(보행) : 걸어 감 • 徒步(도보) : 걸어서 감 예) 徒步旅行(도보여행) • 獨步(독보) : (어떤 분야에서)남이 따를 수 없도록 앞서감							
步						步行		徒步	

普 넓을 보	• 普及(보급) : 널리 퍼짐 또는 널리 퍼뜨림 • 普通(보통) : ① 통상(通常) ② 일반(一般) • 普遍(보편) : 두루 미침 예) 普遍妥當性(보편타당성)							
普						普及		普遍	

服 일할 복 옷 복	• 服務(복무) : 직무(職務)에 힘씀 • 服飾(복식) : 옷의 장식 • 服裝(복장) : 옷차림 • 韓服(한복) : 한국 고유의 의복. 조선옷							
服						服務		韓服	

福 복 복	• 福祉(복지) : 만족할 만한 생활환경 예) 福祉年金(복지연금) • 冥福(명복) : 죽은 뒤 저승에서 받는 복 • 祝福(축복) : (남을 위하여)행복하기를 빎							
福						福祉		冥福	

伏 엎드릴 복 절후 복	• 伏兵(복병) : 뜻밖의 장애가 되어 나타난 경쟁상대 • 伏線(복선) : 뒷일을 헤아려서 몰래 미리 마련해 두는 준비 • 潛伏(잠복) : 겉으로는 드러나지 않게 숨어 있음 • 三伏(삼복) : ① 초복, 중복, 말복을 통틀어 이르는 말 ② 여름철 가장 더운 기간						
伏					伏兵		伏線	

複 겹칠 복	• 複寫(복사) : 두장 이상을 포개어 한번에 베끼는 일 • 複雜(복잡) : 사물의 갈피가 뒤섞여서 어수선 함 • 複製(복제) : 본디의 것과 똑같이 만듦 예 複製版(복제판)						
複					複寫		複製	

奉 받들 봉	• 奉仕(봉사) : 웃사람을 섬김 • 奉養(봉양) : 부모(父母), 조부모(祖父母)를 받들어 모심 발전 滅私奉公(멸사봉공) : 사심(私心)을 버리고 나라나 공공(公共)을 위하여 힘써 일함						
奉					奉仕		奉養	

夫 사내 부 지아비 부	• 大丈夫(대장부) : 건장하고 씩씩한 사나이. 장부(丈夫) • 士大夫(사대부) : 문벌이 높은 사람을 일컫던 말 • 匹夫(필부) : ① 한 사람의 남자 ② 대수롭지 않은 그저 평범한 남자 발전 匹夫匹婦(필부필부) : 대수롭지 않은 그저 평범한 남녀						
夫					大丈夫		匹夫	

部 떼 부 분류 부	• 部隊(부대) : 전대(全隊)의 한 부분(部分)의 군대 • 部類(부류) : 부분을 따라 가른 종류(種類) • 部門(부문) : 구별한 부류 • 部署(부서) : 여럿으로 나누어 분담시키는 사무의 부분						
部					部隊		部署	

婦 며느리 부 지어미 부	• 姙産婦(임산부) : 임부와 산부를 아울러 이르는 말 • 夫婦(부부) : 아내와 남편　반 內外(내외), 夫妻(부처) • 新婦(신부) : 곧 결혼할 여자나 갓 결혼한 여자. 새색시　반 新郞(신랑) • 主婦(주부) : (한 가정의)가장(家長)의 아내 또는 주인의 부인
婦	主婦　　　　新婦

富 넉넉할 부 부자 부	• 富强(부강) : 나라가 부유하고 군사가 강함　예 富國强兵(부국강병) • 富豪(부호) : 큰 부자 • 富貴(부귀) : 재산이 많고 지위가 높음　예 富貴功名(부귀공명) • 甲富(갑부) : 첫째가는 큰 부자
富	富豪　　　　甲富

副 버금 부	• 副産物(부산물) : 주산물(主産物)을 만드는데 따라서 생기는 물건 • 副賞(부상) : 상장(賞狀) 이외에 덧붙여 주는 선물 • 副業(부업) : 본업(本業) 외에 갖는 직업
副	副産物　　　副業

復★ 다시 부 회복할 복	• 復舊(복구) : 그전 모양으로 돌아감 • 復職(복직) : 원래 관직 또는 원래 직무로 돌아감 • 復活(부활) : ① 죽었다가 되살아남　② 없어졌던 것이 다시 생김 • 復興(부흥) : 쇠(衰)했던 것이 다시 일어남　예 文藝復興(문예부흥)
復	復職　　　　復活

府 마을 부 곳집 부	• 府君(부군) : 돌아가신 아버지 또는 대대의 할아버지를 높이어 일컫는 말 　예 府君神位(부군신위) • 政府(정부) : 국가의 통치권을 행사하는 입법, 사법, 행정을 통틀어 이르는 말 　예 議政府(의정부), 行政府(행정부)
府	府君　　　　政府

否★ 아닐 부 막힐 비	• 否認(부인) : 인정(認定)하지 아니 함 • 否運(비운) : 비색(否塞)한 운수. 불운(不運) • 否決(부결) : 의안(議案)의 불성립을 의결함 • 安否(안부) : 편안함과 편안하지 아니함 또는 그러한 소식						
否					否認	否決	

負 질 부	• 負傷(부상) : 몸을 다침. 몸에 상처를 입음 또는 그 상처 • 負債(부채) : 남에게 진 빚 • 勝負(승부) : 이기고 짐 ⓑ 勝敗(승패) • 抱負(포부) : 마음 속에 지닌, 앞날에 대한 생각이나 계획 또는 희망						
負					負傷	抱負	

憤 분할 분	• 憤怒(분노) : 분하여 성냄 • 憤痛(분통) : 몹시 분하여 마음이 쓰리고 아픔 • 激憤(격분) : 몹시 분개함. 격렬한 분개						
憤					憤怒	激憤	

粉 가루 분	• 粉末(분말) : 가루 • 粉壁(분벽) : 희게 꾸민 벽 　발전 粉骨碎身(분골쇄신) : 뼈가 가루가 되고 몸이 부서진다는 뜻으로 있는 힘을 다하여 노력함						
粉					粉末	粉壁	

佛 부처 불	• 佛供(불공) : 부처 앞에 올리는 공양(供養) • 念佛(염불) : 부처의 모습이나 그 공덕을 생각하면서 부처의 이름을 외는 일 　비교 弗(아닐 불) : 弗貨(불화)						
佛					佛供	念佛	

比 견줄 비	• 比肩(비견) : ① 어깨를 나란히 함 ② 서로 비슷함 • 比較(비교) : 둘 이상의 사물을 서로 견주어 봄 • 比率(비율) : 어떤 수나 양의 다른 수나 양에 대한 비(比)								
比						比肩		比較	

鼻 코 비	• 鼻孔(비공) : 콧구멍 • 鼻炎(비염) : 코의 점막에 생기는 염증 발전 阿鼻叫喚(아비규환) : 참혹한 고통 가운데서 살려달라고 울부짖는 상태를 이르는 말								
鼻						鼻孔		鼻炎	

費 쓸 비	• 費用(비용) : 드는 돈. 쓰는 돈 예 費用節減(비용절감) • 浪費(낭비) : (돈, 물건, 시간, 노력 등을)헛되이 씀 비 虛費(허비) • 消費(소비) : 돈이나 물건, 시간, 노력 등을 써 버림 예 消費量(소비량)								
費						費用		消費	

備 갖출 비	• 備忘錄(비망록) : 잊어버리지 않게 적어두는 기록(記錄) • 備置(비치) : 갖추어서 둠 • 兼備(겸비) : 두가지 이상의 좋은 점을 함께 갖추어 가짐								
備						備忘錄		兼備	

悲 슬퍼할 비	• 悲觀(비관) : 일이 뜻대로 되지 않아 슬퍼하거나 실망함 • 悲哀(비애) : 슬픔과 설움 • 悲壯(비장) : 슬픔 속에 오히려 씩씩한 기운이 있음								
悲						悲觀		悲壯	

秘 숨길 비	• 秘訣(비결) : 감추어 두고 남에게 알리지 아니하는 비밀의 방법 • 秘密(비밀) : 남에게 보이거나 알려서는 안되는 일의 내용 예 秘密結社(비밀결사) • 極秘(극비) : 더 없이 중요한 비밀 예 極秘事項(극비사항)						
秘					秘訣		秘密

批 비평할 비	• 批難(비난) : 결점이나 과실을 힐책(詰責)함 • 批准(비준) : 조약의 체결에 대하여 국가가 최종적으로 확인하고 동의함 • 批評(비평) : 사물의 좋고 나쁨, 옳고 그름 등을 평가함 예 文藝批評(문예비평)						
批					批難		批評

碑 비석 비	• 碑閣(비각) : 안에 비(碑)를 세워 놓은 집 • 碑銘(비명) : 비석(碑石)에 새기는 명(銘) • 墓碑(묘비) : 무덤 앞에 세우는 비석 비 墓石(묘석)						
碑					碑閣		墓碑

貧 가난할 빈	• 貧富(빈부) : 가난한 것과 넉넉한 것 예 貧富隔差(빈부격차) • 貧弱(빈약) : ① 가난하고 약함 ② 내용이 충실하지 못함 • 淸貧(청빈) : 성정이 청렴하여 살림이 구차함						
貧					貧富		淸貧

氷 얼음 빙 얼 빙	• 氷河(빙하) : 높은 산에서 응고한 만년설(萬年雪)이 얼음이 되서 서서히 흘러 내리는 것 • 結氷(결빙) : 물이 얼어서 얼음이 됨. 얼어 붙음 반 解氷(해빙) • 氷雪(빙설) : ① 얼음과 눈 ② 청렴과 결백을 비유하여 이르는 말						
氷					氷河		結氷

社
모일 사 / 제사지낼 사

- 社稷(사직) : 토지의 주신(主神)과 오곡(五穀)의 신　예) 宗廟社稷(종묘사직)
- 社交(사교) : 사회생활에 있어서의 사귐　예) 社交術(사교술)
- 會社(회사) : 상행위 또는 영리를 목적으로 상법에 따라 설립된 사단법인
  예) 會社員(회사원)

社					社稷		會社	

使
부릴 사

- 使命(사명) : 자기에게 부과된 직무
- 使節(사절) : 임금 또는 정부의 대표가 되어 외국에 가서 있는 사람
- 特使(특사) : 특별한 임무를 띠고 파견하는 외교사절

使					使命		使節	

仕
벼슬 사 / 섬길 사

- 仕宦(사환) : 벼슬을 함　비) 仕官(사관)
- 奉仕(봉사) : (나라나 사회 또는 남을 위해)자신의 이해를 돌보지 않고 몸과 마음을 다하여 일함

　비교　士(선비 사) : 士氣(사기), 士大夫(사대부), 士禍(사화), 碩士(석사), 烈士(열사), 辯護士(변호사)

仕					仕宦		奉仕	

史
사관 사 / 역사 사

- 史蹟(사적) : 역사상의 유적(遺蹟)
- 史劇(사극) : 역사상의 사실로 꾸민 연극
- 歷史(역사) : 인간사회가 거쳐온 변천의 모습 또는 그 기록
  예) 歷史小說(역사소설)

史					史蹟		歷史	

思
생각 사

- 思慕(사모) : ① 그리워함 ② 우러러 받들고 마음으로 따름
- 思索(사색) : 사물의 이치를 파고들어 생각함
- 思慮(사려) : 생각. 깊은 생각

思					思慕		思索	

寫 베낄 사	• 寫本(사본) : 문서나 책을 베껴 부본(副本)을 만듦 또는 그 문서나 책 • 寫實(사실) : 실제로 있는 그대로를 그려냄 • 複寫(복사) : 사진, 문서 등을 본디 것과 똑같이 박는 일			
寫		예 写	寫實	複寫

査 조사할 사	• 査正(사정) : 그릇된 것을 조사하여 바로 잡음 • 監査(감사) : 감독하고 검사함 예 國政監査(국정감사) • 審査(심사) : 자세히 조사하여 가려내거나 정함			
査			査正	審査

謝 사례할 사 사양할 사	• 謝過(사과) : 잘못에 대하여 용서를 빎 예 謝過聲明(사과성명) • 謝禮(사례) : 고마운 뜻을 나타내는 말. 사의를 표하여 보내는 물품 • 謝絶(사절) : 사퇴하여 받지 아니함 예 面會謝絶(면회사절) • 厚謝(후사) : 후하게 사례함 또는 그 사례			
謝			謝過	謝絶

師 스승 사	• 師範(사범) : ① 모범이 될 만한 사람 ② 학문, 기예 등을 가르치는 사람 • 敎師(교사) : 유치원, 초, 중, 고등학교 등에서 소정의 자격을 가지고 학생을 가르치거나 돌보는 사람 비 敎員(교원)			
師			師範	敎師

舍 집 사	• 舍廊(사랑) : 바깥 주인이 거처하는 곳 예 舍廊房(사랑방) • 官舍(관사) : 관리가 살도록 관에서 지은 집 비 公舍(공사) • 屋舍(옥사) : 집. 건물			
舍			舍廊	屋舍

寺 절 사	• 寺刹(사찰) : 절. 사원(寺院) • 佛寺(불사) : 절 • 寺址(사지) : 절터

寺					寺刹		寺址	

辭 말씀 사 사퇴할 사	• 辭免(사면) : 맡아보던 일을 그만둠 • 辭職(사직) : 직무를 내놓고 물러나옴 • 辭典(사전) : 낱말의 발음, 뜻, 용법, 어원을 해설한 책 • 辭讓(사양) : 받을 것을 겸손하여 안받거나 자리를 남에게 내어줌

辭			(속) 辞		辭職		辭典	

絲 실 사	• 絹絲(견사) : 비단을 짜는 명주실을 통틀어 이르는 말. 비단실 • 毛絲(모사) : 털실 　[발전] 一絲不亂(일사불란) : 질서나 체계 등이 정연하여 조금도 흐트러짐이 없음

絲			(약) 糸		絹絲		毛絲	

私 사사로울 사	• 私慾(사욕) : 자기 일신(一身)의 이익만 탐하는 욕심　(예) 私利私慾(사리사욕) • 私債(사채) : 사인(私人) 사이에 지는 빚

私					私慾		私債	

射 쏠 사	• 射出(사출) : ① 쏘아 내보냄　② 한 점에서 방사상으로 나감 • 射倖心(사행심) : 요행을 노리는 마음 • 噴射(분사) : (기체 등을)세차게 내뿜음

射					射倖心		噴射	

算 셈할 산	• 算出(산출) : 계산해 냄. 셈함 예 算出價格(산출가격) • 決算(결산) : ① 계산을 마감함 예 決算報告(결산보고) ② 공공기관이나 기업체 등에서 일정기간의 수입과 지출을 계산하는 일						
算					算出		決算

産 낳을 산	• 産物(산물) : 그 지방에서 생산되는 물건 예 副産物(부산물) • 國産(국산) : 자기나라에서 생산함. 국내산 예 國産品(국산품) • 破産(파산) : 가산을 모두 날려버림 비 倒産(도산)						
産					産物		破産

散 흩어질 산	• 散漫(산만) : 어수선하게 흩어져 퍼져있음 • 集散(집산) : 모여듦과 흩어짐 예 離合集散(이합집산) • 閑散(한산) : ① 일이 없어 한가함 ② 한가하고 쓸쓸함						
散					散漫		集散

殺★ 죽일 살 덜 쇄	• 殺菌(살균) : 병균을 죽임 • 殺傷(살상) : 죽이거나 상처를 입힘 • 殺到(쇄도) : 세차게 몰려듦 [발전] 殺身成人(살신성인) : 자기 몸을 희생하여 인(仁)을 이룸, 곧 옳은 일을 의해 자기 몸을 희생함						
殺					殺菌		殺到

相 서로 상 볼 상	• 相逢(상봉) : 서로 만남 • 相續(상속) : 이어줌 또는 이어받음 예 相續稅(상속세) • 觀相(관상) : 사람의 얼굴 등을 보고 그 사람의 재수나 운명 등을 판단함 • 相議(상의) : 서로 의논함 비 相談(상담)						
相					相逢		相續

商 장사 상	• 商船(상선) : 상업상의 목적에 쓰이는 배 • 商標(상표) : 사업자가 자기가 취급하는 상품을 남의 상품과 구별하기 위하여 붙이는 고유의 표지				
商				商船	商標

賞 칭찬할 상 상 상	• 賞罰(상벌) : 상과 벌. 또는 상줌과 벌줌 • 賞與(상여) : 관청이나 회사 등에서 직원들의 공적 등을 참작하여 급료와는 별도로 주는 돈 예 賞與金(상여금) • 懸賞(현상) : (어떤 목적으로 조건을 붙여)상금이나 상품을 내거는 일				
賞				賞罰	懸賞

床 평상 상	• 平床(평상) : 나무로 만든 침상(寢床)의 한 가지 • 臥床(와상) : 누워 잘 수 있게 만든 평상 예 寢床(침상) 발전 同床異夢(동상이몽) : 같은 자리에서 자면서도 서로 다른 꿈을 꿈				
床				平床	臥床

狀★ 모양 상 문서 장	• 狀況(상황) : 일이 되어가는 형편이나 모양 • 狀態(상태) : 사물, 현상이 처해있는 현재의 모양 및 형편 • 賞狀(상장) : 학업, 행실, 성적 등을 칭찬하는 뜻을 적어서 상으로 주는 증서 • 請牒狀(청첩장) : 남을 청하는 글발				
狀		예 狀	狀況		賞狀

常 항상 상	• 常識(상식) : 보통사람이 가지고 있는 이해력과 지식 • 常備(상비) : 늘 준비하여 둠 예 常備藥(상비약) • 非常(비상) : 정상적인 상태가 아닌 일 예 非常警報(비상경보)				
常				常識	常備

想 생각할 상	· 想起(상기) : 지난 일을 생각해냄 · 假想(가상) : 가정하여 생각함 예 假想現實(가상현실) · 回想(회상) : 지난 일을 돌이켜 생각함 예 回想錄(회상록)				
想				想起	假想

象
코끼리 상
모양 상
	· 象牙(상아) : 코끼리의 위턱에 길게 뻗은 두 개의 앞니 예 象牙塔(상아탑)
	· 象徵(상징) : 어떠한 사상이나 개념 등에 대해 그것을 상기시키거나 연상시키는
	  구체적인 사물이나 감각적인 말로 바꾸어 나타내는 일
	· 萬象(만상) : 형상이 있는 온갖 물건과 세상의 모든 일
	  예 森羅萬象(삼라만상), 千態萬象(천태만상)				

象				象牙	象徵

傷 다칠 상 해칠 상	· 傷處(상처) : 다친 곳. 부상당한 곳 · 損傷(손상) : 떨어지고 상함 또는 상하게 함 · 致命傷(치명상) : 목숨이 위험할 정도로 입은 상처 · 輕傷(경상) : 조금 다침 또는 가벼운 상처 반 重傷(중상)				
傷				損傷	致命傷

書 책 서 글 서	· 書籍(서적) : 책. 서책(書冊) · 書店(서점) : 책을 팔거나 사는 가게 비 書林(서림), 冊房(책방) · 圖書館(도서관) : 많은 도서를 모아 보관하고 공중에게 열람시키는 시설 · 讀書(독서) : 책을 읽음				
書				書籍	圖書館

序 차례 서	· 序論(서론) : 본론의 머리말이 되는 논설 · 秩序(질서) : 사물 또는 사회가 올바른 상태를 유지하기 위해 지켜야 할 일정한 차례나 규칙 · 順序(순서) : 정하여져 있는 차례				
序				序論	秩序

席 자리 석	• 席捲(석권) : (자리를 말아가듯이)무서운 기세로 세력을 펼치거나 휩쓺 • 席次(석차) : ① 자리의 차례 ② 성적의 순서 • 坐席(좌석) : 앉는 자리 (반) 立席(입석)

席					席捲		坐席	

線 줄 선 실 선	• 線路(선로) : 기차, 전차 등이 다니는 길. 철로(鐵路) • 脫線(탈선) : 기차나 전차 등의 바퀴가 궤도를 벗어남 • 接線(접선) : 곡선이나 곡면의 한 점에 닿는 직선 (반) 割線(할선) • 混線(혼선) : (전선이나 전화 등에서)신호나 통화가 뒤섞이어 엉클어짐

線					線路		混線	

仙 신선 선	• 仙化(선화) : (신선이 화하였다는 뜻으로)늙어서 병이나 고통없이 죽음을 이름 • 詩仙(시선) : ① 선풍(仙風)이 있는 천재적인 시인 ② 두보(杜甫)를 시성(詩聖)이라 이르는데 대하여 시선은 이백(李白)을 일컫는 말

仙					仙化		詩仙	

鮮 고울 선 생선 선	• 鮮魚(선어) : 신선한 물고기. 생선 • 朝鮮(조선) : ① 상고(上古) 때부터 써오던 우리나라의 나라이름(단군조선, 위만조선, 근세조선 등) ② 이성계(李成桂)가 고려(高麗)를 멸하고 세운 나라 (예) 朝鮮王朝(조선왕조) • 新鮮(신선) : ① 새롭고 산뜻함 ② (채소나 생선 등이)싱싱함

鮮					鮮魚		朝鮮	

善 착할 선 잘할 선 좋을 선	• 善隣(선린) : 이웃과 의좋게 지냄 (예) 善隣政策(선린정책) • 最善(최선) : 가장 좋거나 훌륭한 것 (예) 最善策(최선책) • 僞善(위선) : 겉으로만 착한 체함 또는 겉치레로 보이는 선행 • 慈善(자선) : (불행한 처지에 있는 사람을)딱하게 여겨 도와주는 일 (예) 慈善事業(자선사업)

善					善隣		僞善	

船 배 선	• 船舶(선박) : 규모가 큰 배 • 船着場(선착장) : 나루, 배가 닿고 떠나는 일정한 곳 • 造船(조선) : 배를 건조함　예 造船所(조선소)			
船			船舶	船着場

選 가릴 선 뽑을 선	• 選拔(선발) : (많은 가운데서)추려 뽑음　예 選拔考査(선발고사) • 選擇(선택) : 둘 이상의 것에서 마음에 드는 것을 골라 뽑음　예 選擇科目(선택과목) • 落選(낙선) : 선거에서 떨어짐　반 當選(당선) • 精選(정선) : 공을 들여 좋은 것을 골라 뽑음			
選			選拔	精選

宣 베풀 선	• 宣誓(선서) : 여러 사람들 앞에서 공개하여 맹세하는 일　예 就任宣誓(취임선서) • 宣戰(선전) : 다른 나라에 대하여 전쟁개시를 선언함　예 宣戰布告(선전포고) • 宣布(선포) : (공적으로)세상에 널리 알림			
宣			宣誓	宣布

雪 눈 설 씻을 설	• 雪白(설백) : ① 눈과 같이 몹시 흼　② 마음과 행실이 결백함의 비유 • 雪辱(설욕) : (승부 등에 이김으로써)전에 패배했던 부끄러움을 씻어내고 명예를 되찾음 • 降雪(강설) : 눈이 내림 또는 내린 눈　예 降雪量(강설량) 발전 雪上加霜(설상가상) : 눈위에 서리가 내림. 불행한 일이 거듭됨			
雪			雪辱	降雪

説★ 말씀 설 기쁠 열 달랠 세	• 說敎(설교) : 종교의 교의(敎義)를 설명(說明)함 • 解說(해설) : 알기 쉽게 풀어서 설명함 또는 그 설명　예 時事解說(시사해설) • 遊說(유세) : 각처를 돌며 자기의 의견이나 소속 정당의 주장 등을 설명하고 선전함　예 選擧遊說(선거유세) • 不亦說乎(불역열호) : 또한 기쁘지 아니한가. 사서 중 논어(論語)에서 나온 말 발전 說往說來(설왕설래), 橫說竪說(횡설수설)			
説			解說	遊說

設　　설명 설　베풀 설	· 設令(설령) : 그렇다 하더라도　⊞ 設使(설사), 設或(설혹) · 設置(설치) : 기계나 설비 또는 기관 등을 마련하여 둠 · 開設(개설) : (어떤 시설을)새로 설치하여 업무를 시작함						
設					設備		設置

姓　　성씨 성　겨레 성	· 姓名(성명) : 성(姓)과 이름　⊞ 姓銜(성함) · 百姓(백성) : ① 국민의 예스러운 말　② 문벌이 높지 않은 여느 사람 · 同姓(동성) : 같은 성씨　예 同姓同本(동성동본)						
姓					姓名		同姓

省★　살필 성　덜 생	· 省略(생략) : (한 부분을)덜어서 줄임. 뺌 · 歸省(귀성) : 객지에서 지내다가 고향에 돌아감　예 歸省人波(귀성인파) · 反省(반성) : 자기의 잘잘못이나 옳고 그름을 깨닫기 위해 스스로 돌이켜 살핌						
省					省略		歸省

性　　성품 성　성별 성	· 性格(성격) : 각 사람이 가진 특유한 성질　⊞ 品性(품성) · 性質(성질) : 생물이나 무생물이 본디부터 가지고 있는 바탕 · 屬性(속성) : 사물의 본질을 이루는 고유한 특징이나 성질 · 惰性(타성) : (어떤 동작이나 경험으로)굳어진 버릇						
性					性格		惰性

誠　　정성 성　진실 성	· 誠實(성실) : ① 성의가 있고 착실함　② 진실로, 참으로 · 誠意(성의) : 정성스러운 마음. 참된 마음　예 誠心誠意(성심성의) · 精誠(정성) : 온갖 성의를 다하려는 참되고 거짓없는 마음 〔비교〕 成(이룰 성) : 成功(성공), 成果(성과), 成年(성년), 成熟(성숙), 成就(성취), 養成(양성), 育成(육성), 贊成(찬성), 完成(완성)						
誠					誠意		精誠

聖 성스러울 성	• 聖君(성군) : 도덕이 높은 어진 임금　비 聖王(성왕), 聖主(성주) • 聖域(성역) : 거룩한 지역 • 聖賢(성현) : ① 성인(聖人)과 현인(賢人)　② 청주(淸酒)와 탁주(濁酒) • 聖誕節(성탄절) : 기독교에서 예수가 태어난 날을 명절로 이르는 말. 크리스마스				
聖				聖賢	聖域

城 재 성 성 성	• 城郭(성곽) : 성(城). 성은 내성, 곽은 외성을 아울러 이르는 말 • 牙城(아성) : ① 성곽의 중심부　② 큰 조직이나 단체 등의 '중심이 되는 곳'을 비유한 말				
城				城郭	牙城

聲 소리 성	• 聲援(성원) : (응원이나 원조 등으로)사기나 기운을 북돋아 줌 • 音聲(음성) : 사람의 발음기관에서 나오는 소리. 말소리 • 聲討(성토) : 여러 사람이 모여서 어떤 잘못을 비판하고 규탄함				
聲			속 声	聲援	聲討

星 별 성	• 星辰(성신) : 뭇별 • 衛星(위성) : 행성의 둘레를 운행하는 작은 원체　예 衛星放送(위성방송) • 行星(행성) : '태양의 둘레를 공전(空轉)'하는 별을 통틀어 이르는 말 　비 惑星(혹성)　반 恒星(항성)				
星				星辰	衛星

盛 성할 성	• 盛衰(성쇠) : 사물이 성하는 일과 쇠하는 일　예 榮枯盛衰(영고성쇠) • 盛況(성황) : (모양이나 행사 등이)성대하고 활기찬 모양 • 繁盛(번성) : (불거나 늘어나거나 하여)한창 잘되어 성함　비 繁昌(번창)				
盛				盛衰	盛況

歲 해 세 나이 세	• 歲拜(세배) : 섣달 그믐이나 정초에 웃어른에게 하는 인사 • 歲費(세비) : 국가기관의 일년간의 비용 　**발 전** 歲寒三友(세한삼우) : 겨울철 관상용(觀賞用)의 세 가지 나무. 소나무, 대나무, 매화(梅花)나무						
歲					歲拜		歲費

洗 씻을 세	• 洗練(세련) : (글이나 교양, 인품 등을)갈고 다듬어 우아하고 고상하게 됨 • 洗顔(세안) : 얼굴을 씻음　비 洗面(세면) • 洗濯(세탁) : 빨래　예 洗濯劑(세탁제)						
洗					洗練		洗濯

勢 세력 세 기세 세	• 勢道(세도) : 정치상의 권세　예 勢道政治(세도정치) • 權勢(권세) : 권력과 세력 　**발 전** 破竹之勢(파죽지세) : 대가 결을 따라 쪼개질 때와 같은 형세, 즉 감히 대적할 수 없을 정도로 막힘없이 무찔러 나아가는 맹렬한 기세						
勢					勢道		權勢

細 가늘 세 자세할 세	• 細菌(세균) : 식물에 속하는 미세한 단세포 생물을 이르는 말. 박테리아 • 細密(세밀) : 자세하고 빈틈없음 • 微細(미세) : (분간하기 어려울 만큼)매우 가늘고 작음 • 細工(세공) : 섬세한 잔손질이 많이 가는 수공(手工)						
細					細密		微細

稅 세금 세	• 稅關(세관) : 공항 등에서 수출입품에 세금을 물리고 단속을 맡고 있는 관청 • 課稅(과세) : 세금을 매김 또는 그 세금　예 認定課稅(인정과세) • 納稅(납세) : 세금을 바침　예 納稅告知(납세고지)						
稅					稅關		納稅

少 적을 소 젊을 소	• 年少者(연소자) : 나이가 젊은 사람 또는 나이가 어린 사람 • 減少(감소) : 줄어서 적어짐　맨 增加(증가) • 稀少(희소) : 드물고 적음　예 稀少價値(희소가치) 　비교 小(작을 소) : 小康(소강), 小量(소량), 小說(소설), 小妾(소첩), 弱小(약소), 縮小(축소)						
少					減少		稀少	

所 곳 소 바 소	• 所管(소관) : 어떤 사무를 맡아 관리함 또는 그 사무 • 所屬(소속) : (어떤 기관이나 조직에)딸림 또는 그 딸린 사람이나 물건 • 急所(급소) : (사물의)가장 중요한 부분 • 住所(주소) : 법률에서 실질적인 생활의 근거가 되는 곳을 말함						
所					所管		住所	

消 사라질 소	• 消滅(소멸) : 사라져 없어짐 • 消費(소비) : 돈이나 물건, 시간, 노력 등을 써 없앰　예 消費性向(소비성향) • 抹消(말소) : (적혀있는 사실을)지워서 없앰						
消					消滅		抹消	

掃 쓸 소	• 掃蕩(소탕) : 휩쓸어 모조리 없애 버림 • 掃除(소제) : 깨끗이 쓸고 닦음 • 淸掃(청소) : 깨끗이 쓸고 닦음 또는 더러운 것을 없애 깨끗이 함						
掃					掃蕩		淸掃	

笑 웃을 소	• 冷笑(냉소) : 쌀쌀한 태도로 비웃음 • 談笑(담소) : (스스럼 없이)웃으며 이야기함　예 談笑自若(담소자약) • 微笑(미소) : 소리를 내지않고 빙긋이 웃는 웃음						
笑					談笑		微笑	

素 흴 소 바탕 소	• 素質(소질) : 날 때부터 지니고 있는 성격이나 능력 등의 바탕이 되는 것 • 素朴(소박) : 꾸밈이나 거짓이 없음 • 素養(소양) : 평소에 닦은 학문과 덕행(德行) 예 素養敎育(소양교육)
素	素朴 素養

速 빠를 속	• 速決(속결) : 빨리 끝을 맺음 예 速戰速決(속전속결) • 速達(속달) : ① 속히 배달함 ② 빨리 닿음 • 急速(급속) : ① 몹시 급함 ② 몹시 빠름 예 急速度(급속도)
速	速達 急速

束 묶을 속	• 束縛(속박) : 사람의 행동의 자유를 빼앗음 비 拘束(구속) • 結束(결속) : 뜻이 같은 사람끼리 하나로 뭉침 • 約束(약속) : 어떤 일을 어떻게 하기로 미리 정해놓고 서로 어기지 않을 것을 다짐함
束	束縛 約束

俗 풍속 속 속될 속	• 俗談(속담) : 민중의 지혜가 응축되어 널리 구전되는 민간격언 • 俗稱(속칭) : 흔히 일컬음 또는 그 호칭. 통속적으로 일컬음 또는 그 명칭 • 民俗(민속) : 민간의 풍속(습속) 예 民俗村(민속촌) • 風俗(풍속) : 예로부터 지켜 내려오는 생활에 관한 사회적 습관 예 風俗圖(풍속도)
俗	俗談 風俗

續 이을 속	• 續編(속편) : 정편(正編)에 잇달아서 지은 책 • 繼續(계속) : 끊이지 않고 잇대어 나아감 • 連續(연속) : 끊이지 않고 계속 이음 또는 계속 이어짐 예 連續劇(연속극)
續	속 続 續編 連續

屬★ 무리 속 이을 촉	• 屬國(속국) : 다른 나라의 지배하에 있는 나라 • 屬(囑)望(촉망) : 잘 되기를 바라고 기대함 • 從屬(종속) : (딴 사물에) 딸리어 붙음　(예) 從屬關係(종속관계) • 隸屬(예속) : 남의 뜻대로 지배되어 따름. 남의 지배하에 매임				
屬			(속) 属	屬望	隸屬

孫 손자 손	• 孫子(손자) : ① 아들의 아들, 자손　② 책명 　(예) 子子孫孫(자자손손), 孫子兵法(손자병법) • 曾孫(증손) : 아들의 손자, 손자의 아들. 曾孫子(증손자) • 王孫(왕손) : 임금의 손자 또는 후손				
孫				孫子	曾孫

損 덜 손 잃을 손	• 損傷(손상) : 떨어지고 상함 또는 상하게 함 • 損益(손익) : ① 손해와 이익　② 증감(增減) • 缺損(결손) : 모자람. 한 부분이 없어서 불완전함　(예) 缺損家庭(결손가정) • 毁損(훼손) : ① 체면이나 명예를 손상함　② 헐거나 깨뜨려 못쓰게 함				
損				損傷	毁損

送 보낼 송	• 送別(송별) : 사람을 작별하여 보냄. 배웅 • 送還(송환) : 도로 돌려보냄 • 輸送(수송) : 차, 선박, 비행기 등으로 짐이나 사람을 실어보냄				
送				送還	輸送

松 소나무 송	• 松柏(송백) : ① 소나무와 잣나무　② 껍질을 벗기어 솔잎에 꿴 잣 • 松花(송화) : 소나무 꽃 또는 꽃가루　(예) 松花酒(송화주) • 古松(고송) : 오래 묵은 소나무. 노송(老松)				
松				松柏	松花

頌 기릴 송	• 頌德碑(송덕비) : 공덕을 기리기 위하여 세운 비석 • 頌祝(송축) : 경사스런 일을 기리어 축하함 • 稱頌(칭송) : 공덕을 칭찬하며 기림				
頌				頌祝	稱頌

數★ 셈 수 자주 삭	• 數量(수량) : 수효와 분량 • 數學(수학) : 수량 및 도형의 성질이나 관계를 연구하는 학문 • 數數(삭삭) : 자주자주 [발전] 權謀術數(권모술수) : 남을 교묘하게 속이는 술책				
數		(속) 数		數量	數學

樹 나무 수	• 樹木(수목) : (살아있는)나무 • 街路樹(가로수) : (거리의 미관과 주민의 보건을 위해)큰 길의 양 쪽 가에 줄지어 심은 나무 • 果樹(과수) : 과실나무. 과목(果木) 예 果樹園(과수원)				
樹				樹木	街路樹

收 거둘 수	• 收拾(수습) : 어지러운 마음이나 사태를 거두어 바로잡음 • 收益(수익) : 일이나 사업 등을 하여 거두게 되는 이익 예 收益資産(수익자산) • 秋收(추수) : 가을에 익은 곡식을 거두어들임				
收		(속) 収		收拾	秋收

授 가르칠 수 줄 수	• 授受(수수) : 주고 받음 예 金品授受(금품수수) • 授業(수업) : 학교 등에서 학문, 기술을 가르쳐 줌 • 授與(수여) : (공식절차에 의해)증서, 상장, 훈장 등을 줌 • 敎授(교수) : 대학에서 학술을 가르치는 사람을 통틀어 이르는 말				
授				授受	敎授

修 닦을 수	• 修交(수교) : 나라와 나라 사이에 교제를 함 • 修了(수료) : 일정한 학업이나 과정을 다 마침　예) 修了證(수료증) • 監修(감수) : 책의 저술, 편찬을 지도하고 감독하는 일							
修						修了		監修

守 지킬 수	• 守備(수비) : 지키어 막음　반) 攻擊(공격) • 守護(수호) : (중요한 사람이나 처소 등을)지키고 보호함　예) 守護天使(수호천사) • 固守(고수) : 굳게 지킴. 단단히 지킴　비) 墨守(묵수)							
守						守備		守護

秀 빼어날 수	• 秀才(수재) : 머리가 좋고 재주가 뛰어난 사람 • 閨秀(규수) : 혼기에 이른 남의 집 처녀를 점잖게 이르는 말 • 俊秀(준수) : 재주와 슬기가 남달리 뛰어남							
秀						秀才		俊秀

宿★ 묵을 숙 별 수	• 宿泊(숙박) : 자기 집을 떠난 사람이 남의 집 등에서 자고 머무름 • 寄宿舍(기숙사) : (학교나 회사 등에서)학생이나 사원을 위해 마련한 공동숙사 • 露宿(노숙) : 한데서 밤을 지냄 • 星宿(성수) : 모든 성좌의 별들							
宿						宿泊		露宿

肅 엄숙할 숙	• 肅然(숙연) : 삼가고 두려워하는 모양 • 嚴肅(엄숙) : 장엄하고 정숙함 • 靜肅(정숙) : 아무 소리없이 매우 조용함. 조용하고 엄숙함							
肅			속) 粛		肅然		嚴肅	

叔 아재비 숙	• 叔父(숙부) : 아버지의 아우 • 堂叔(당숙) : 아버지의 사촌형제. '종숙(從叔)'을 친근하게 일컫는 말 • 伯叔(백숙) : 네 형제 중의 맏이와 셋째					
叔					叔父	伯叔

順 순할 순 차례 순	• 順從(순종) : 순순히 복종함 • 順坦(순탄) : ① 탈이 없이 순조로움 ② 길이 험하지 않고 평탄함 ⑪ 險難(험난) • 順序(순서) : 정해진 차례 • 柔順(유순) : 성질이 부드럽고 순함					
順					順從	順序

純 순수할 순	• 純粹(순수) : 다른 것이 조금도 섞임이 없음 • 淸純(청순) : 깨끗하고 순박하거나 순수함 • 純情(순정) : 순수하고 사심이 없는 감정					
純					純粹	淸純

術 재주 술 꾀 술	• 術策(술책) : 꾀. 특히 남을 속이기 위한 꾀 ⑪ 術數(술수) • 藝術(예술) : 어떤 일정한 재료와 양식, 기교 등에 의해 미(美)를 창조하고 표현하는 인간의 활동 • 醫術(의술) : 병을 고치는 기술. 의학에 관한 기술					
術					術策	藝術

崇 높을 숭	• 崇高(숭고) : 존엄하고 거룩함 • 崇拜(숭배) : 존경하여 절함 ㉮ 偶像崇拜(우상숭배) • 崇尙(숭상) : 높이어 소중하게 여김					
崇					崇拜	崇尙

習 익힐 습	• 習慣(습관) : 버릇. 익혀온 행습(行習) • 習作(습작) : 익히기 위하여 지은 작품 • 講習(강습) : 일정기간 학문, 기예, 실무 등을 배우고 익힘							
習						習慣		講習	

勝 이길 승 나을 승	• 勝負(승부) : 이김과 짐 비 勝敗(승패) • 勝訴(승소) : 소송(訴訟)에 이김 예 勝訴判決(승소판결) • 決勝(결승) : (운동경기 등에서)이기고 짐을 마지막으로 가림 • 優勝(우승) : (경기·경주 등에서)최고의 성적으로 이김 예 優勝旗(우승기)							
勝						勝訴		優勝	

承 이을 승 받을 승	• 承繼(승계) : 뒤를 이음. 계승함 예 承繼取得(승계취득) • 承諾(승낙) : 청하는 바를 들어 줌 • 承認(승인) : 일정한 사실을 인정함 비 拒否(거부) • 奉承(봉승) : (웃어른의)뜻을 이어받음							
承						承諾		承認	

始 비롯할 시 처음 시	• 始祖(시조) : 한 족속(族屬)의 맨 처음 되는 조상 • 始終(시종) : ① 처음과 끝 ② 줄곧. 항상 예 始終一貫(시종일관) • 始務式(시무식) : 관공서 등에서 새해 들어 다시 업무를 시작하는 일 • 開始(개시) : 처음 시작함 예 行動開始(행동개시)							
始						始祖		開始	

視 볼 시	• 視察(시찰) : ① 주의하여 봄 ② 실지 사정을 돌아다니며 살펴봄 • 監視(감시) : 경계하며 지켜봄 • 坐視(좌시) : (어떤 일이 일어났는 데도)참견하지 않고 잠자코 보고만 있음							
視						視察		坐視	

試 시험할 시	• 試鍊(練)(시련) : 겪기 어려운 단련이나 고난 • 試寫會(시사회) : 영화를 개봉하기 전에 시험적으로 상영하는 모임 • 考試(고시) : (공무원 등의)지원자의 학력이나 자격을 검사하여 그 합격여부를 판정하는 일				
試				試寫會	考試

詩 시 시	• 詩壇(시단) : 시인들의 사회 • 詩想(시상) : ① 시를 짓기 위한 시인의 착상이나 구상 ② 시에 나타난 사상이나 감정 • 漢詩(한시) : ① 한문으로 지은 시 ② 중국의 한대(漢代)의 시				
詩				詩壇	詩想

施 베풀 시	• 施賞(시상) : 상장이나 상품 또는 상금을 줌 • 施設(시설) : (도구나 장치 등을)베풀어서 차림 또는 그 차린 설비 • 施策(시책) : (국가나 행정기관 등이)어떤 계획을 실행에 옮김 또는 그 계획				
施				施賞	施設

是 옳을 시 이 시	• 是非(시비) : 옳음과 그름. 선악(善惡) 예 是是非非(시시비비) • 是認(시인) : 옳다고 인정함 반 否認(부인) • 是正(시정) : 잘못된 것을 바로잡음 • 國是(국시) : (국민전체의 의사로 결정된)국정의 근본방침				
是				是認	是正

植 심을 식	• 植物(식물) : 초목(草木)의 총칭 반 動物(동물) • 植樹(식수) : 나무를 심음. 심은 나무 비 植木(식목) • 移植(이식) : 농작물이나 나무를 다른 데로 옮겨 심는 일				
植				植樹	移植

式 법 식 예식 식	• 式場(식장) : 예식(禮式)을 거행하는 곳 • 格式(격식) : 격에 어울리는 일정한 법식 • 略式(약식) : 정식의 절차를 생략한 간단한 방식　(반) 正式(정식) • 儀式(의식) : 의례를 갖추어 베푸는 행사　(비) 式典(식전), 儀典(의전)

式					格式	儀式	

識★ 알 식 적을 지	• 識別(식별) : 분별(分別)하여 앎　(예) 識別能力(식별능력) • 標識(표지) : 목표를 나타내기 위한 표 • 博識(박식) : 널리 보고 들어서 아는 것이 많음 　[발전] 識字憂患(식자우환) : 학식이 있는 것이 도리어 근심을 사게 됨

識					識別	標識	

息 숨 식 그칠 식	• 歎息(탄식) : 한탄하여 한숨을 쉼 또는 그 한숨 • 棲息(서식) : (동물이 어떤 곳에) 깃들여 삶　(비) 棲宿(서숙) • 子息(자식) : 아들과 딸 • 窒息(질식) : 숨이 막힘

息					歎息	棲息	

信 믿을 신	• 信念(신념) : 굳게 믿는 마음 • 信賴(신뢰) : 믿고 의뢰함　(예) 信賴度(신뢰도) • 確信(확신) : 굳게 믿음. 확실히 믿음　(예) 確信犯(확신범)

信					信念	確信	

新 새 신 새롭게할 신	• 新刊(신간) : 책을 새로 간행함 또는 그 책　(예) 新刊書籍(신간서적) • 新記錄(신기록) : 종래에 없던 새로운 기록　(예) 新記錄樹立(신기록수립) • 新婚(신혼) : 새로 혼인함. 갓 결혼함　(예) 新婚夫婦(신혼부부) 　[발전] 送舊迎新(송구영신), 溫故知新(온고지신)

新					新刊	新婚	

神 귀신 신 정신 신	• 神秘(신비) : (이론과 인식을 초월하여)불가사의하고 영묘한 비밀 • 神話(신화) : 신을 중심으로 역사가 있기 이전의 전설　예) 神話創造(신화창조) • 精神(정신) : 사고나 감정의 작용을 다스리는 인간의 마음 • 神經(신경) : 사물을 감각하거나 생각하는 힘　예) 神經過敏(신경과민)
神	神秘　　　　精神

室 방 실 집 실	• 居室(거실) : ① 거처하는 방　② 서양식 집에서 가족이 모여 생활하는 공간 • 事務室(사무실) : 사무를 보는 방 • 寢室(침실) : 잠을 잘 수 있게 마련된 방
室	事務室　　　寢室

實 열매 실 참될 실	• 實績(실적) : (어떤 일에서 이룬)실제의 업적 또는 공적 • 實效(실효) : 확실한 효험. 거짓없는 효력 • 篤實(독실) : 인정있고 성실함. 열성있고 진실함 　발전) 實事求是(실사구시), 實踐躬行(실천궁행)
實	(속)実　　實績　　篤實

深 깊을 심	• 深思(심사) : 깊이 생각함. 곰곰이 생각함　예) 深思熟考(심사숙고) • 深刻(심각) : 매우 중대하고 절실함 • 深夜(심야) : 깊은 밤　예) 深夜營業(심야영업)
深	深刻　　　深夜

兒 아이 아	• 兒童(아동) : 초등학교에 다니는 어린아이　예) 兒童期(아동기) • 孤兒(고아) : 부모가 없는 아이　예) 孤兒院(고아원) • 乳兒(유아) : 젖먹이 • 幼兒(유아) : 어린 아이. 흔히 학령(學齡) 이전의 아이를 이름
兒	(속)児　　兒童　　孤兒

安 편안할 안	• 安樂(안락) : 마음과 기운이 편안하고 즐거움 • 安住(안주) : 자리잡고 편안히 삶 • 治安(치안) : 국가와 사회의 안녕질서를 보전하고 지켜감　예) 治安維持(치안유지)
安	安住　　　　治安

案 책상 안 생각할 안	• 案件(안건) : 토의하거나 취조할 사건 • 答案(답안) : 내놓은 문제에 대한 해답　예) 答案紙(답안지) • 提案(제안) : 의안(議案)을 냄　예) 提案權(제안권) • 懸案(현안) : 이전부터 논의되어 왔으나 결론이 나 있지 않은 문제나 의안
案	案件　　　　提案

眼 눈 안	• 眼鏡(안경) : 시력을 돕거나 눈을 보호하기 위해 쓰는 기구 • 千里眼(천리안) : (천리 밖을 보는 눈이란 뜻으로)사물의 이면을 꿰뚫어 보는 능력 　발전) 眼下無人(안하무인) : 교만하여 남을 멸시하는 일　비) 傍若無人(방약무인), 傲慢無道(오만무도), 傲慢不遜(오만불손)
眼	眼鏡　　　　千里眼

暗 어두울 암	• 暗記(암기) : (쓴 것을 보지 않고도)기억할 수 있도록 외움 • 暗鬪(암투) : 서로 적의를 품고 속으로 다툼　예) 暗鬪劇(암투극) • 暗號(암호) : (비밀유지를 위해)당사자끼리만 알 수 있도록 꾸민 부호
暗	暗記　　　　暗號

壓 누를 압	• 壓卷(압권) : (책이나 예술작품 등에서)가장 뛰어난 부분 • 壓倒(압도) : 월등한 힘으로 상대편을 누름 • 抑壓(억압) : (행동이나 욕망 등을)억지로 누름
壓	약) 圧　　　壓卷　　　　抑壓

愛 사랑할 애 아낄 애	• 愛唱(애창) : 노래를 즐기어 부름 예) 愛唱曲(애창곡) • 愛慕(애모) : 사랑하여 그리워함 • 戀愛(연애) : 어떤 이성을 특별한 애정을 느끼어 그리워하는 일 • 偏愛(편애) : 어느 한 사람이나 한 쪽만을 유달리 사랑함				愛唱		戀愛	
愛								

液★ 즙 액 담글 석	• 液體(액체) : (물이나 기름처럼)일정한 부피는 있으나 일정한 모양이 없이 유동하고 변형하는 물질 • 唾液(타액) : 침 • 血液(혈액) : 동물의 혈관 속을 순환하는 체액 • 液化(액화) : 기체 또는 고체가 액체로 변함				液體		唾液	
液								

額 수량 액	• 額面(액면) : 유가증권 등에 적힌 일정한 돈의 액수 예) 額面價額(액면가액) • 額數(액수) : 돈 같은 것의 머릿수. 금액(金額) • 差額(차액) : 차가 나는 액수. 덜어내고 남은 돈 예) 貸借差額(대차차액)				額數		差額	
額								

野 들 야	• 野黨(야당) : 정당정치에서 정권을 담당하고 있지 아니한 정당 반) 與黨(여당) • 野望(야망) : (그 사람의)처지나 능력 등으로 보아서 좀처럼 이룰 수 없을 만큼 큰 희망(욕망) • 荒野(황야) : 풀이 멋대로 자란 거친 들판				野黨		野望	
野								

夜 밤 야	• 夜勤(야근) : 밤에 근무함 예) 夜勤手當(야근수당) • 晝夜(주야) : 밤낮 예) 晝夜長川(주야장천) • 夜間(야간) : 밤 사이. 밤 동안 예) 夜間逃走(야간도주)				夜勤		晝夜	
夜								

弱 약할 약	•弱點(약점) : 부족하거나 불완전한 점　비 虛點(허점)　반 强點(강점) •衰弱(쇠약) : 쇠퇴하여 약함 발전　弱肉强食(약육강식) : 약한 것이 강한 것에게 먹힘(생존경쟁의 격렬함)						
弱					弱點		衰弱

藥 약 약	•藥局(약국) : 약사가 의약품을 조제하여 파는 가게 •藥酒(약주) : '술'을 점잖게 이르는 말　예 藥酒床(약주상) •醫藥(의약) : ① 병을 고치는데 쓰는 약　② 의학과 약학　예 醫藥分業(의약분업)						
藥			예 藥		藥局		醫藥

約 맺을 약 간략할 약	•約束(약속) : 어떤 일에 대해 서로 하기로 정해 놓고 다짐함 •契約(계약) : 약정(約定). 약속　예 隨意契約(수의계약) •要約(요약) : 말이나 글에서 중요한 것만을 추려냄 •約婚(약혼) : 결혼하기로 서로 약속함						
約					要約		約婚

洋 큰바다 양 서양 양	•洋擾(양요) : 서양사람 때문에 일어난 난리　예 丙寅洋擾(병인양요) •洋裝(양장) : (여자가)옷을 서양식으로 차려입음　예 洋裝店(양장점) •洋藥(양약) : 서양의술에 의하여 만든 약 •海洋(해양) : 넓은 바다　예 海洋水産部(해양수산부)						
洋					洋裝		海洋

陽 따뜻할 양 볕 양	•陽刻(양각) : 글자나 그림 등을 도드라지게 새김, 돌을 새김　반 陰刻(음각) •陽曆(양력) : 태양력(太陽曆)의 준말　반 陰曆(음력) •斜陽(사양) : 서쪽으로 기울어진 해 또는 그 햇빛　예 斜陽産業(사양산업) •夕陽(석양) : ① 저녁 해　② 저녁 나절						
陽					陽曆		斜陽

養　기를 양	• 養鷄(양계) : 닭을 기름　예 養鷄場(양계장) • 養育(양육) : 돌보아 길러서 자라게 함　예 養育費(양육비) • 扶養(부양) : (생활능력이 없는 사람의)생활을 돌봄　예 扶養家族(부양가족)				
養				養育	扶養

樣　모양 양 본 양	• 樣式(양식) : (역사적·사회적으로)자연히 그렇게 정해진, 공통의 형식이나 방식 • 模樣(모양) : 겉으로 본 생김새나 형상 • 多樣(다양) : 종류가 여러가지로 많음 • 樣相(양상) : 모양, 모습, 상태				
樣				樣式	模樣

語　말씀 어	• 語調(어조) : 말의 가락. 말하는 투 • 語源(어원) : 낱말이 생겨난 역사적 근원 • 外來語(외래어) : 외국에서 빌려 마치 국어처럼 쓰는 단어				
語				語調	外來語

漁　고기잡을 어	• 漁村(어촌) : 어부(漁夫)가 사는 촌락(村落) • 漁獲(어획) : 물고기, 조개 등을 잡거나 바닷말을 땀 또는 그런 수산물 발전 漁父之利(어부지리) : 두 사람이 싸우는 사이에 제3자가 이익을 가로채는 것을 이름				
漁				漁村	漁獲

億　억 억	• 億萬(억만) : 아주 많은 수　예 億萬長者(억만장자) • 億兆(억조) : ① 아주 많은 수 ② 많은 인민, 백성 발전 億兆蒼生(억조창생) : 수많은 백성, 온세상 사람				
億				億萬	億兆

嚴 엄할 엄 혹독할 엄	• 嚴格(엄격) : 언행이 엄숙하고 정당함 • 嚴罰(엄벌) : 엄하게 체벌함 또는 엄한 벌 • 謹嚴(근엄) : 매우 점잖고 엄함 발전 嚴冬雪寒(엄동설한) : 눈이 오고 몹시 추운 겨울				
嚴			예 厳	嚴罰	謹嚴

業 일 업 직업 업	• 業務(업무) : (날마다 계속해서 하는)공무나 사업 등에 관한 일 예 業務管理(업무관리) • 企業(기업) : 영리를 목적으로 하여 사업을 경영하는 일 예 企業經營(기업경영) • 就業(취업) : ① 직장에 나가 일함 ② 취직(就職) 반 失業(실업)				
業				業務	就業

餘 남을 여 나머지 여	• 餘暇(여가) : 겨를. 틈 • 餘興(여흥) : ① 놀이 끝에 남아 있는 흥 ② 어떤 모임이나 연회 등에서 흥을 돋우기 위하여 곁들이는 연예나 장기자랑 • 餘波(여파) : 무슨 일이 끝난 뒤에 주위에 미치는 영향				
餘			예 余	餘暇	餘波

如 같을 여	• 如反掌(여반장) : 손바닥을 뒤집는 것같이 아주 쉬움 • 缺如(결여) : (주로 추상적인 말에 쓰이어)마땅히 있어야 할 것이 모자라거나 빠져서 없음 • 如來(여래) : 부처의 존칭				
如				如反掌	缺如

與 더불어 여 줄 여	• 與否(여부) : 그러함과 그러하지 아니함 • 參與(참여) : 참가하여 관계함 예 參與意識(참여의식) 발전 與民同樂(여민동락) : 임금이 백성과 함께 즐김				
與			예 与	與否	參與

逆
거스를 역 / 어긋날 역
- 逆境(역경) : 일이 뜻대로 되지 않는 불운한 처지 (반) 順境(순경)
- 逆謀(역모) : 반역을 꾀함 또는 그 일
- 逆轉(역전) : 형세나 순위 등이 지금까지와는 반대의 상황으로 됨 (비) 反轉(반전)

逆					逆境	逆轉	

易 ★
바꿀 역 / 쉬울 이
- 難易(난이) : 어려움과 쉬움 (예) 難易度(난이도)
- 貿易(무역) : 외국상인과 물품을 수출입하는 상행위 (예) 貿易逆調(무역역조)
- 容易(용이) : 아주 쉬움. 어렵지 않음
- [발전] 易地思之(역지사지) : 처지를 바꾸어 생각함

易					難易	貿易	

域
지경 역
- 區域(구역) : 갈라놓은 지역
- 聖域(성역) : 신성한 지역, 특히 종교상 신성하여 범해서는 안되게 되어 있는 지역
- 領域(영역) : 영토, 영해, 영공 등 국가의 주권이 미치는 범위

域					區域	領域	

然
그러할 연 / 불탈 연
- 漠然(막연) : ① 아득함 ② 똑똑하지 못하고 어렴풋함
- 偶然(우연) : 뜻밖에 저절로 됨 또는 그 일 (반) 必然(필연)
- 天然(천연) : 사람이 손대거나 만들지 아니한 자연 그대로의 상태
  (예) 天然記念物(천연기념물)

然					漠然	偶然	

煙
연기 연
- 煙霧(연무) : 연기와 안개
- 禁煙(금연) : ① 담배 피우는 것을 금함 ② 담배를 끊음
- 吸煙(흡연) : 담배를 피움 (비) 喫煙(끽연)

煙					禁煙	吸煙	

演 익힐 연 행할 연	• 演技(연기) : 관객 앞에서 연극, 노래, 춤, 곡예 등의 재주를 나타내 보임 • 演藝(연예) : 대중적인 연극, 노래, 춤 등의 예능 예 演藝界(연예계) • 演奏(연주) : 남 앞에서 악기를 다루어 음악을 들려주는 일 • 公演(공연) : (연극, 음악, 무용 등을)공개된 자리에서 해 보임 비 上演(상연)						
演					演技		演奏

硏 갈 연 연구할 연	• 硏究(연구) : 사물을 깊이 생각하거나 자세히 조사하거나 하여 어떤 이치나 사실을 밝혀냄 예 硏究論文(연구논문) • 硏修(연수) : 그 분야에 필요한 지식이나 기능을 익히기 위하여 특별한 공부를 하는 일 예 海外硏修(해외연수)						
硏			상 硏		硏究		硏修

延 끌 연	• 延期(연기) : 정해놓은 기한을 물림 예 無期延期(무기연기) • 延着(연착) : 예정된 날짜나 시각보다 늦게 도착함 • 遲延(지연) : (어떤 일이 예정보다)오래 걸려 늦추어짐 예 遲延作戰(지연작전)						
延					延期		遲延

緣 인연 연	• 緣分(연분) : 서로 관계를 가지게 되는 인연 예 天生緣分(천생연분) • 因緣(인연) : ① 사물들 사이에 서로 맺어진 관계 ② 연분 †발전 緣木求魚(연목구어) : 나무에 올라가 고기를 잡는다는 뜻으로, 도저히 불가능한 일을 하려 함을 뜻함						
緣					緣分		因緣

鉛 납 연	• 鉛筆(연필) : 흑연가루와 점토를 섞어 만든 필기도구의 한가지 • 鉛被線(연피선) : 많은 절연선(絕緣線)을 다발로 묶어 연관으로 싼 전선 • 黑鉛(흑연) : 순수한 탄소로만 이루어진 광물의 한 가지						
鉛					鉛筆		黑鉛

燃 불탈 연	• 燃料(연료) : 열, 빛, 동력을 얻기 위해 태우는 재료(材料) • 燃燒(연소) : 불탐　예) 完全燃燒(완전연소) • 可燃性(가연성) : 불에 타는 성질					
燃					燃料	燃燒

熱 더울 열	• 熱狂(열광) : 어떤 일에 몹시 흥분하여 미친 듯이 날뜀 • 熱愛(열애) : 열렬히 사랑함 또는 열렬한 사랑 • 向學熱(향학열) : 학문을 하려는 열의					
熱					熱狂	向學熱

葉 잎 엽	• 葉書(엽서) : 우편엽서(郵便葉書) • 葉錢(엽전) : 둥글고 가운데에 구멍이 뚫린 옛날 돈 발전) 金枝玉葉(금지옥엽) : 황금으로 된 나뭇가지와 옥으로 만든 잎이란 뜻으로, 귀한 자손을 비유하여 이르는 말					
葉					葉書	葉錢

英 꽃부리 영 빼어날 영	• 英雄(영웅) : 재능과 담력이 탁월한 인물　예) 英雄豪傑(영웅호걸) • 英才(영재) : 뛰어난 재능이나 지능 또는 그런 능력을 가진 사람 • 英語(영어) : 영국(英國) 말					
英					英雄	英才

永 길 영 오랠 영	• 永劫(영겁) : (불교에서)지극히 긴 세월. 영원한 세월　빈) 刹那(찰나) • 永久(영구) : 길고 오램. 세월이 한없이 계속됨　비) 永遠(영원), 恒久(항구) • 永住(영주) : 일정한 곳에 오래 삶　예) 永住權(영주권)					
永					永劫	永住

榮 영화 영	• 榮譽(영예) : 영광스러운 명예 • 榮華(영화) : 권력과 부귀를 마음껏 누리는 일　예 富貴榮華(부귀영화) • 繁榮(번영) : 일이 성하게 잘됨				
榮			속 栄	榮譽	榮華

營 경영할 영	• 營利(영리) : 이윤을 추구하는 행위　예 營利團體(영리단체) • 運營(운영) : (어떤 일이나 조직 등을)운용하여 경영함 • 陣營(진영) : 군사가 둔(屯)을 치고 있는 일정한 구역　예 自由陣營(자유진영)				
營			약 営	營利	運營

迎 맞을 영	• 迎接(영접) : 손님을 맞아 응접함 • 歡迎(환영) : 기쁘게 맞음　반 歡送(환송) 　발전　送舊迎新(송구영신) : 묵은 해를 보내고 새해를 맞이함				
迎				迎接	歡迎

映 비칠 영	• 映像(영상) : 광선의 굴절이나 반사에 따라 비추어지는 물체의 모습 • 映畵(영화) : 활동사진, 시네마, 무비　예 映畵俳優(영화배우) • 反映(반영) : 어떤 영향이 다른 것에 미쳐 나타남				
映				映像	映畵

藝 재주 예	• 藝能(예능) : 영화, 연극, 음악, 무용 등 오락적인 색채가 강한 연예를 통틀어 이르는 말 • 園藝(원예) : (농업의 일부로)채소나 화훼, 과수 등을 심어 가꾸는 일 • 學藝(학예) : 학문과 예술 또는 기예(技藝)				
藝			약 芸	藝能	園藝

豫 미리 예 기뻐할 예	• 豫感(예감) : 무슨 일이 일어날 것 같다는 것을 사전에 느낌 • 豫測(예측) : 앞으로의 일을 미리 짐작함　예 豫測不許(예측불허) • 豫約(예약) : (어떤 것을 확보하기 위해)미리 약속함　예 豫約販賣(예약판매)						
豫				약 予		豫感	豫約

誤 그르칠 오	• 誤認(오인) : 잘못 보거나 잘못 생각함 • 誤解(오해) : 잘못 해석함. 뜻을 잘못 앎 • 錯誤(착오) : 착각으로 말미암은 잘못　예 試行錯誤(시행착오)						
誤						誤認	錯誤

屋 집 옥	• 屋上(옥상) : 지붕 위　예 屋上架屋(옥상가옥) • 家屋(가옥) : (사람이 사는)집　예 家屋臺帳(가옥대장) • 社屋(사옥) : 회사의 건물						
屋						家屋	社屋

溫 따뜻할 온 익힐 온	• 溫度(온도) : 덥고 추운 정도. 온도계(溫度計)에 나타나는 도수 • 溫情(온정) : 따뜻한 마음. 깊은 인정 • 氣溫(기온) : 대기의 온도 　발전　溫故知新(온고지신) : 옛 것을 익힘으로써 새 것을 앎						
溫				속 溫		溫度	溫情

完 완전할 완	• 完結(완결) : 완전하게 끝을 맺음 • 完備(완비) : 빠짐없이 구비함. 부족이 없음 • 補完(보완) : 모자라는 것을 더하여 완전하게 함						
完						完備	補完

往 갈 왕	• 往來(왕래) : 가고 오고 함. 편지나 소식을 주고 받음　예 往來不絶(왕래부절) • 往生(왕생) : (불교에서) 극락정토(極樂淨土)에서 태어남. 왕생극락(往生極樂)						
往					往來		往生

要 중요할 요 요구할 요	• 要件(요건) : 요긴한 일이나 조건 • 要約(요약) : (말이나 글에서) 주요 대목을 간추려냄 • 要點(요점) : 가장 중요한 점. 골자　예 要點整理(요점정리) • 要請(요청) : 필요한 일은 해달라고 청함						
要					要約		要點

謠 노래 유	• 謠言(요언) : 유행가, 뜬소문 • 歌謠(가요) : 대중가요(大衆歌謠)의 준말 • 童謠(동요) : 아이들이 즐겨 부르는 노래 또는 어린이를 위해 지은 노래						
謠					歌謠		童謠

曜 빛(빛날) 요 요일 요	• 曜曜(요요) : 빛나는 모양 • 曜日(요일) : '요(曜)'를 붙여 나타내는, 한 주일의 각 날을 이르는 말						
曜					曜曜		曜日

浴 목욕할 욕	• 浴室(욕실) : 목욕하는 방. '목욕실(沐浴室)'의 준말 • 沐浴(목욕) : 온몸을 씻음　예 沐浴齋戒(목욕재계) • 海水浴(해수욕) : 바다에서 헤엄치거나 노는 일						
浴					浴室		沐浴

勇 날랠 용 용감할 용	• 勇敢(용감) : 씩씩하고 과단성이 있음　⊕ 卑怯(비겁) • 勇斷(용단) : 용기있게 결단함 또는 그 결단 • 勇猛(용맹) : 용감하고 사나움 • 義勇軍(의용군) : 전쟁이나 사변 때, 국민이 자진해서 참여하여 조직한 군대				
勇				勇斷	勇猛

容 얼굴 용 받아들일 용	• 容納(용납) : 남의 언행을 너그러운 마음으로 받아들임 • 容貌(용모) : 사람의 얼굴모양　예 容貌端正(용모단정) • 容恕(용서) : 잘못이나 죄를 꾸짖거나 벌하지 않고 끝냄 • 許容(허용) : 허락하고 용납함				
容				容納	許容

右 오른쪽 우	• 右翼(우익) : ① 오른쪽 날개　② 보수적이고 점진적인 당파　⊕ 左翼(좌익) • 左右(좌우) : ① 왼쪽과 오른쪽　② 곁 또는 옆 　발전　右往左往(우왕좌왕) : 이리저리 오락가락함 또는 어떤 일을 결정짓지 못하고 망설임				
右				右翼	左右

友 벗 우	• 友邦(우방) : ① 이웃나라　② 가까이 사귀는 나라 • 友情(우정) : 친구 사이의 정 • 鄕友(향우) : 고향친구, 고향사랑　예 鄕友會(향우회)				
友				友邦	友情

遇 대접할 우 만날 우	• 待遇(대우) : ① 예로써 남을 대함　② (직장 등에서 받는)보수의 수준이나 직무 • 禮遇(예우) : 예로써 대접함. 예의를 다하여 대우함　예 前官禮遇(전관예우) 　발전　千載一遇(천재일우) : 천년에 한번 만난다는 뜻으로, 좀처럼 얻기 힘든 좋은 기회를 이르는 말				
遇				待遇	禮遇

優 뛰어날 우 넉넉할 우	• 優待(우대) : 특별히 잘 대우함　예 優待券(우대권) • 優勢(우세) : 실력이나 형세가 보다 나음　반 劣勢(열세) • 優等(우등) : 학교성적이나 능력 등이 남보다 특별히 뛰어난 상태 　　예 優等賞狀(우등상장) • 俳優(배우) : 영화나 연극 등에서 극중의 인물로 분하여 연기하는 사람 　　예 主演俳優(주연배우)					
優					優等	俳優

郵 역말 우 우편 우	• 郵送(우송) : 우편으로 보냄 • 郵票(우표) : 우편물에 붙여 수수료를 낸 증표로 삼는 정부발행의 종이딱지 • 郵便(우편) : 편지나 기타의 물품을 전국 또는 전세계로 보내주는 제도 • 郵遞局(우체국) : 우편업무와 전신, 전보 및 우편환 등의 사무를 맡아보는 기관					
郵					郵送	郵便

雲 구름 운	• 雲集(운집) : 구름같이 많이 모임 • 雲霧(운무) : 구름과 안개 • 風雲兒(풍운아) : 좋은 기운을 타서 세상에 두각을 나타내는 사람					
雲					雲集	雲霧

運 돌 운 움직일 운	• 運命(운명) : 인간을 지배하는 필연적이고 초월적인 힘. 타고난 운수나 수명 • 運轉(운전) : (기계나 자동차 등을)움직여 부리는 일 • 運送(운송) : 물건을 운반하여 보냄　예 運送料(운송료) • 幸運(행운) : 좋은 운수. 행복한 운수					
運					運命	運轉

漢字	단어 및 뜻
雄 수컷 웅 웅장할 웅	• 雄辯(웅변) : (청중을 감동시킬 수 있는)조리있고 힘차게 하는 거침없는 변설 • 雄飛(웅비) : 힘차고 씩씩하게 뻗어 나아감 • 雄壯(웅장) : 씩씩하고 기운참. 용감하고 굳셈 • 雌雄(자웅) : ① 암컷과 수컷 ② 이김과 짐. 우열

| 雄 | | | | 雄飛 | 雄壯 | |

| 園
동산 원 | • 園藝(원예) : 채소나 화훼, 과수 등을 심어 가꾸는 일 또는 그 기술
• 公園(공원) : 공중의 휴식과 위락, 보건 등을 위한 시설이 되어 있는 큰 정원이나 지역
• 動物園(동물원) : 온갖 동물을 기르면서 동물을 연구하는 한편, 일반에게 구경시키는 곳 |

| 園 | | | | 園藝 | 動物園 | |

| 遠
멀 원 | • 遠近(원근) : 멀고 가까움 또는 먼 곳과 가까운 곳
• 遠征(원정) : ① 멀리 적을 치러 감 ② 먼 곳으로 경기나 조사, 답사 등을 하러 감
• 永遠(영원) : ① 언제까지나 계속해서 끝이 없음 ② 시간을 초월하여 존재하는 일 |

| 遠 | | | | 遠近 | 遠征 | |

| 願
바랄 원 | • 所願(소원) : 무슨 일이 이루어지기를 바람 예 所願成就(소원성취)
• 願書(원서) : 지원하거나 청원하는 뜻을 적은 서류 예 入社願書(입사원서)
• 祈願(기원) : 소원이 이루어지기를 빎 |

| 願 | | | | 所願 | 願書 | |

| 院
집 원 | • 法院(법원) : 사법권, 곧 재판하는 권한을 가진 국가기관 예 法院行政(법원행정)
• 醫院(의원) : 병원보다 규모가 작으면서 병자나 부상자의 치료를 위해 특별한 시설을 갖추어 놓은 곳
• 養老院(양로원) : 의지할 곳 없는 노인들을 수용해 돌보아 주는 곳 |

| 院 | | | | 醫院 | 養老院 | |

員 인원 원	• 缺員(결원) : 정원(定員)에서 사람이 빠져 모자람 • 滿員(만원) : 정원이 다 차는 일 • 職員(직원) : 직장이나 일정한 직무를 맡아보는 사람 예 職員組合(직원조합)
員					缺員	職員	

圓 둥글 원	• 圓滿(원만) : 모난 데가 없이 둥글둥글하고 부드러움 • 圓熟(원숙) : ① 무르익음 ② (인격이나 지식 등이)깊은 경지에 이름 • 圓滑(원활) : 잘 진행되어 거침이 없음
圓			속 円		圓熟	圓滑	

怨 원망할 원	• 怨望(원망) : 마음에 불평을 품고 미워함 • 怨恨(원한) : 원통하고 한(恨)스러운 생각 • 宿怨(숙원) : 오래 전부터 바라던 소원 예 宿怨事業(숙원사업)
怨					怨望	怨恨	

援 구원할 원 도울 원	• 援助(원조) : 도와줌. 구하여 줌 예 食糧援助(식량원조) • 後援(후원) : 뒤에서 도와줌 예 後援會(후원회) • 聲援(성원) : (응원이나 원조 등으로)사기나 기운을 북돋아줌 • 應援(응원) : 편들어 격려하거나 돕는 일
援					援助	應援	

源 근원 원	• 源泉(원천) : ① 물이 솟아나는 근원 ② 사물이 나거나 생기는 근원 예 源泉徵收(원천징수) • 根源(근원) : 어떤 일이 생겨나는 본바탕 예 根源地(근원지) • 起源(기원) : 사물이 생긴 근원. 원류(源流)
源					源泉	根源	

偉 클 위 위대할 위	• 偉大(위대) : (국량이나 업적 등이)크게 뛰어나고 훌륭함 • 偉業(위업) : 위대한 사업이나 업적 • 偉人(위인) : 위대한 일을 한 사람 또는 국량이 위대한 사람 예 偉人傳(위인전)
偉					偉大		偉業	

位 위치 위 자리 위	• 位置(위치) : 놓여 있는 자리 • 復位(복위) : 한 때 폐위되었던 임금이나 후비(后妃)가 다시 그 자리에 오름 • 在位(재위) : 임금의 자리에 있음 또는 그 동안 • 品位(품위) : 사람이나 물건이 지닌 좋은 인상
位					位置		品位	

爲 할 위 행위 위	• 爲政(위정) : 정치(政治)를 행함 예 爲政者(위정자) • 當爲(당위) : 마땅히 있어야 하는 것 예 當爲性(당위성) • 作爲(작위) : 마음먹고 벌인 짓이나 행동 반 不作爲(부작위) • 營爲(영위) : 일을 함. 무슨 일을 해 나감
爲					爲政		營爲	

危 위태로울 위	• 危篤(위독) : 병세(病勢)가 매우 중함 • 安危(안위) : 편안함과 위대함 발전 危機一髮(위기일발), 累卵之危(누란지위)
危					危篤		安危	

衛 막을 위 호위할 위	• 衛星(위성) : 행성의 둘레를 운행하는 작은 천체 예 衛星放送(위성방송) • 防衛(방위) : 적이 쳐들어오는 것을 막아서 지킴 예 正當防衛(정당방위) • 護衛(호위) : 따라 다니면서 신변을 경호함 또는 그 사람 예 護衛兵(호위병)
衛					衛星		護衛	

圍 둘레 위	• 範圍(범위) : 얼마만큼 한정된 구역의 언저리. 어떤 힘이 미치는 한계 • 周圍(주위) : ① 둘레 ② 어떤 사람이나 사물을 둘러싸고 있는 환경 　　(예) 周圍環境(주위환경) • 包圍(포위) : 둘레를 에워쌈　　(예) 包圍網(포위망)				
圍			(송) 囲	範圍	包圍

威 위엄 위	• 威信(위신) : 위엄과 신망 • 威脅(위협) : 으르고 협박함　　(예) 威脅射擊(위협사격) • 權威(권위) : 절대적인 것으로서 남을 복종시키는 힘				
威				威信	權威

委 맡길 위	• 委員(위원) : 어떠한 일에 대(對)하여 그 처리를 위임받은 사람 • 委任(위임) : 일이나 처리를 남에게 맡김　　(예) 委任狀(위임장) • 委託(위탁) : 남에게 사물의 책임을 맡김　　(예) 委託販賣(위탁판매)				
委				委員	委託

慰 위로할 위	• 慰勞(위로) : 괴로움을 어루만져 잊게 함 • 慰藉料(위자료) : 정신적 고통과 손해에 대하여 지급하는 배상금 • 安慰(안위) : ① 위로하여 마음을 편안하게 함 ② 안정되어 편히 지냄				
慰				慰勞	慰藉料

油 기름 유	• 油脂(유지) : 동·식물에서 얻는 기름 • 油田(유전) : 석유가 나는 곳. 석유가 땅 속에 묻혀있는 지역　　(예) 油田地帶(유전지대) • 精油(정유) : 석유를 정제하는 일 또는 정제한 석유				
油				油脂	精油

遺 끼칠 유 남길 유	• 遺棄(유기) : 내버리고 돌아보지 않음 • 遺腹子(유복자) : 어머니의 뱃속에 있을 때 아버지를 여의고 태어난 자식 • 遺跡(유적) : 옛 인류가 남긴 유형물의 자취 발전 遺臭萬年(유취만년) : 더러운 이름을 영원한 장래에까지 남김
遺				遺棄	遺腹子	

乳 젖 유	• 乳兒(유아) : 젖먹이 • 授乳(수유) : 젖먹이에게 젖을 먹임 예 授乳期(수유기) 발전 口尙乳臭(구상유취) : 입에서 아직 젖내가 난다는 뜻으로 말이나 하는 짓이 유치함을 이르는 말
乳				乳兒	授乳	

遊 놀 유 여행 유	• 遊覽(유람) : 돌아다니며 구경함. 즐거이 놀며 구경함 예 遊覽船(유람선) • 遊興(유흥) : 재미있게 즐기며 노는 일 예 遊興費(유흥비) • 遊戱(유희) : 즐겁게 놂 또는 노는 일 • 外遊(외유) : 외국에 여행함
遊				遊覽	遊戱	

儒 선비 유 유교 유	• 儒敎(유교) : 공자(孔子)가 주창한 유학을 받드는 교. 사서오경(四書五經)을 경전(經典)으로 함 • 儒佛仙(유불선) : 유교, 불교, 선교를 일컬음 발전 焚書坑儒(분서갱유) : 중국의 진나라 시황제가 학자들의 정치비평을 금하기 위하여 책을 불사르고 유생을 생매장한 일
儒				儒敎	儒佛仙	

育 기를 육	• 育兒(육아) : 어린 아이를 기름 예 育兒日記(육아일기) • 育英(육영) : 인재를 가르쳐 기름, 곧 '교육'을 달리 이르는 말 예 育英財團(육영재단) • 敎育(교육) : 지식을 가르치고 품성과 체력을 기름 예 敎育課程(교육과정)
育				育英	敎育	

銀 은 은 돈 은	• 銀裝刀(은장도) : 노리개로 차던 은으로 만든 칼 • 銀行(은행) : 일반인의 예금을 맡고 다른 곳에 대부하는 일을 하는 금융기관 • 銀婚式(은혼식) : 결혼 후 25년만에 올리는 부부의 서양식 축하식 • 金銀房(금은방) : 금, 은으로 물건을 만들어 파는 가게				
銀				銀行	銀婚式

恩 은혜 은	• 恩師(은사) : 은혜(恩惠)가 깊은 스승 • 恩寵(은총) : 높은 사랑에게서 받는 특별한 사랑 • 謝恩(사은) : 입은 은혜에 대하여 감사함　예 謝恩會(사은회)				
恩				恩師	謝恩

隱 숨을 은	• 隱遁(은둔) : 세상을 피하여 숨음 • 隱密(은밀) : (생각이나 행동 등을)숨겨서 행적이 드러나지 아니함 • 隱喩法(은유법) : 수사법상 비유법의 한 가지				
隱			예 隱	隱遁	隱密

飮 마실 음	• 飮料(음료) : 마시는 것의 총칭 • 飮料水(음료수) : 먹는 물 • 飮食(음식) : 먹고 마심 또는 그 물건				
飮				飮料	飮食

陰 그늘 음	• 陰刻(음각) : 움푹하게 파내어 새김 • 陰曆(음력) : 달의 차고 이지러짐을 표준으로 한 달을 이십구일 혹은 삼십일로 하여 삼백육십일을 일년으로 한 책력(冊曆). 구력(舊曆) • 陰陽(음양) : 음극과 양극				
陰				陰曆	陰陽

邑

고을 읍

- 邑里(읍리) : 읍과 촌락
- 邑長(읍장) : 읍의 우두머리

邑					邑里		邑長	

應

응할 응

- 應答(응답) : 물음에 대답함
- 應對(응대) : 응접(應接)
- 應募(응모) : 모집에 응함

應			(속) 応		應答		應募	

意

뜻 의

- 意見(의견) : 마음에 느낀 바 생각
- 意氣揚揚(의기양양) : 득의(得意)한 마음이 얼굴에 나타나는 모양
- 意識(의식) : 깨었을 때의 사물을 지각(知覺)하는 상태

意					意見		意識	

醫

의원 의
병고칠 의

- 醫科(의과) : 의학(醫學)을 연구함. 대학의 한 분과
- 醫療(의료) : 의술로 병을 고침
- 醫師(의사) : 의료를 업으로 하는 사람

醫			(약) 医		醫療		醫師	

依

의지할 의
비슷할 의

- 依據(의거) : 증거(證據)대로 함. 근거(根據)로 삼음
- 依賴(의뢰) : 남에게 의지(依支)하거나 부탁(付託)함 (비) 依託(의탁), 依存(의존)

依					依據		依賴	

疑 의심할 의	• 疑心(의심) : 미심쩍게 여기는 마음. 믿지 못하는 마음 • 疑懼(의구) : 의심을 품고 두려워함 • 疑惑(의혹) : 의심하여 미혹(迷惑)함						
疑					疑懼		疑惑

儀 거동 의	• 儀軌(의궤) : 본보기, 모범 • 儀服(의복) : 의식(儀式)에 입는 옷 • 儀制(의제) : 예의의 제도						
儀					儀軌		儀服

以 써 이	• 以內(이내) : 일정한 범위(範圍) 안 • 以來(이래) : 어느 일정한 때부터 그 후 • 以心傳心(이심전심) : 마음에서 마음으로 전함 발전 以前(이전), 以後(이후)						
以					以來		以心傳心

移 옮길 이	• 移動(이동) : ① 사물의 위치를 바꿈 ② 옮기어 다님 비 移轉(이전), 移徙(이사) • 移作(이작) : 논밭의 작인(作人)을 갊						
移					移動		移作

異 다를 이	• 異見(이견) : 딴 사람과 다른 견해 • 異口同聲(이구동성) : 여러사람이 다 같은 소리를 함 비 異口同音(이구동음) • 異常(이상) : 보통과 다름. 비상(非常)						
異					異見		異常

益 더할 익 이로울 익	• 益友(익우) : 사귀어 유익(有益)한 친구 • 利益(이익) : 이로움을 더하다 • 損益(손익) : 손해와 이익						
益					利益		損益

因 인할 인	• 因果(인과) : 원인(原因)과 결과(結果) • 因襲(인습) : 예전대로 행하고 고치지 아니함 • 因緣(인연) : ① 서로 알게 되는 기회 ② 연분(緣分) ③ 사물을 성립시키는 근원인 인(因)과 이를 발생시키는 힘인 연(緣)과의 관계						
因					因襲		因緣

認 알 인 인정할 인	• 認可(인가) : 인정하여 허락함 • 認識(인식) : 아는 작용 예 認識不足(인식부족) • 認定(인정) : ① 옳다고 믿고 정함 ② 국가의 행정기관이 어떤 일을 판단하여 마땅하다고 결정함						
認					認可		認定

印 도장 인	• 印刷(인쇄) : 글, 그림을 종이에 박아내는 일 • 捺印(날인) : 도장을 찍음						
印					印刷		捺印

引 끌 인	• 引上(인상) : ① 끌어 올림 ② 물건값을 올림 예 料金引上(요금인상) • 引率(인솔) : 사람을 이끌고 감 • 引退(인퇴) : ① 벼슬자리에서 물러남 ② 은거(隱居)함						
引					引率		引退

仁 어질 인	• 仁義(인의) : 어진 것과 의로운 것 • 杏仁(행인) : 살구씨						
仁					仁義		杏仁	

任 맡길 임	• 任期(임기) : 일정한 책임을 맡아보는 기간 • 放任(방임) : 통제하거나 돌보지 아니하고 내버려둠						
任					任期		放任	

者 놈 자 사람 자	• 王者(왕자) : ① 임금 ② 왕도로써 천하를 다스리는 사람 ③ 으뜸가는 것 • 筆者(필자) : 글을 쓸 사람이나 쓴 사람						
者					王者		筆者	

姿 맵시 자	• 姿質(자질) : 타고난 성품과 소질 • 姿態(자태) : ① 몸을 가지는 태도와 맵시 ② 모습, 모양						
姿					姿質		姿態	

姉 누이 자	• 姉妹(자매) : ① 손윗누이와 손아랫누이 ② 여자끼리의 언니와 동생 또는 그와 같이 서로 관계가 깊은 사이 예 姉妹結緣(자매결연)						
姉					姉妹			

資 (재물 자)

- 資格(자격) : ① 신분과 지위 ② 근본 또는 바탕과 표준이 되는 조건
- 資金(자금) : 밑천, 자본금(資本金)
- 資質(자질) : 타고난 바탕과 성질

資					資格		資金	

昨 (어제 작)

- 昨今(작금) : 어제 오늘. 요즈음
- 昨日(작일) : 어제 빤 來日(내일)

昨					昨今		昨日	

作 (지을 작)

- 作家(작가) : 문학작품을 창작하는 일에 종사하는 사람. 특히 '소설가'를 일컬음
- 作業(작업) : 일정한 목적 아래 하는 노동이나 일
- 振作(진작) : 정신을 떨쳐 일으킴

作					作家		振作	

殘 (남을 잔)

- 殘額(잔액) : 나머지 돈의 액수
- 殘忍(잔인) : 인정이 없고 몹시 모짊 예 殘忍無道(잔인무도)

殘					殘額		殘忍	

雜 (섞일 잡)

- 雜念(잡념) : ① 주견이 없는 온갖 생각 ② 수업(修業)을 방해하는 온갖 생각
- 雜費(잡비) : 자질구레하게 쓰이는 돈
- 錯雜(착잡) : 뒤섞이어 복잡함

雜			㈜ 雜		雜念		錯雜	

場 마당 장	· 場所(장소) : 처소, 자리, 곳 · 登場(등장) : ① 무대나 장면에 나옴 ② 무슨 일에 어떤 인물이 나타남				
場				場所	登場

章 글 장	· 章程(장정) : 규칙, 법률 · 印章(인장) : ① 도장 ② 찍어 놓은 인장의 형식. 인발 · 勳章(훈장) : 나라에 대한 훈공이나 공로를 표창하기 위하여 내려주는 기장				
章				印章	勳章

將 장수 장 장차 장	· 將來(장래) : 장차 옴. 앞날 · 將帥(장수) : 군사를 거느리고 지휘하는 사람. 장군(將軍) · 將養(장양) : 양육함				
將			㋿ 奬	將來	將養

障 막을 장	· 障壁(장벽) : ① 서로 격한 벽. 칸막이로 된 벽 ② 거리끼는 것. 장애물 · 障害(장해) : 거리껴서 해가 되게 함 또는 그 물건 · 保障(보장) : 거리낌이 없도록 보증함				
障				障壁	保障

壯 씩씩할 장 웅장할 장	· 壯觀(장관) : 굉장하여 볼 만한 광경 · 壯丁(장정) : 기운이 좋고 젊은 남자				
壯			㋿ 壯	壯觀	壯丁

腸 창자 장	• 腸壁(장벽) : 창자 내부의 벽 • 斷腸(단장) : 창자가 끊어지는 듯이 몹시 슬픔 • 大腸(대장) : 큰 창자					
腸					腸壁	斷腸

裝 차릴 장	• 裝備(장비) : ① 부속품, 비품(備品) 따위를 장치함 또는 그 물품 ② 군대나 함정(艦艇) 따위의 무장 • 裝飾(장식) : ① 치장함 ② 꾸밈새 ③ 그릇, 가구 따위에 꾸밈새로 박는 쇠붙이					
裝					裝備	裝飾

獎 도울 장	• 獎勵(장려) : 권하여 북돋우어 줌 • 獎學金(장학금) : 학문을 연구하기 위한 보조금					
獎					獎勵	獎學金

帳 휘장 장 공책 장	• 帳幕(장막) : 천막, 둘러치는 휘장 • 帳簿(장부) : 금품의 수입 또는 지출, 수지계산 등에 관한 것을 적은 기록					
帳					帳幕	帳簿

張 베풀 장	• 張本(장본) : ① 일의 발단이 되는 근원 ② 글의 논거가 되는 것 • 誇張(과장) : 실지보다 더하게 떠벌임 • 擴張(확장) : 늘이어 넓힘					
張					誇張	擴張

在 있을 재	• 在京(재경) : 서울에 머물러 있음 • 所在(소재) : 있는 곳						
在					在京		所在	

財 재물 재 재산 재	• 財界(재계) : 경제계 • 財團(재단) : 어떤 목적을 달성하기 위하여 결합된 재산의 집단 • 財閥(재벌) : 금융 및 경제계에서 큰 세력을 가진 자본가의 무리						
財					財界		財閥	

材 재목 재 재주 재	• 材料(재료) : ① 물건을 만드는 감 ② 일을 할 거리 • 材木(재목) : 건축이나 기구를 만드는데 재료가 되는 나무 • 人材(인재) : 학식과 능력이 뛰어난 사람, 인물						
材					材木		人材	

災 재앙 재	• 災難(재난) : 뜻밖에 일어나는 불행한 일 • 災殃(재앙) : 천변지이(天變地異)로 말미암은 불행한 일						
災					災難		災殃	

再 다시 재 거듭 재	• 再建(재건) : 무너진 것을 다시 일으켜 세움 예 再建運動(재건운동) • 再演(재연) : ① 다시 상연(上演)함 ② 한 번 일어났던 일을 다시 되풀이함						
再					再建		再演	

爭 다툴 쟁	• 爭臣(쟁신) : 임금의 잘못에 대하여 바른 말로 간하는 신하 • 爭取(쟁취) : 투쟁하여 얻음 • 爭奪(쟁탈) : 서로 다투어 빼앗음　예 爭奪戰(쟁탈전)				
爭			속 爭	爭臣	爭取

貯 쌓을 저	• 貯金(저금) : 돈을 모아둠 • 貯水(저수) : 물을 모아둠 또는 그 물　예 貯水池(저수지) • 貯蓄(저축) : 절약하여 모아둠				
貯				貯金	貯水

低 낮을 저	• 低廉(저렴) : 값이 쌈 • 低下(저하) : ① 내려감　② 나빠짐　③ 값이 떨어짐 • 低頭(저두) : 머리를 숙임				
低				低廉	低下

底 밑 저	• 底止(저지) : 벌어져 나가던 것이 그쳐짐 • 徹底(철저) : 속속들이 꿰뚫어 미치어서 부족함이나 빈틈이 없음				
底				底止	徹底

的 과녁 적 목표 적	• 的實(적실) : 틀림이 없음. 꼭 그러함 • 標的(표적) : 목표로 삼는 물건 • 的中(적중) : 화살이 과녁에 맞음. 잘 맞음　예 豫測的中(예측적중) • 公的(공적) : 공공(公共)에 관한 것　반 私的(사적)				
的				的實	的中

赤 붉을 적	• 赤色(적색) : 붉은 빛 • 赤貧(적빈) : 아주 가난하여 아무 것도 없음 • 赤字(적자) : ① 붉은 잉크로 쓴 교정(校正)의 글씨 ② 수지결산에서 지출이 수입보다 많은 일 ⑪ 黑字(흑자)						
赤					赤貧		赤字

敵 원수 적	• 敵國(적국) : 상대가 되어 싸우는 나라 • 適手(적수) : ① 비슷한 실력이나 솜씨 ② 싸움이나 경쟁의 상대자						
敵					敵國		適手

適 맞을 적	• 適當(적당) : 알맞음, 마땅함 • 適人(적인) : 여자가 출가(出嫁)를 함. 시집을 감 　[발전] 適材適所(적재적소) : 적당한 인재를 적당한 자리에 씀						
適					適當		適人

籍 문서 적	• 國籍(국적) : 일정한 국가의 국민으로서의 신분 • 史籍(사적) : 역사를 적은 책 • 書籍(서적) : 책. 서책(書冊) • 學籍(학적) : 학교에 갖추어 둔 학생 개개인에 관한 기록						
籍					國籍		書籍

賊 도둑 적	• 賊徒(적도) : 도둑의 무리. 적당(賊黨) • 賊心(적심) : 해치려는 마음. 모반하려는 마음 　[발전] 賊反荷杖(적반하장) : 도둑놈이 도리어 몽둥이를 듦. 곧 잘못한 사람이 도리어 성을 내는 것을 비유하여 일컫는 말						
賊					賊徒		賊心

績 공 적	• 功績(공적) : 공. 애쓴 보람 • 紡績(방적) : 동식물 따위의 섬유를 가공하여 실로 만드는 일. 길쌈						
績					功績		紡績

積 쌓을 적	• 積極(적극) : 사물에 대하여 그것을 긍정하고 최대한으로 활동함 (반) 消極(소극) • 積立(적립) : 모아서 쌓아둠 (예) 積立金(적립금) • 積阻(적조) : 오랫동안 소식이 막힘						
積					積極		積立

電 전기 전	• 電擊(전격) : 번개처럼 갑자기 공격함 • 電文(전문) : 전보의 문구 [발 전] 電光石火(전광석화) : 번갯불 또는 돌과 돌을 마주 칠 때 나는 번쩍 빛나는 불꽃. 아주 빠른 동작을 비유						
電					電擊		電文

全 온전할 전 모두 전	• 全部(전부) : 모두 다 • 完全(완전) : 모자람이 없음. 흠이 없음 (예) 完全無缺(완전무결)						
全					全部		完全

前 앞설 전 앞 전	• 前後(전후) : ① 앞 뒤 ② 먼저와 나중 ③ (일정한 수, 수량의)안팎 [발 전] 前代未聞(전대미문) : 지금까지 들어본 적이 없는 새로운 일을 이르는 말						
前					前後		

戰 싸울 전	• 戰慄(전율) : 두려워서 벌벌 떪 • 戰爭(전쟁) : 나라간의 싸움					
戰			예 戰		戰慄	戰爭

典 의식 전 법(책) 전	• 典當(전당) : 물품을 담보로 하고 돈을 융통하는 일 예 典當鋪(전당포) • 古典(고전) : ① 옛날의 의식이나 법식 ② 옛날의 서적으로 후세에 남을 만한 가치있는 책 • 祭典(제전) : ① 제사의 의식 ② 문화, 예술, 체육 등에 관한 대규모의 사회적 행사					
典					典當	古典

傳 전할 전 전기 전	• 傳記(전기) : 개인의 생애를 서술한 기록 예 偉人傳(위인전) • 宣傳(선전) : 사상, 이론, 지식 또는 사실 등을 대중에게 널리 인식시키는 일 • 傳染(전염) : ① 옮아 물듦 ② 병이 나에게 옮음					
傳					傳記	宣傳

展 펼 전	• 展示(전시) : 여러가지를 벌여 놓고 보임 예 展示會(전시회) • 展開(전개) : 펴서 벌임 • 發展(발전) : 한 상태로부터 더 잘 되고 좋아지는 상태로 옮아가는 과정					
展					展示	發展

專 오로지 전	• 專攻(전공) : 한 가지 부분을 전문적으로 연구함 • 專斷(전단) : 혼자 생각으로 마음대로 결단함. 전결(專決) • 專制(전제) : 다른 사람의 의사를 존중함이 없이 마음대로 일을 처리함					
專					專攻	專斷

轉 구를 전	• 轉嫁(전가) : 자기의 허물을 남에게 덮어씌움　● 責任轉嫁(책임전가) • 轉轉(전전) : 이리저리 굴러다님 　발 전　轉禍爲福(전화위복) : 언짢은 일이 계기가 되어 도리어 다른 좋은 일을 봄				
轉			㉘ 転	轉嫁	轉轉

錢 돈 전	• 錢主(전주) : 사업의 밑천을 대어 주는 사람 • 金錢(금전) : 돈　● 金錢出納簿(금전출납부)				
錢			㉔ 錢	錢主	金錢

節 마디 절 예절 절	• 節槪(절개) : ① 응당 지켜야 할 신의나 신념 등을 변하지 않고 지키는 태도　② 　부인이 정조를 굳게 지켜 불의의 행동을 하지 않는 일 • 節約(절약) : 아끼어 씀. 아끼어 군비용이 나지 않게 씀　⑪ 儉約(검약) • 節次(절차) : 일의 순서				
節				節槪	節約

絶 끊을 절	• 絶交(절교) : 서로 사귐을 끊음 • 絶望(절망) : 모든 희망이 아주 끊어짐 • 悽絶(처절) : 더할 나위 없이 애처로움				
絶				絶交	絶望

切 ★ 끊을 절 온통 체	• 適切(적절) : 아주 알맞음 • 切親(절친) : 매우 친함 • 親切(친절) : 태도가 매우 정답고 고분고분함 　발 전　切齒腐心(절치부심) : 몹시 분하여 이를 갈면서 속을 썩임				
切				適切	親切

折 꺾을 절	• 折骨(절골) : 뼈가 부러짐 • 折半(절반) : 둘로 나눔 또는 그 반 • 挫折(좌절) : 기세, 의지 등이 꺾임					
折				折骨	挫折	

店 가게 점 점포 점	• 店鋪(점포) : 가게, 상점 • 露店(노점) : 한데에 벌려 놓은 가게　예 露店商(노점상)					
店				店鋪	露店	

點 점 점	• 點檢(점검) : 낱낱이 검사함 • 點綴(점철) : 점을 찍은 듯이 여기저기 이어져 있음					
點			속 点	點檢	點綴	

接 사귈 접 이을 접	• 接待(접대) : 손님을 맞아서 대접함 • 接觸(접촉) : ① 맞붙어서 닿음 ② 교섭 • 隣接(인접) : 이웃하여 닿아 있음					
接				接待	隣接	

定 정할 정	• 定價(정가) : ① 값을 매김 ② 매겨 놓은 값 • 定期(정기) : 일정(一定)한 기한(期限) 또는 시기(時期)　예 定期刊行物(정기간행물) • 定義(정의) : 한 사물에 관하여 의미를 밝혀 개념을 명확하게 한정(限定)하는 일 또는 그 설명					
定				定價	定義	

庭 뜰 정	• 庭園(정원) : 집 안의 뜰과 꽃밭 • 親庭(친정) : 시집간 여자의 본 집				
庭				庭園	親庭

情 뜻 정 사실 정	• 情死(정사) : 사랑하는 남녀가 어떤 사정으로 함께 자살하는 일 • 情勢(정세) : 사정과 형세. 일이 되어가는 형편 • 表情(표정) : 감정이나 심리상태 따위를 겉으로 나타냄				
情				情死	表情

停 머무를 정	• 停頓(정돈) : ① 한 곳에 있어서 움직이지 않음 ② 침체하여 나아가지 않음 • 停止(정지) : 일을 중도에서 그만둠 또는 그만두게 함				
停				停頓	停止

精 깨끗할 정	• 精米(정미) : ① 아주 깨끗하고 흰 쌀 ② 기계 등으로 벼를 찧어 희게 입쌀을 만드는 일 예 精米所(정미소) • 精兵(정병) : 날래고 강한 군사 예 精兵主義(정병주의) • 精神(정신) : ① 마음이나 생각 ② 물질적인 것을 초월한 실재 반 物質(물질)				
精				精米	精神

程 한도 정	• 程度(정도) : ① 알맞은 한도 ② 얼마의 분량 ③ 고저, 강약의 한도 ④ 다른 것과 비교해서 우열의 어떠함 • 程式(정식) : ① 법식(法式) ② 표준이 되는 방식 예 方程式(방정식) • 路程(노정) : ① 길의 이수(里數) ② 여행의 경로 비 道程(도정)				
程				程度	路程

政 정사 정	• 政客(정객) : 정계에서 활동하는 사람 • 政府(정부) : ① 국가 통치권을 행사하는 기관의 총칭 ② 내각에 의하여 통할되는 국가기관. 행정부 • 政治(정치) : 국가의 주권자가 그 영토와 국민을 다스림						
政				政府		政治	

整 가지런할 정	• 整頓(정돈) : 가지런히 바로잡음 • 整理(정리) : 어수선하거나 어지러운 것을 일정한 자리, 형식, 질서 따위에 따라 말끔하게 바로잡아 처리함						
整				整頓		整理	

靜 고요할 정	• 靜觀(정관) : 사물을 관찰하며, 그의 움직임을 조용히 지켜봄 • 靜脈(정맥) : 피를 심장으로 보내는 혈관 • 靜寂(정적) : 쓸쓸할 정도로 고요함 • 靜謐(정밀) : 고요하고 조용함						
靜				靜脈		靜謐	

弟 아우 제	• 弟嫂(제수) : 아우의 아내 • 弟子(제자) : ① 가르침을 받는 사람. 문인(門人) ② 나이가 어린 사람. 연소자 • 師弟(사제) : 스승과 제자						
弟				弟嫂		師弟	

第 차례 제	• 及第(급제) : ① 과거(科擧)에 합격됨. 등第(등제) ② 시험에 합격됨 ⑭ 落第(낙제) • 鄕第(향제) : 고향에 있는 집. 시골집						
第				及第		鄕第	

題 (제목 제, 물을 제)

- 題字(제자) : 책머리나 비석, 족자 같은데 쓴 글자 (비) 題書(제서)
- 題品(제품) : 어느 사물을 문예적 표현으로 그 가치를 평하는 일
- 命題(명제) : ① 제목으로 정함 또는 그 제목 ② 논리적 판단을 언어나 기호로 표현한 것

題					題字		命題	

祭 (제사 제)

- 祭物(제물) : ① 제사에 쓰이는 음식. 祭需(제수) ② 어떠한 것 때문에 희생됨을 비유하여 이르는 말
- 祭祀(제사) : 신령에게 음식을 바치어 정성을 표하는 예절 (비) 享祀(향사)

祭					祭物		祭祀	

濟 (건널 제)

- 濟度(제도) : ① 물을 건넘 ② 일체 중생을 고해(苦海)에서 건져 극락으로 인도하여 줌 (예) 濟度衆生(제도중생)
- 濟世(제세) : 세상의 폐해를 없애고 사람을 고난에서 건져줌 (예) 濟世安民(제세안민)
- [발전] 濟濟多士(제제다사) : 수많은 훌륭한 인재

濟				(속) 済		濟度		濟世

製 (지을 제, 마를 제)

- 製圖(제도) : 도면, 도안을 그려 만듦
- 製鍊(제련) : 광석(鑛石)에서 금속을 빼내어 정제함 (예) 製鍊所(제련소)
- 製作(제작) : ① 물건을 만듦 (비) 製造(제조) ② 글을 지음

製					製圖		製作	

際 (사이 제)

- 交際(교제) : 서로 사귐
- 實際(실제) : 실지의 경우나 형편
- 際會(제회) : ① 당하여 만남 (비) 際遇(제우) ② 임금과 신하 사이에 뜻이 잘 맞음

際					交際		實際	

制 지을 제	• 制度(제도) : 국가, 사회구조의 체제. 국가의 형태 • 制勅(제칙) : 천자(天子)의 명령 • 抑制(억제) : 내리눌러서 제어함					
制					制度	抑制

提 끌 제	• 提供(제공) : 가져다 주어 이바지함 • 提示(제시) : 어떠한 문제, 내용, 방향 등을 드러내어 보이거나 가리킴 • 提携(제휴) : ① 서로 붙잡아 끌어줌 ② 행동을 함께 하기 위하여 서로 붙들어 도움 ◉ 기술제휴(技術提携)					
提					提供	提示

除 덜 제 버릴 제	• 除名(제명) : 명부에서 이름을 지워 버림 • 除授(제수) : 추천의 절차를 밟지 않고 임금이 직접 관원을 임명함 • 除法(제법) : 나눗셈					
除					除名	除法

帝 임금 제	• 帝國(제국) : 황제(皇帝)가 통치(統治)하는 나라 • 帝王(제왕) : 황제 또는 국왕의 총칭 발전 帝國主義(제국주의) : 자국의 영토와 권력의 확장을 목적으로 하는 주의					
帝					帝國	帝王

祖 할아버지 조	• 祖父(조부) : 할아버지 • 開祖(개조) : 무슨 일을 처음으로 시작하여 그 일파의 원조가 된 사람 • 祖上(조상) : 돌아간 어버이 위로 대대의 어른 ㈐ 先祖(선조)					
祖					祖父	開祖

朝　　　　아침 조	· 朝夕(조석) : 아침과 저녁 · 朝廷(조정) : 나라의 정치를 의논, 집행하던 곳 　**발전**　朝令暮改(조령모개) : 아침에 명령한 것을 저녁에는 고친다는 뜻으로, 법령을 자주 고쳐서 질정(質定)할 수 없음을 이르는 말						
朝					朝夕		朝廷	

調　　　고를 조 조사할 조	· 調査(조사) : 실정을 살펴서 알아봄 · 調節(조절) : 사물을 정도에 맞추어 잘 고르게 함 · 調和(조화) : 이것저것이 서로 잘 어울림						
調					調査		調和	

操　　　잡을 조	· 操縱(조종) : 마음대로 다루어 부림　　예 操縱士(조종사) · 志操(지조) : 의지(意志)와 절조						
操					操縱		志操	

助　　　도울 조	· 助力(조력) : 힘을 도움 또는 도와주는 힘 · 助成(조성) : 도와서 이루게 함 · 助役(조역) : 도와서 거들어줌 또는 그 사람　예 助役軍(조역군)						
助					助力		助役	

造　　　지을 조 나아갈 조	· 造林(조림) : 나무를 심어 숲을 만듦 · 構造(구조) : 전체를 이루는 부분들의 배치관계나 체계 · 改造(개조) : 좋아지게 고쳐 만들거나 변화시킴						
造					造林		構造	

早 이를 조	• 早晩(조만) : ① 이름과 늦음 ② 아침저녁 ③ 멀지 않아 例 早晩間(조만간) • 早熟(조숙) : ① 일찍 익음 ② 나이보다 일찍 성숙함 • 早朝(조조) : 이른 아침						
早					早熟		早朝

條 조목 조 가지 조	• 條理(조리) : 일이나 행동 또는 말이나 글에서 앞뒤가 맞고 체계가 서는 갈피 • 條約(조약) : ① 조문으로써 맺은 언약 ② 문서에 의한 국가간의 협의 • 枝條(지조) : 나무의 가지						
條					條理		枝條

組 짤 조	• 組閣(조각) : 내각을 조직함 • 組綬(조수) : 갓, 도장 등에 매는 끈목						
組					組閣		組綬

潮 조수 조	• 潮流(조류) : ① 조수(潮水)로 인한 바닷물의 흐름 ② 시세의 경향 • 潮水(조수) : 바닷물. 해수(海水) • 潮痕(조흔) : 조수가 밀려왔다 나간 흔적						
潮					潮流		潮痕

族 겨레 족	• 族譜(족보) : ① 한 집안의 계통과 혈통의 관계를 적어놓은 책 ② 한 족속의 세계를 적은 책 • 魚族(어족) : 물고기의 종족 比 魚類(어류) • 民族(민족) : 인종적·지역적 기원이 같고 문화적 전통과 역사적 운명을 같이 하는 사람의 집단 例 單一民族(단일민족)						
族					族譜		民族

尊 높을 존 공경할 존	• 尊敬(존경) : 받들어 공경함 • 尊貴(존귀) : 높고 귀함 • 尊長(존장) : 웃어른 • 尊銜(존함) : 상대자를 높여 그 '이름'을 이르는 말					
尊					尊敬	尊長

存 있을 존	• 存亡(존망) : ① 존속과 멸망 ② 삶과 죽음 • 存問(존문) : 안부를 물음 발전 存亡之秋(존망지추) : 존속과 멸망이 결정될 아주 위급한 때					
存					存亡	存問

種 씨 종 심을 종	• 種類(종류) : 일정한 질적 특성에 따라 나뉘어지는 부류 • 雜種(잡종) : ① 이것저것 잡다한 종류 ② 다른 종류의 생물과의 교배에 의하여 생긴 생물체 • 播種(파종) : 논밭에 곡식의 씨앗을 뿌리어 심음					
種					種類	雜種

終 마칠 종	• 終結(종결) : 끝을 냄. 일을 마침 또는 끝 비 종료(終了) • 終始(종시) : 나중과 처음 예 始終一貫(시종일관) • 終身(종신) : ① 죽을 때까지. 한 평생 예 終身年金(종신연금) ② 임종(臨終)					
終					終結	終始

宗 마루 종 으뜸 종	• 宗家(종가) : 한 문중에서 족보상으로 맏이로만 내려온 큰 집 • 宗敎(종교) : 신의 힘이나 초자연적인 존재에 대한 신앙과 숭배 • 宗廟(종묘) : ① 임금의 조상을 모시는 사당(祠堂) ② 국가, 사직(社稷)					
宗					宗家	宗廟

從 따를 종	• 從業(종업) : 어떤 사업에 종사함 • 服從(복종) : 남의 명령, 의사를 좇음 • 主從(주종) : ① 상전과 종 ② 주장되는 것과 그에 따르는 것

從			예 從	從業	服從

鐘 쇠북 종 인경 종	• 鐘閣(종각) : 커다란 종을 달아 놓은 집 • 警鐘(경종) : 비상한 일이나 위험을 경계하기 위하여 치는 종 • 午鐘(오종) : 낮 열두시를 알리는 종

鐘				鐘閣	警鐘

左 왼쪽 좌	• 左言(좌언) : 사리에 어긋나는 말 • 左右(좌우) : ① 왼쪽과 오른쪽 ② 곁, 옆, 측근(側近) • 左遷(좌천) : 관리가 높은 자리에서 낮은 자리로 떨어짐

左				左言	左遷

座 자리 좌	• 座談(좌담) : 마주 자리잡고 앉아서 하는 이야기 • 座席(좌석) : 앉는 자리 예 座席券(좌석권)

座				座談	座席

罪 허물 죄	• 罪悚(죄송) : 죄스러울 정도로 황송함 • 罪囚(죄수) : 교도소에 갇힌 죄인 비 수인(囚人) • 罪惡(죄악) : ① 죄가 될 행위 ② 도덕이나 종교적 견지에서 비난을 받을 나쁜 행위

罪				罪悚	罪惡

住 살 주	• 住居(주거) : ① 일정한 곳에 자리를 잡고 삶. 거주 ② 사람이 사는 집 • 住所(주소) : 살고 있는 곳　㉤ 住處(주처) • 住宅(주택) : 사람이 들어 사는 집							
住						住居		住宅

注 물댈 주	• 注視(주시) : ① 자세히 살피려고 눈을 쏘아서 봄 ② (어떤 대상을)관심이나 시선을 집중하여 봄 • 注入(주입) : ① (흘러 들어가게)쏟아서 넣음 ② (어떤 사상내용을)남의 의식에 영향이 미치도록 가르쳐 넣어줌 • 注解(주해) : 본문의 뜻을 주를 달아 풀이함 또는 그 글　㉤ 注釋(주석)							
注						注視		注解

晝 낮 주	• 晝食(주식) : 낮에 먹는 밥. 점심 • 晝夜(주야) : 밤과 낮. 밤낮 【발전】晝耕夜讀(주경야독) : 낮에는 농사짓고 밤에는 독서한다는 말로, '바쁜 틈을 타서 어렵게 공부함'을 이르는 말							
晝				㉠ 晝		晝食		晝夜

周 달릴 주	• 周到(주도) : 주의가 두루 미쳐 빈틈없이 찬찬함　㉠ 周到綿密(주도면밀) • 周密(주밀) : 일을 할 때 허술한 구석이 없고 자세함 • 周圍(주위) : ① 둘레 ② 하나의 중심을 둘러싸고 있는, 가까운 부근이나 곳							
周						周到		周密

州 고을 주	• 州郡(주군) : 주(州)와 군(郡)의 뜻으로, 지방을 일컬음 • 州巷(주항) : 마을. 읍리(邑里). 지방 • 州縣(주현) : 주(州)와 현(縣). 지방							
州						州郡		州縣

走 달릴 주	• 走馬看山(주마간산) : 말을 타고 달리면서 산수를 본다. 바쁘게 대충대충 보고 지남 • 走力(주력) : 달리는 힘 • 走馬燈(주마등) : 돌리는 대로 그림의 장면이 다르게 보이는 돌림등						
走					走馬看山		走馬燈

朱 붉을 주	• 朱書(주서) : 주묵(朱墨)으로 글씨를 씀 또는 그 글씨 • 朱顔(주안) : ① 술을 마셔 붉어진 얼굴 ② 홍안(紅顔)						
朱					朱書		朱顔

酒 술 주	• 酒客(주객) : 술을 좋아하는 사람. 술꾼 • 酒量(주량) : 술을 마시는 분량 • 酒豪(주호) : 술을 잘 마시는 사람. 주량이 아주 큰 사람 (비) 酒仙(주선)						
酒					酒客		酒量

準 법도 준	• 準據(준거) : 일정한 기준을 준하여 의거함 • 準備(준비) : 필요한 것을 미리 마련하여 갖춤 • 水準(수준) : ① 일이나 물건의 어느 일정한 표준이나 정도 ② 수평(水平)						
準					準據		準備

重 무거울 중	• 重量(중량) : 무게 • 重要(중요) : 매우 귀중하고 중요로움 • 輕重(경중) : 가벼움과 무거움 • 重厚(중후) : 태도가 진중하고 심덕이 두터움						
重					重量		重要

衆 무리 중 많을 중	• 衆寡(중과) : 많음과 적음　예 衆寡不敵(중과부적) • 衆口(중구) : 많은 사람의 입에서 나온 말. 뭇사람의 평판 또는 비난 　예 衆口難防(중구난방) • 軍衆(군중) : 한 곳에 떼를 지어 모여있는 비조직적 무리						
衆					衆寡		衆口	

增 더할 증	• 增減(증감) : 많아지는 일과 적어지는 일. 늘림과 줄임 • 增大(증대) : 양적으로 늘어나거나 커지거나 많아짐						
增					增減		增大	

證 증거 증 증명할 증	• 證據(증거) : 사실을 증명할 만한 근거나 표적　예 證據湮滅(증거인멸) • 證憑(증빙) : 증거로 되거나 증거로 삼음 또는 그러한 증거 　예 證憑書類(증빙서류) • 證書(증서) : 어떠한 사실을 증명하는 문서. 증거가 되는 문서						
證					證據		證憑	

紙 종이 지	• 紙匣(지갑) : ① 종이로 만든 갑　② 가죽, 헝겊 등으로 만든 돈을 넣는 물건 • 紙面(지면) : ① 종이의 표면　② 글이 실린 종이의 겉면. 紙上(지상)　③ 편지 • 紙幣(지폐) : 종이에 인쇄하여 만든 화폐　비 紙貨(지화), 紙錢(지전)						
紙					紙匣		紙面	

地 땅 지	• 地位(지위) : ① 처지, 위치　② 신분 • 地點(지점) : 일정한 지역 안에서의 구체적인 어떤 곳 • 處地(처지) : 처하고 있는 사정이나 형편						
地					地位		地點	

知 알 지	• 知己(지기) : 자기의 마음이나 참된 가치를 알아주는 사람 • 知悉(지실) : 모든 사정을 자세히 앎 • 諒知(양지) : 살피어 앎							
知					知己		知悉	

止 그칠 지	• 止血(지혈) : 피가 나오다 그침 또는 나오는 피를 그치게 함 • 擧止(거지) : 몸의 온갖 동작 • 禁止(금지) : 금하여 못하게 함							
止					止血		擧止	

至 이를 지 지극할 지	• 至極(지극) : 더없이 극진함 • 至上(지상) : 더할 수 없이 가장 높음 예) 至上命令(지상명령) • 至誠(지성) : 매우 지극한 정성(精誠) 예) 至誠感天(지성감천) • 冬至(동지) : 24절기의 하나. 양력 12월 23,4일에 해당하며 1년 중 낮이 가장 짧고 밤이 가장 깊							
至					至極		至上	

志 뜻 지	• 志望(지망) : 뜻하여 바람 • 志操(지조) : 의지와 절조							
志					志望		志操	

指 가리킬 지 손가락 지	• 指紋(지문) : 손가락 끝마다 안 쪽에 있는 피부의 주름 또는 그것이 어떤 물건에 남긴 흔적 • 指示(지시) : 손가락으로 가리켜 나타냄 발전 指呼之間(지호지간) : 가리켜 부를 만한 가까운 거리							
指					指紋		指示	

誌 기록할 지	• 日誌(일지) : 날마다 생긴 일, 느낌 등을 적은 기록　비 日記(일기) • 雜誌(잡지) : 호(號)를 거듭하여 정기적으로 간행하는 출판물					
誌					日誌	雜誌

持 가질 지	• 持久(지구) : 오래 버팀　예 持久力(지구력), 持久戰(지구전) • 持病(지병) : 오랫동안 낫지 않아 늘 지니고 있는 병 • 持續(지속) : 계속해 지녀 나감. 같은 상태가 오래 계속됨　예 持續性(지속성)					
持					持久	持病

智 지혜 지	• 智能(지능) : ① 지혜와 능력　② 경험을 이용하여 새로운 경우에 대처할 적당한 처리방법 • 智慧(지혜) : 슬기, 분별(分別)하는 마음의 작용					
智					智能	智慧

直 곧을 직	• 直言(직언) : 자기가 믿는 대로 기탄 없이 말함. 곧이 곧대로 말함 • 直接(직접) : 중간에 다른 것을 거치지 않고 바로　비 間接(간접) • 曲直(곡직) : 옳고 그름					
直					直言	直接

職 직분 직	• 職分(직분) : 마땅히 해야 할 본분 • 職業(직업) : 생계를 꾸리기 위하여 일상 종사하는 업무 • 官職(관직) : 관리의 벼슬자리					
職					職分	職業

織 짤 직	• 織物(직물) : 온갖 피복의 총칭 • 織造(직조) : 피륙을 짜는 일. 길쌈					
織				織物		織造	

進 나아갈 진	• 進路(진로) : 앞으로 나아갈 길 • 進步(진보) : 발전하여 나아짐 반 退步(퇴보) • 進化(진화) : 진보하여 차차 더 나은 것이 됨 반 退化(퇴화)					
進				進路		進步	

眞 참 진	• 眞談(진담) : 참말 반 弄談(농담) • 眞相(진상) : ① 참된 모습 ② 실제의 모습 예 眞相把握(진상파악) • 寫眞(사진) : ① 실물의 모양을 있는 그대로 그려냄 ② 사진기로 물체의 형상을 촬영하여 인화지에 인화한 것					
眞				眞談		眞相	

盡 다할 진	• 盡力(진력) : ① 힘 닿는 데까지 다함 ② 갖은 힘을 다함 • 賣盡(매진) : 모조리 팔림 • 無盡(무진) : 다함이 없음. 끝이 없음 예 無窮無盡(무궁무진)					
盡				盡力		賣盡	

珍 보배 진	• 珍味(진미) : 아주 좋은 맛 또는 그러한 음식 예 山海珍味(산해진미) • 珍羞(진수) : 진귀한 음식					
珍				珍味		珍羞	

陣 진칠 진	• 陳頭(진두) : 군대의 선두　例 陣頭指揮(진두지휘) • 陣營(진영) : ① 군대가 집결하고 있는 곳　② 정치적·사회적으로 구분되어 구성된 집단　例 自由陣營(자유진영)					
陣					陳頭	陣營

質 바탕 질	• 質量(질량) : ① 물체 속에 포함되어 있는 물질의 분량　② 성질과 수량 • 質疑(질의) : 의심을 물어서 밝힘 • 人質(인질) : 볼모로 잡힌 사람					
質					質量	質疑

集 모일 집	• 集大成(집대성) : 많은 훌륭한 것을 모아서 하나의 완전한 것으로 만들어내는 일 • 集中(집중) : 한 곳에 모임					
集					集大成	集中

次 버금 차 차례 차	• 次例(차례) : ① 나아가는 순서　② 나아가는 번 • 次期(차기) : 다음 시기 • 行次(행차) : 웃어른이 길 가는 것을 공경하여 일컫는 말					
次					次例	行次

差 어긋날 차	• 差別(차별) : 등급이 지게 나누어 가름 • 差額(차액) : 어떤 액수(額數)에서 다른 어떤 액수를 감한 나머지 액수 • 差異(차이) : 수준이나 모양 등의 어긋나고 다름　例 水準差異(수준차이)					
差					差別	差額

着 도착할 착 입을 착	• 着陸(착륙) : 비행기나 비행선 따위가 공중에서 땅으로 내려앉는 일 • 着服(착복) : ① 옷을 입음 ② 남의 금품을 부당하게 자기 것으로 함 • 着手(착수) : 일을 시작함 • 到着(도착) : 목적지에 다다름						
着					着陸		着服

讚 기릴 찬	• 讚美(찬미) : 칭송하고 기림 • 讚頌(찬송) : 덕을 기리고 찬양함 예) 讚頌歌(찬송가) • 稱讚(칭찬) : 좋은 점을 일컬어 기림. 잘한다고 추어줌 비) 稱譽(칭예)						
讚					讚美		讚頌

察 살필 찰	• 觀察(관찰) : 사물을 주의하여 자세히 살펴봄 • 視察(시찰) : 어떤 일이나 상황을 자세히 알아보고 살핌						
察					觀察		視察

參 ★ 참가할 참 석 삼	• 參加(참가) : 어떤 모임이나 단체에 참여하거나 가입함 • 參考(참고) : ① 살펴서 생각함 ② 참조하여 고증함 • 參拜(참배) : 신이나 부처에게 배례함						
參			속) 参		參加		參考

窓 창문 창	• 同窓(동창) : ① 같은 학교에서 공부함 또는 그 사람 비) 同門(동문) ② 한 학교에서 동기(同期)로 졸업한 사람 예) 同窓生(동창생) • 東窓(동창) : 동쪽으로 난 창 비) 西窓(서창)						
窓					同窓		東窓

唱 노래부를 창	• 唱導(창도) : 앞장을 서서 주창하여 지도함 • 提唱(제창) : 제시하고 주장함					
唱					唱導	提唱

創 비롯할 창	• 創刊(창간) : 정기간행물인 신문, 잡지 따위의 맨 첫번 것을 간행함 • 創傷(창상) : 연장에 다침 또는 그 상처					
創					創刊	創傷

採 캘 채	• 採鑛(채광) : 광산에서 광석을 캐냄 • 採擇(채택) : 가려서 취함 • 採集(채집) : 가려서 모음 예 採集家(채집가)					
採					採鑛	採擇

責 꾸짖을 책	• 責望(책망) : 허물을 꾸짖음 • 責務(책무) : 직책과 임무. 책임진 임무 • 責任(책임) : ① 도맡아서 하여야 할 임무 ② 불법한 행위를 한 자에게 법률상의 불이익이나 제재가 가해지는 일					
責					責望	責務

冊 책 책	• 冊封(책봉) : 왕세자나 세손, 후(后), 비(妃), 빈(嬪)들을 봉작(封爵)함 • 冊子(책자) : 책					
冊			동 冊		冊封	冊子

處 곳 처 살 처	處理(처리) : 일을 다스려 치러감 處世(처세) : 사람들과 교제하며 살아감 예 處世術(처세술) 處所(처소) : ① 사람이 살거나 머물러 있는 곳 ② 어떤 일이 일어난 곳이나 물건이 있는 곳						
處			동 処		處理		處世

泉 샘 천 저승 천	溫泉(온천) : 더운 물이 솟구쳐 나오는 샘 비 溫井(온정) 반 冷泉(냉천) 源泉(원천) : ① 물이 흘러 나오는 근원 ② 사물의 근원 예 源泉稅(원천세) 黃泉(황천) : 사람이 죽어 간다는 곳. 저승 비 九泉(구천)						
泉					溫泉		源泉

鐵 쇠 철 철물 철	鐵甲(철갑) : 쇠로 만든 갑옷 鐵拳(철권) : 쇠같이 굳은 주먹 鐵則(철칙) : 변경할 수 없는 규칙						
鐵			약 鉄		鐵甲		鐵則

淸 맑을 청	淸潔(청결) : 깨끗하여 더러움이 없음 淸廉(청렴) : 마음이 청백하고 재물을 탐내지 않음 예 淸廉潔白(청렴결백) 淸楚(청초) : 조촐하고 말쑥함						
淸					淸潔		淸廉

請 청할 청 물을 청	請求(청구) : 무엇을 달라고 또는 해달라고 요구함 예 請求權(청구권) 請願(청원) : ① 바라는 바를 들어주기를 청함 ② 국민이 정부기관이나 국회 등에 무엇을 청하여 바람 請託(청탁) : 청원하여 부탁함						
請					請求		請願

聽 들을 청	• 聽衆(청중) : 연설 따위를 듣는 사람들 • 聽訟(청송) : 송사(訟事)를 심의함 • 聽許(청허) : 들어줌. 허락함					
聽					聽衆	聽訟

廳 관청 청	• 廳舍(청사) : 관청의 건물 • 大廳(대청) : 집채의 가운데에 있는 마루					
廳			약 厅		廳舍	大廳

體 몸 체	• 體格(체격) : 몸의 생김새 • 體系(체계) : 일정한 원리에 따라서 계통을 세운 지식을 통일하는 전체 • 體驗(체험) : 몸소 경험함 또는 그러한 경험					
體			약 体		體格	體系

草 풀 초	• 草芥(초개) : 풀과 먼지, 곧 아무 소용이 없거나 하찮은 것을 비유하는 말 • 草案(초안) : ① 안건(案件)을 기초(起草)함 ② 문장이나 시 따위를 초잡음 • 草創(초창) : 비롯하여 시작함. 사업의 시초 예 草創期(초창기)					
草					草芥	草案

初 처음 초	• 初步(초보) : 첫걸음 • 初夜(초야) : 첫날 밤 • 初志(초지) : 처음에 먹은 뜻 예 初志一貫(초지일관)					
初					初步	初夜

招 부를 초	• 招待(초대) : 손님을 불러서 대접함 • 招來(초래) : ① 불러옴 ② 어떤 결과를 가져오게 함					
招				招待	招來	

村 마을 촌	• 村落(촌락) : 시골 부락 (반) 都市(도시) • 農村(농촌) : 농업생산을 전통적인 생업으로 삼아 온 지역이나 마을					
村				村落	農村	

銃 총 총	• 銃劍(총검) : ① 총과 검 ② 총 끝에 꽂는 칼 • 銃彈(총탄) : 총알 • 拳銃(권총) : 총의 한 가지. 피스톨					
銃				銃劍	銃彈	

總 거느릴 총 모두 총	• 總計(총계) : 수량 전체를 한데 모아서 셈함 또는 그 셈 • 總括(총괄) : ① 통틀어 하나로 뭉침 ② 요점을 모아서 한 개의 개념을 만듦 예 總括指導(총괄지도)					
總			동 総	總計	總括	

最 가장 최	• 最高(최고) : 가장 높음 • 最善(최선) : ① 가장 좋음. 가장 착함 ② 온 힘 • 最先(최선) : 가장 먼저					
最				最高	最善	

秋 가을 추	• 秋霜(추상) : ① 가을의 찬 서리 ② 서슬이 퍼런 위험이나 엄한 형벌의 비유 • 秋收(추수) : 가을에 익은 곡식을 거둬들이는 일. 가을걷이 **발전** 存亡之秋(존망지추) : 국가의 존망에 관한 중요한 시기
秋						秋霜		秋收	

推 밀 추	• 推進(추진) : 진척되도록 밀고 나아감 • 推薦(추천) : ① 어떤 조건에 적합한 대상을 책임지고 소개함 ② 선거에 대상으로 내세움 예) 推薦書(추천서) • 推測(추측) : 미루어 헤아림
推						推進		推薦	

祝 빌 축	• 祝文(축문) : 제사 때 신명에게 고하는 글 • 祝福(축복) : 앞길의 행복을 빎 • 慶祝(경축) : 경사를 축하함
祝						祝文		祝福	

築 쌓을 축	• 築臺(축대) : 높게 쌓아 올린 대 • 建築(건축) : 흙, 나무, 돌, 쇠 등을 써서 집이나 성, 다리같은 건조물을 세워 지음 • 構築(구축) : 얽어 만들어 쌓아 올림
築						築臺		建築	

蓄 쌓을 축	• 蓄積(축적) : 많이 모아서 쌓아둠 • 貯蓄(저축) : 소득을 모두 써 버리지 않고 그 일부를 모아 나감
蓄						蓄積		貯蓄	

縮	• 縮小(축소) : 줄여 작게 함 또는 작아짐　반 擴大(확대), 擴張(확장)						
줄 축	• 伸縮(신축) : 늘어나고 줄어듦. 늘이고 줄임　예 伸縮性(신축성)						
縮					縮小		伸縮

春	• 春耕(춘경) : 봄에 하는 논밭 갈기						
봄 춘	• 春夢(춘몽) : ① 봄 밤에 꾸는 꿈　② 헛된 꿈. 덧없는 꿈. 인생의 허무함을 일컫는 말　예 一場春夢(일장춘몽)						
	• 春心(춘심) : ① 봄철에 느끼는 정서　② 남녀간의 정욕　비 春情(춘정)						
春					春耕		春夢

充	• 充當(충당) : 모자라는 것을 채움						
채울 충	• 充滿(충만) : 가득참						
充					充當		充滿

蟲	• 蟲災(충재) : 해충으로 인하여 생기는 농작물의 피해　비 蟲害(충해)						
벌레 충	• 蟲齒(충치) : 벌레 먹은 이. 벌레가 파먹은 것처럼 구멍이 생긴 이						
蟲			약 虫		蟲災		蟲齒

忠	• 忠誠(충성) : ① 마음에서 우러나는 정성　② 왕에게 바치는 충직한 직성						
충성 충	• 忠言(충언) : ① 진심에서 나오는 말　② 바르게 타이르는 말　비 忠告(충고)						
忠					忠誠		忠言

| 取 가질 취 | • 取材(취재) : 재료를 취함　예 取材記者(취재기자)
• 取捨(취사) : 가질 것은 갖고 버릴 것은 버림　예 取捨選擇(취사선택) |

取						取材		取捨	

| 趣 향할 취 | • 趣味(취미) : 마음에 끌려 일정한 방향으로 쏠리는 흥미
• 趣旨(취지) : 목적이 되는 속뜻
• 興趣(흥취) : 흥한 정취(情趣) |

趣						趣味		趣旨	

| 就 이룰 취 나아갈 취 | • 就任(취임) : 배치된 자리에 임무를 수행하기 위하여 처음으로 나아감
　예 就任式(취임식)
• 成就(성취) : 목적대로 일을 이룸　예 成就感(성취감) |

就						就任		成就	

| 測 잴 측 | • 測定(측정) : ① 측량하여 정함　② 추측
• 推測(추측) : 미루어 생각하여 헤아리거나 어림을 잡음 |

測						測定		推測	

| 層 층계 층 | • 層階(층계) : 층층대
• 階層(계층) : 계급(階級)
　발전　層巖絶壁(층암절벽) : 몹시 험한 바위가 겹겹으로 쌓인 낭떠러지 |

層						層階		階層	

致 이를 치	• 致死(치사) : 죽게 함 예 過失致死(과실치사) • 致賀(치하) : ① 남의 경사에 대하여 축하의 말을 하는 인사(人事) ② 치사(致辭)하여 칭찬함 • 一致(일치) : (생각이나 사실이) 하나로 맞음 예 一致團結(일치단결)					
致				致死		致賀	

置 둘 치	• 置重(치중) : 어떤 일에 중점을 둠. 중요하게 여김 • 放置(방치) : 그대로 버려 둠 • 備置(비치) : 갖추어 마련하여 둠					
置				置重		放置	

齒 이 치	• 齒牙(치아) : '이'를 점잖게 이르는 말 • 齒列(치열) : 잇바디 • 齒齒(치치) : 흰 돌 따위가 줄지어 있는 모양					
齒			㊙ 齒	齒牙		齒列	

治 다스릴 치	• 治國(치국) : 나라를 다스림 • 治療(치료) : 병을 고치기 위하여 하는 의학적인 처리 • 治安(치안) : 국가나 사회의 안녕질서를 보전하고 유지함					
治				治國		治療	

親 어버이 친 친할 친	• 親近(친근) : 정분이 친하고 가까움 • 親知(친지) : 친하게 하는 사람 비 親友(친우) • 親戚(친척) : ① 친족과 외척 ② 성이 다른 가까운 척분(戚分), 곧 고종(姑從), 외종(外從), 이종(姨從) 등					
親				親近		親知	

侵 침노할 침	• 侵蝕(침식) : 조금씩 개먹어 들어감 • 侵害(침해) : 불법적으로 남을 해침 예) 私生活侵害(사생활침해)								
侵						侵蝕		侵害	

寢 잠잘 침	• 寢具(침구) : 이부자리와 베개 • 寢息(침식) : ① 쉼. 잠을 잠 ② 그침. 없어짐								
寢						寢具		寢息	

針 바늘 침	• 針線(침선) : 바늘과 실 또는 바느질 • 時針(시침) : 시계바늘 [발전] 針小棒大(침소봉대) : 작은 일을 크게 허풍떨며 말함								
針						針線		時針	

稱 일컬을 칭	• 稱頌(칭송) : 공덕을 칭찬하여 기림 • 稱讚(칭찬) : 잘한다고 추어 줌. 좋은 점을 말하여 기림 • 稱號(칭호) : 어떠한 뜻으로 일컫는 이름 비) 名稱(명칭) • 尊稱(존칭) : 공경하여 부르는 칭호								
稱				称		稱頌		稱讚	

快 쾌할 쾌	• 快樂(쾌락) : ① 기분이 좋고 즐거움 ② 욕망의 충족에서 오는 유쾌한 감정 • 快活(쾌활) : ① 즐거움. 기꺼움 ② 씩씩하고 활발함								
快						快樂		快活	

打 칠 타	• 打破(타파) : 규율이나 관례를 깨뜨려 버림　　예 舊習打破(구습타파) • 打者(타자) : 야구 등에서 공을 치는 사람 • 毆打(구타) : 때림. 두들김				
打				打破	毆打

他 다를 타	• 他界(타계) : ① 다른 세계(世界)　② 인간계를 떠나 다른 세계로 감. 즉 서거(逝去)함 • 他殺(타살) : 남이 죽임　반 自殺(자살) 　발전 他山之石(타산지석) : 다른 산에서 나는 나쁜 돌로 자기의 아름다운 옥(玉)을 가는 데 소용이 된다는 뜻으로, 다른 사람의 하찮은 언행이 자기에게 지덕(智德)을 연마하는 데 도움이 된다는 말				
他				他界	他殺

卓 높은 탁 탁상 탁	• 卓論(탁론) : 뛰어난 의론(議論)　비 卓見(탁견), 卓說(탁설) • 卓上(탁상) : 책상 또는 식탁의 위 • 卓異(탁이) : 다른 사람보다 뛰어나게 다름				
卓				卓論	卓異

炭 숯 탄	• 炭鑛(탄광) : 석탄을 파내는 광산 • 炭素(탄소) : 비금속성 화학원소의 하나. 석탄, 목탄 등에 많이 들어 있음 • 木炭(목탄) : ① 숯　② 서양화에서 쓰는 숯붓. 회화재료의 하나				
炭				炭鑛	炭素

彈 탄알 탄	• 彈力(탄력) : ① 퉁기는 힘　예 彈力性(탄력성)　② 본상태로 되돌아가려는 힘 • 彈壓(탄압) : 권력으로 억지로 누름 • 爆彈(폭탄) : 비행기에서 터뜨리는 폭발물　예 爆彈宣言(폭탄선언)				
彈				彈力	彈壓

歎 탄식할 탄	• 歎服(탄복) : 참으로 훌륭하다고 감탄하여 마음으로 따름 • 歎息(탄식) : 한탄하여 한숨을 쉼 또는 그 한숨 • 歎願(탄원) : 사정을 말하여 도와 주기를 몹시 바람　(예) 歎願書(탄원서)						
歎					歎服		歎息

脫 벗을 탈	• 脫穀(탈곡) : 곡식의 낟알을 이삭에서 떨어 냄 • 脫落(탈락) : ① 빠져 버림　② 같이 나가던 일에서 빠져서 떨어져 나감 • 脫出(탈출) : 몸을 빼쳐 도망감						
脫					脫穀		脫落

探 찾을 탐	• 探究(탐구) : 파고들어 깊이 연구함　(예) 探究學習(탐구학습) • 探索(탐색) : 형편, 행동 따위를 살핌　(예) 水中探索(수중탐색)						
探					探究		探索

太 콩 태 클 태	• 太甚(태심) : 매우 심함 • 太初(태초) : 우주의 맨 처음. 천지가 개벽한 처음　(비) 太始(태시) • 豆太(두태) : 팥과 콩						
太					太甚		太初

態 모양 태	• 態度(태도) : 몸가짐 또는 그런 모양　(비) 姿態(자태) • 世態(세태) : 세상의 상태나 형편　(예) 世態風俗(세태풍속)						
態					態度		世態

宅★ 집 택 집 댁	• 住宅(주택) : 살림살이를 할 수 있도록 지은 집　예 住宅街(주택가) • 宅配(택배) : 직접 집으로 배달함 • 宅內(댁내) : 상대자를 높이어 그의 '집안'을 이르는 말						
宅					住宅		宅內

擇 가릴 택	• 擇日(택일) : 좋은 날일 가림 • 選擇(선택) : 골라서 뽑음						
擇					擇日		選擇

討 궁구할 토	• 討論(토론) : ① 정당한 이치를 궁구함　② 어떠한 논제를 둘러싸고 여러 사람이 각각 의견을 말하며 의론함 • 討伐(토벌) : 군대를 보내어 침　예 討伐作戰(토벌작전) • 討議(토의) : 어떤 사물에 대하여 각각의 의견을 내걸어 검토하고 협의하는 일						
討					討論		討伐

通 통할 통	• 通過(통과) : ① 통하여 지나감　② 관청에 제출한 원서가 허가됨　③ 의회 등에 제안한 의안이 가결됨 • 通知(통지) : 기별하여 알림 • 姦通(간통) : 배우자가 있는 사람이 배우자 외의 이성과 관계함						
通					通過		通知

統 거느릴 통 합칠 통	• 統率(통솔) : 온통 몰아서 거느림　예 指揮統率(지휘통솔) • 傳統(전통) : 지난 세대에 이루어져 그 뒤로 계통을 이루어 전하여지는 것 • 血統(혈통) : 친족간의 서로 관계가 있는 피의 계통. 핏줄, 家系(가계)						
統					統率		傳統

痛 아파할 통	• 痛症(통증) : 아픈 증세 • 痛快(통쾌) : 아주 마음이 시원함. 마음이 매우 상쾌함 • 悲痛(비통) : 몹시 슬퍼서 마음이 아픔						
痛						痛症	痛快

退 물러날 퇴	• 退步(퇴보) : ① 뒤로 물러섬 ② 본디보다 못하게 됨 (반) 進步(진보) • 退治(퇴치) : 물리쳐서 없애버림 (예) 文盲退治(문맹퇴치) • 後退(후퇴) : 뒤로 물러남 (반) 前進(전진)						
退						退步	退治

鬪 싸울 투	• 鬪爭(투쟁) : 싸움 (예) 斷食鬪爭(단식투쟁) • 鬪志(투지) : 싸우려고 하는 의지 (비) 戰鬪意志(전투의지)						
鬪						鬪爭	鬪志

投 던질 투	• 投稿(투고) : 신문사나 잡지사 등에 원고를 보냄 또는 그 원고 (예) 投稿欄(투고란) • 投宿(투숙) : 머묾. 여관에서 묵음 • 投擲(투척) : 물건을 후려 던짐						
投						投稿	投宿

特 특히 특	• 特別(특별) : ① 보통과 다름 ② 보통보다 훨씬 뛰어남 (반) 普通(보통) • 特有(특유) : 그것만이 홀로 가지고 있음 (반) 通有(통유) • 英特(영특) : 영걸(英傑)스럽고 특별함						
特						特別	特有

波 물결 파	• 波及(파급) : (여파나 영향 등이)다른데 미침 • 波動(파동) : 물결의 움직임 • 秋波(추파) : 은근한 정을 나타내는 눈치					
波					波及	波動

破 깨뜨릴 파	• 破壞(파괴) : 쓰지 못하도록 때려 부수거나 깨드려 허묾 • 破顔(파안) : 무표정하거나 굳어 있던 얼굴빛을 부드럽게 함 **발전** 破竹之勢(파죽지세) : 대나무를 쪼개는 기세란 말로, '세력이 강대하여 대적(大敵)을 거침없이 물리치고 쳐들어가는 기세'를 말함					
破					破壞	破顔

派 갈래 파	• 派遣(파견) : (일정한 임무를 주어)사람을 보냄 • 派閥(파벌) : ① 개별적인 이해관계를 따라 따로 갈라진 사람들의 집단 ② 종파(宗派) • 黨派(당파) : 당의 파벌					
派					派遣	派閥

板 널판 판 판목 판	• 板刻(판각) : 그림이나 글씨를 나무조각에 새김 • 板木(판목) : 인쇄하기 위하여 글자나 그림을 새긴 나무조각 ㈜ 版木(판목) • 板子(판자) : 널판지					
板					板刻	板子

判 판단할 판 쪼갤 판	• 判決(판결) : 시비(是非)나 선악(善惡)을 판단하여 결정함 예 判決文(판결문) ㈜ 判正(판정) • 判異(판이) : 분명하게 아주 다름					
判					判決	判異

敗 패할 패	• 敗家(패가) : 가산을 다 써 없앰 • 敗北(패배) : 싸움에 지고 도망감 • 腐敗(부패) : 썩어서 못쓰게 됨　예 不正腐敗(부정부패)						
敗						敗家	敗北

便★ 편할 편 오줌 변	• 便利(편리) : 편하고 이로우며 이용하기 쉬움 • 便紙(편지) : 상대자에게 알리고자 하는 내용을 써서 보내는 글 • 小便(소변) : 오줌 • 人便(인편) : 오가는 사람의 편						
便						便利	便紙

篇 책 편 편 편	• 篇次(편차) : 책의 부류의 차례 • 玉篇(옥편) : 한문 글자를 차례로 배열하고 그 글자의 음과 새김을 적어 엮은 책 　비 字典(자전) 발전 千篇一律(천편일률) : ① 여러 시문의 격조가 변화없이 비슷함　② 많은 사물이 색다른 바가 없이 모두 　　　　　　　　　　　비슷함의 비유						
篇						篇次	玉篇

評 품평할 평	• 評價(평가) : ① 물건의 가격을 정함　② 선악이나 미추를 가려 그 가치를 정함 　③ 학습의 효과나 발달 등을 측정함　예 評價書(평가서) • 評論(평론) : 사물의 가치를 평하여 논함　예 評論家(평론가) • 批評(비평) : ① 사물의 옳고 그름을 평가하여 논하는 일　② 남의 결점을 드러 내 퍼뜨림						
評						評價	評論

閉 닫을 폐	• 閉門(폐문) : 문을 닫음 • 閉鎖(폐쇄) : ① 문을 굳게 닫고 자물쇠를 채움　② 기능을 정지시킴 • 閉會(폐회) : 회의를 마침　반 開會(개회)						
閉						閉門	閉鎖

砲 대포 포	• 砲擊(포격) : 대포(大砲)로 사격(射擊) • 砲兵(포병) : 육군의 병종(兵種)의 하나. 화포(火砲)를 취급하는 군사　㉫ 砲手(포수) • 砲彈(포탄) : 대포(大砲)의 탄알						
砲					砲擊		砲兵	

布 베 포 덜 포	• 布告(포고) : 국가의 결정적인 의사를 공식으로 일반에게 알림　㉫ 布告令(포고령) • 布木(포목) : 베와 무명　㉫ 布木店(포목점)						
布					布告		布木	

胞 태보 포	• 胞宮(포궁) : 아기집 • 胞子(포자) : 식물이 생식하기 위하여 생기는 특별한 세포로서, 모체를 떠나 새로운 개체가 되는 힘을 가진 것 • 同胞(동포) : ① 같은 겨레　② 같은 어머니에서 태어난 형제자매						
胞					胞宮		胞子	

暴★ 드러낼 폭 사나울 포	• 暴惡(포악) : 성질이 사납고 모짊 • 暴騰(폭등) : 물가나 주가 따위가 갑자기 오름　㉫ 物價暴騰(물가폭등) • 暴露(폭로) : ① 비밀이 드러남　② 비바람을 무릅쓰고 다님 • 暴言(폭언) : 난폭하게 하는 말						
暴					暴惡		暴騰	

爆 폭발할 폭	• 爆發(폭발) : ① 불이 일어나면서 갑작스럽게 터짐　② 일이 별안간 벌어짐 　㉫ 爆發事件(폭발사건) • 爆死(폭사) : 폭탄이 터져서 죽음						
爆					爆發		爆死	

表 겉 표	• 表裏(표리) : ① 겉과 속. 표면과 내심 예 表裏不同(표리부동) ② 앞과 뒤 • 表面(표면) : 바깥 면, 겉모양 • 表現(표현) : ① 표면에 나타내 보임 ② 내면적·정신적·주체적인 것의 외면적·감성적 형상화						
表					表裏		表現

票 쪽지 표	• 票決(표결) : 투표로 가부(可否)를 결정함 • 票然(표연) : 가볍게 올라가는 모양 비 飄然(표연) • 車票(차표) : 차를 타기 위해 일정한 찻삯을 주고 산 표. 乘車券(승차권)						
票					票決		票然

標 표할 표	• 標榜(표방) : ① 무슨 명목을 붙여서 어느 주장을 내세움 ② 남의 선행(善行)을 여러 사람에게 보임 • 標紙(표지) : 다른 것과 구별하여 아는데 필요한 표시나 특징						
標					標榜		標紙

品 물건 품	• 品格(품격) : 품성과 인격 • 品評(품평) : 물품의 좋고 나쁨과 가치를 평정함 예 品評會(품평회) • 物品(물품) : 쓸만하고 값있는 물건						
品					品格		品評

豊 풍성할 풍	• 豊年(풍년) : 곡식이 잘 익고 잘 여무는 일 또는 그 해 예 凶年(흉년) • 豊盛(풍성) : 넉넉하고 많음. 풍족 • 豊饒(풍요) : 풍성하고 흐뭇함 비 豊裕(풍유)						
豊				예 豊	豊年		豊盛

疲 고달플 피	• 疲困(피곤) : 몸이 지쳐 고달픔 • 疲勞(피로) : 몸이나 정신이 지침. 느른함 또는 그러한 상태 • 疲弊(피폐) : 낡고 형세가 약해짐						
疲					疲困		疲勞

避 피할 피	• 避難(피난) : 천재지변 따위의 재난을 피하여 있는 곳을 옮김　⑩ 避難處(피난처) • 避暑(피서) : 여름철에 서늘한 곳으로 옮겨 더위를 피함　⑩ 避暑地(피서지)						
避					避難		避暑

筆 붓 필	• 筆蹟(필적) : 손수 쓴 글씨나 그린 그림의 형적　⑪ 手蹟(수적) • 達筆(달필) : ① 잘 쓴 글씨　② 글씨를 잘 쓰는 사람						
筆					筆蹟		達筆

夏 여름 하	• 夏穀(하곡) : 보리나 밀 따위와 같이 여름에 거두는 곡식 • 夏季(하계) : 여름 　[발전] 春夏秋冬(춘하추동) : 봄·여름·가을·겨울						
夏					夏穀		夏季

河 강 하	• 河床(하상) : 강이나 하천 등의 물이 흐르는 바닥 • 河川(하천) : 강과 내 • 河海(하해) : 강과 바다						
河					河床		河川

學 배울 학	• 學說(학설) : 학문상 주장하는 이론 • 學者(학자) : 학문에 통달하거나 학문을 연구하는 사람 • 碩學(석학) : 학식이 많은 큰 학자							
學						學說		學者

韓 나라이름 한 성 한	• 韓國(한국) : 우리나라 대한민국 • 韓人(한인) : 한국사람 [발전] 韓柳李杜(한유이두) : 한 유(韓愈), 유종원(柳宗元), 이 백(李白), 두 보(杜甫). 당나라 문학자. 한유는 문장에 능했고 이두는 시에 능했다.							
韓						韓國		韓人

漢 나라 한	• 漢醫(한의) : 한방(漢方) 의원(醫員) • 漢字(한자) : 중국고유의 문자 • 惡漢(악한) : 몹시 악독한 사나이							
漢						漢醫		漢字

寒 찰 한 추울 한	• 寒氣(한기) : 추운 기운. 추위　(반) 溫氣(온기) • 寒村(한촌) : 가난하고 쓸쓸한 마을 • 惡寒(오한) : 몸이 오슬오슬 춥고 괴로운 증세							
寒						寒氣		寒村

限 한정 한 막힐 한	• 限界(한계) : 한정. 사물의 정하여 놓은 범위. 境界(경계) • 限度(한도) : ① 한정된 정도　② 일정한 정도							
限						限界		限度

閑 한가할 한	• 閑暇(한가) : 겨를이 있어 여유가 있음 ㊝ 閒暇(한가) • 閑寂(한적) : 조용하고 쓸쓸함 • 等閑(등한) : 마음에 두지 않고 예사로 여김					
閑					閑暇	閑寂

恨 한탄할 한	• 恨歎(한탄) : 원통하거나 뉘우침이 있을 때에 한숨쉬며 탄식함 • 悔恨(회한) : 뉘우치고 한탄함					
恨					恨歎	悔恨

合 합할 합 모일 합	• 合同(합동) : 여럿이 모여 하나가 되어 함께함 • 合理(합리) : 이론이나 이치, 실제의 형편 등에 맞음 　㊋ 合理化(합리화), 合理主義(합리주의)					
合					合同	合理

港 항구 항	• 港口(항구) : 선박(船舶)이 드나드는 곳 • 浦港(포항) : 우리나라의 지명 중 하나					
港					港口	浦港

航 건널 항	• 航空(항공) : 비행기나 비행선으로 공중을 비행함 • 航海(항해) : 배를 타고 바다를 건넘 • 航路(항로) : ① 배가 다니는 길. 船路(선로) ② 비행기가 날아가는 길 • 出航(출항) : 배가 항해를 떠남					
航					航空	航路

抗 대항할 항	• 抗拒(항거) : 대항함. 맞서 버팀 • 抗禦(항어) : 맞대 서서 막아냄 • 抗議(항의) : 반대의 의견을 주장함							
抗						抗拒		抗禦

海 바다 해	• 海流(해류) : 일정한 방향으로 흐르는 바닷물 • 海洋(해양) : 넓은 바다. 대양(大洋) • 海恕(해서) : 넓은 마음으로 용서함							
海						海流		海洋

害 해로울 해	• 妨害(방해) : 남의 일에 놓아서 해를 끼침 • 加害(가해) : 남에게 해를 줌 빤 被害(피해) • 要害(요해) : 적을 막기에는 편리하고 적이 쳐들어 오기에는 불리하게 지세(地勢)가 험한 곳							
害						妨害		要害

解 풀 해	• 解得(해득) : 깨달아 앎 예 文字解得(문자해득) • 解放(해방) : ① 가두거나 얽매어 둔 것을 풀어놓음 ② 속박(束縛)에서 풀려나 자유로운 몸이 됨 • 解産(해산) : 아이를 낳음. 몸을 풂 • 和解(화해) : 다툼질을 그치고 서로 풂							
解						解得		解産

核 씨 핵	• 核武器(핵무기) : 핵 에네르기를 이용한 여러가지 무기 • 核心(핵심) : 사물의 중심이 되는 요긴한 부분 예 核心內用(핵심내용)							
核						核武器		核心

幸 다행 행	• 幸福(행복) : ① 좋은 운수 ② 만족감을 느끼는 정신상태 예 幸福感(행복감) • 僥幸(요행) : 우연히 잘 되어 다행함 • 幸姬(행희) : 마음에 드는 여자. 임금의 첩				
幸				幸福	僥幸

香 향기 향	• 香料(향료) : ① 향을 만드는 재료 ② 향내를 내는 감 • 香火(향화) : ① 향불 ② 향을 피운다는 뜻으로 제사를 이르는 말				
香				香料	香火

鄕 시골 향 고향 향	• 鄕愁(향수) : 고향을 그리워하는 마음 • 鄕土(향토) : ① 시골 ② 고향 • 故鄕(고향) : 자기가 태어나서 자란 고장 • 色鄕(색향) : 아름다운 여자가 많이 나거나 모이는 고장				
鄕				鄕愁	故鄕

許 허락할 허	• 許可(허가) : ① 들어줌 ② 법령에 의한 어떤 행위의 일반적인 제한 또는 금지를 특정한 경우에 해제하고, 적법(適法)하게 이것을 할 수 있게 하도록 하는 행정행위 • 許容(허용) : 허락하여 용납함 • 特許(특허) : 특별히 허가함				
許				許可	許容

虛 빌 허 헛될 허	• 虛無(허무) : ① 아무것도 없이 텅 빔 ② 덧없음 비 無常(무상) • 虛心(허심) : 마음 속에 미리 가지고 있는 생각이나 거리낌이 없음 • 虛弱(허약) : 기력이 약함 • 虛榮(허영) : ① 필요 이상의 겉치레 예 虛榮心(허영심) ② 헛된 영화				
虛		속 虛		虛無	虛心

憲 법 헌	• 憲章(헌장) : 법적으로 규정한 규범　예 憲法憲章(헌법헌장) • 官憲(관헌) : ① 관청　② 관리						
憲						憲章	官憲

驗 시험할 험	• 試驗(시험) : ① 어떤 사물의 성질이나 능력, 정도 등에 관하여 실지로 알아봄 　② 학업성적의 우열을 알아봄 • 效驗(효험) : 일의 좋은 보람						
驗				예 驗		試驗	效驗

險 험할 험	• 險難(험난) : 위태로움. 위험하고 어려움. 고생이 됨 • 險談(험담) : 남을 헐뜯어서 하는 말 • 險路(험로) : 험한 길. 나쁜 길						
險						險難	險談

現 나타날 현 지금 현	• 現在(현재) : ① 이제, 지금　② 이 세상　비 過去(과거), 未來(미래) • 實現(실현) : 실지로 나타남 • 現行(현행) : 현재 행함 또는 행하고 있음　예 現行法(현행법) • 出現(출현) : 나타남						
現						現在	實現

賢 어질 현	• 賢明(현명) : 어질고 영리하여 사리에 밝음 • 賢人(현인) : 어질고 총명하여 성인(聖人)의 다음 가는 사람　비 賢者(현자) • 賢愚(현우) : ① 현명함과 어리석음　② 현명한 사람과 어리석은 사람						
賢						賢明	賢愚

顯 나타날 현	• 顯考(현고) : 신주(神主)에서나 축문에서 돌아간 아버지를 이름 (반) 顯妣(현비) • 顯微(현미) : 아주 작은 사물을 밝게 드러냄 • 顯著(현저) : 뚜렷이 드러남				
顯		㉑ 顯		顯考	顯微

協 도울 협 화할 협	• 協同(협동) : 힘과 마음을 함께 합함 • 協和(협화) : ① 마음을 합하여 화합함 ② 여러개의 소리가 한꺼번에 잘 어울려 나는 현상 (반) 不協(불협)				
協				協同	協和

形 형상 형	• 形象(형상) : 생긴 모양 • 形體(형체) : 물건의 모양과 그 바탕인 몸 • 外形(외형) : 겉으로 보이는 현상 • 地形(지형) : 땅의 생긴 현상이나 형세				
形				形象	形體

刑 형벌 형	• 刑罰(형벌) : 유죄판결을 받은 사람에게 국가가 제재를 가하는 일 • 重刑(중형) : 무거운 형벌. 중죄 (비) 嚴刑(엄형)				
刑				刑罰	重刑

惠 은혜 혜	• 惠聲(혜성) : 인자하다는 평판 • 惠澤(혜택) : 은혜와 덕택 • 恩惠(은혜) : ① 베풀어 주는 혜택 ② 하느님의 은총				
惠				惠聲	惠澤

號 부를 호 이름 호	• 號哭(호곡) : 목놓아 소리내어 욺 비 號泣(호읍) • 號令(호령) : ① 지휘하는 명령 ② 큰 소리로 꾸짖음 • 號外(호외) : 신문, 잡지 따위의 임시로 발행하는 중요한 보도 • 符號(부호) : 일정한 뜻을 나타내기 위하여 정한 기호					
號			동 号		號哭	號令

湖 호수 호	• 湖畔(호반) : 호숫가 • 江湖(강호) : ① 강과 호수 ② 산과 자연 • 湖水(호수) : 이름 그대로 호수					
湖					湖畔	江湖

呼 부를 호	• 呼名(호명) : 이름을 부름 • 呼吸(호흡) : ① 숨을 내쉼과 들이쉼 ② 생물체가 산소를 흡수하고 몸 안에서 생기는 탄산가스를 내보내는 작용					
呼					呼名	呼吸

護 도울 호	• 護國(호국) : 나라를 지킴 • 護身(호신) : 몸을 보호함 예 護身術(호신술) • 保護(보호) : 돌보아서 잘 지킴 예 自然保護(자연보호)					
護					護國	護身

好 좋아할 호 좋을 호	• 好感(호감) : 좋은 감정 • 愛好(애호) : 사랑하고 좋아함 • 友好(우호) : 국가나 개인 사이가 서로 좋음 예 友好國家(우호국가)					
好					好感	愛好

戶 집 호	• 戶主(호주) : 한 집안의 주인이 되는 사람 • 門戶(문호) : ① 집으로 출입하는 문 ② 출입구가 되는 긴요한 곳 ③ 대대로 이어오는 집안의 지체 (비) 門閥(문벌)						
戶					戶主		門戶	

或 혹시 혹	• 或是(혹시) : ① 만일에, 행여나 ② 어떠할 경우에 • 間或(간혹) : 간간이, 가끔						
或					或是		間或	

混 섞일 혼	• 混亂(혼란) : 섞이어 어지러움. 어지럽고 질서가 없음 • 混合(혼합) : ① 뒤섞어서 한데 합함 ② 두 가지 이상의 물질이 혼화(混和)함. 화학적 결합을 하지 않고 섞임 예 混合物(혼합물)						
混					混亂		混合	

婚 혼인할 혼 장가들 혼	• 婚姻(혼인) : 장가들고 시집감. 남녀가 부부가 되는 일 (비) 結婚(결혼) • 約婚(약혼) : 결혼하기로 약속함 예 約婚式(약혼식) • 約婚者(약혼자) : 결혼하기로 한 상대자						
婚					婚姻		約婚	

紅 붉을 홍	• 紅顏(홍안) : ① 소년의 혈색 좋은 불그레한 얼굴 ② 미인의 얼굴, 아름다운 얼굴 예 紅顏薄命(홍안박명) • 紅潮(홍조) : ① (부끄럽거나 술기운으로)얼굴이 붉어짐 ② 월경을 점잖게 이르는 말						
紅					紅顏		紅潮	

話 말씀 화	• 話術(화술) : 말의 재주. 말하는 기교 • 話題(화제) : ① 이야깃거리. 이야기 ② 이야기의 제목 • 對話(대화) : 서로 마주하는 이야기　(반) 獨白(독백)						
話					話術	話題	

花 꽃 화	• 花園(화원) : 꽃동산 • 花燭(화촉) : ① 아름다운 양초 ② 혼인을 이르는 말　(비) 華燭(화촉) • 開花(개화) : 꽃이 핌　(반) 洛花(낙화)　(예) 文明開化(문명개화)						
花					花園	華燭	

和 순할 화 화목할 화	• 和睦(화목) : 서로 뜻이 맞고 정다움. 화락하고 친목함 • 和解(화해) : 다툼질을 서로 그치고 풂 • 總和(총화) : 전체의 수나 양을 합한 것						
和					和睦	和解	

畫★ 그림 화 그을 획	• 畫順(획순) : 글씨를 쓸 때의 획의 순서 • 畫一(획일) : ① 사물이 똑같이 고른 것 ② 한결같이 변함이 없음 　(예) 畫一化(획일화) • 畫家(화가) : 그림을 그리는 일을 전문으로 하는 사람　(비) 畫工(화공), 畫伯(화백)						
畫			(속) 畫	(동) 画	畫順	畫家	

貨 재물 화	• 貨物(화물) : ① 화차 따위로 옮기는 짐 ② 물품 • 貨幣(화폐) : 사회에 유통하여 교환의 매개, 지불의 수단, 가격의 표준, 축적의 　목적물로 쓰이는 물건 • 財貨(재화) : 돈이나 재산으로 되는 물건　(비) 財物(재물)						
貨					貨物	貨幣	

華 빛날 화	• 華麗(화려) : 변화하고 고움　예 華麗江山(화려강산) • 榮華(영화) : 귀하게 되어서 몸이 세상에 드러나고 이름이 빛남 　예 富貴榮華(부귀영화) • 豪華(호화) : 사치스럽고 화려함				
華				華麗	榮華

確 확실할 확	• 確固(확고) : 확실하고 단단함 • 確實(확실) : 틀림이 없음. 사실과 같음 • 確認(확인) : 확실하게 인정함 또는 그러한 인정				
確				確固	確實

患 근심할 환	• 患難(환난) : 근심과 재난 • 患者(환자) : 병을 앓는 사람 • 憂患(우환) : 근심과 걱정				
患				患難	患者

環 고리 환	• 環境(환경) : 사람의 생활체를 둘러싸고 있는 사물이나 사정, 도리 　예 環境整理(환경정리) • 循環(순환) : 부단히 주기적으로 반복하여 돎 또는 그 과정　예 血液循環(혈액순환)				
環				環境	循環

歡 기쁨 환 기뻐할 환	• 歡迎(환영) : 호의를 표하여 즐거이 맞이함　반 歡送(환송) • 歡呼(환호) : 기뻐하여 큰 소리로 고함을 지름　예 歡呼聲(환호성) • 歡喜(환희) : 기뻐함				
歡			송 歡	歡迎	歡呼

活 살 활 살림 활	• 活氣(활기) : 활발한 기운이나 활동적인 원기 • 活動(활동) : 어떤 일을 하려고 기운 있게 몸을 움직여 동작을 함 • 活用(활용) : 이리저리 잘 응용함 또는 변통하여 돌려서 씀 • 活字(활자) : 인쇄에 사용하는 자형(字型)				
活				活氣	活動

黃 누를 황	• 黃塵(황진) : ① 누른 흙 먼지 예 黃塵萬丈(황진만장) ② 속세의 번잡한 일 • 黃泉(황천) : ① 지하. 땅속 ② 저승 • 黃昏(황혼) : ① 해가 져서 어둑어둑할 무렵 ② 종말에 이른 때				
黃				黃塵	黃昏

況 하물며 황	• 況且(황차) : 하물며 • 盛況(성황) : 성대한 상황				
況				況且	盛況

會 모일 회	• 會計(회계) : 한데 몰아서 셈함 • 會心(회심) : 마음에 맞음. 심기(心氣)에 들어맞음 예 會心作(회심작) • 機會(기회) : 어떤 일을 해 나가는 데에 가장 잘 만난 효과적인 고비. 시기 • 會談(회담) : 모여서 이야기함 또는 그 일				
會			속 会	會計	會心

灰 재 회	• 灰壁(회벽) : 석회로 바른 벽 • 石灰(석회) : 생석회와 소석회의 총칭				
灰				灰壁	石灰

孝 효도 효	• 孝道(효도) : 부모를 잘 섬기는 도리 • 孝廬(효려) : 상제가 거처하는 곳 • 忠孝(충효) : 나라에 충성하고 부모에 효도함							
孝					孝道		孝廬	

效 효험 효	• 效果(효과) : ① 보람 ② 좋은 결과 凹 效力(효력) • 效顰(효빈) : 함부로 남의 흉내를 냄 • 效則(효칙) : 본받아서 법으로 삼음							
效					效果		效顰	

後 뒤 후	• 後援(후원) : 뒤에서 도와줌 예 後援家(후원가) • 後進(후진) : ① 후배 ② 뒤늦게 나감 凹 先進(선진) • 後退(후퇴) : 전장에서 물러남 凹 前進(전진)							
後					後援		後進	

候 제후 후	• 候鳥(후조) : 철새 • 徵候(징후) : 조짐 • 氣候(기후) : 일정한 지방에서의 기상의 체계적인 상태 • 斥候(척후) : 적의 형편이나 지형 등을 정찰하고 수색함							
候					候鳥		徵候	

厚 두터울 후	• 厚待(후대) : 후하게 대접함 또는 그러한 대접 • 濃厚(농후) : ① 빛깔이 매우 짙음 ② 액체가 묽지 않고 진함 ③ 가능성이 다분히 있음							
厚					厚待		濃厚	

訓 가르칠 훈	• 訓戒(훈계) : 타일러 경계함 • 訓練(훈련) : 일정한 목표 또는 기준에 이르기 위해 실천하는 실제적 활동 • 訓示(훈시) : ① 가르쳐 보임 ② 상관이 집무상의 주의사항을 부하직원에게 일러 보임 • 教訓(교훈) : 가르치고 이끌어줌				
訓				訓戒	訓示

揮 휘두를 휘	• 揮發(휘발) : 보통 온도에서 액체가 기체로 변하여 날아 흩어지는 현상 예 揮發性(휘발성) • 指揮(지휘) : 어떤 일의 해야 할 방도를 지시하여 시킴 예 指揮權(지휘권)				
揮				揮發	指揮

休 쉴 휴	• 休德(휴덕) : 미덕(美德) • 休暇(휴가) : 일을 잠시 쉬고 휴식을 취함 †발전 不眠不休(불면불휴) : 자지도 않고 쉬지도 않는다는 뜻으로, 조금도 쉬지 않고 내쳐 애써 일함의 뜻				
休				休德	休暇

凶 흉할 흉	• 凶年(흉년) : 농작물이 평년보다 아주 잘못된 해 반 豊年(풍년) • 凶惡(흉악) : ① 성질이 거칠고 사나움 ② 용모가 험상궂고 모짊 • 凶作(흉작) : 흉년이 들어 잘 안된 농사 반 豊作(풍작)				
凶				凶年	凶作

黑 검을 흑	• 黑幕(흑막) : ① 검은 장막 ② 겉으로 드러나지 않은 음흉한 내막(內幕) • 黑白(흑백) : ① 흑과 백 ② 악과 선, 부정과 정(正) • 黑心(흑심) : 음흉한 욕심을 품은 마음				
黑				黑幕	黑白

吸 마실 흡	• 吸煙(흡연) : 담배를 피움　비 喫煙(끽연) • 吸入(흡입) : 빨아들임 • 呼吸(호흡) : 숨을 내쉼과 들이쉼　예 呼吸器(호흡기)					
吸					吸煙	吸入

興 흥할 흥	• 興亡(흥망) : 일어남과 망함. 흥기(興起)와 멸망　예 興亡盛衰(흥망성쇠) • 興業(흥업) : 새로이 사업을 일으킴　비 創業(창업) • 興奮(흥분) : ① 상기(上氣)하는 상태　반 沈靜(침정)　② 자극(刺戟)을 받아서 일시적으로 신경이 날카로워지는 상태					
興					興亡	興業

希 바랄 희	• 希望(희망) : 앞일에 대하여 기대를 가지고 바람　예 希望峯(희망봉) • 希願(희원) : 바라고 원함					
希					希望	希願

喜 기쁠 희	• 喜色(희색) : 기뻐하는 얼굴 빛　예 喜色滿面(희색만면) • 喜悅(희열) : 매우 기쁨 　발전　喜喜樂樂(희희낙락) : 매우 기쁘고 즐거워함					
喜					喜色	喜悅

예상문제풀이

한자쓰기 다음 訓과 音을 가진 漢字를 쓰시오. 【1~5】

1

① 거짓 가 (　　)　② 편안 강 (　　)　③ 외로울 고(　　)
④ 얽을 구 (　　)　⑤ 성낼 노 (　　)　⑥ 멜 담 (　　)
⑦ 구리 동 (　　)　⑧ 매울 렬 (　　)　⑨ 찰 만 (　　)
⑩ 힘쓸 면 (　　)　⑪ 춤출 무 (　　)　⑫ 터럭 발 (　　)
⑬ 법 범 (　　)　⑭ 엎드릴 복(　　)　⑮ 버금 부 (　　)
⑯ 가루 분 (　　)　⑰ 슬플 비 (　　)　⑱ 스승 사 (　　)
⑲ 흩을 산 (　　)　⑳ 다칠 상 (　　)　㉑ 베풀 설 (　　)
㉒ 성인 성 (　　)　㉓ 붙일 속 (　　)　㉔ 줄 수 (　　)
㉕ 높일 숭 (　　)　㉖ 볼 시 (　　)　㉗ 쉴 식 (　　)
㉘ 눈 안 (　　)　㉙ 이마 액 (　　)　㉚ 에워쌀 위(　　)

답
① 假 ② 康 ③ 孤 ④ 構 ⑤ 怒 ⑥ 擔 ⑦ 銅 ⑧ 烈 ⑨ 滿 ⑩ 勉 ⑪ 舞 ⑫ 髮 ⑬ 範
⑭ 伏 ⑮ 副 ⑯ 粉 ⑰ 悲 ⑱ 師 ⑲ 散 ⑳ 傷 ㉑ 設 ㉒ 聖 ㉓ 屬 ㉔ 授 ㉕ 崇 ㉖ 視
㉗ 息 ㉘ 眼 ㉙ 額 ㉚ 圍

2

① 두터울 후(　　)　② 재 회 (　　)　③ 깨뜨릴 파(　　)
④ 줄일 축 (　　)　⑤ 벗을 탈 (　　)　⑥ 다를 차 (　　)
⑦ 부를 초 (　　)　⑧ 흩을 산 (　　)　⑨ 이를 조 (　　)
⑩ 고요할 정(　　)　⑪ 밑 저 (　　)　⑫ 모양 자 (　　)
⑬ 옮길 이 (　　)　⑭ 응할 응 (　　)　⑮ 그늘 음 (　　)
⑯ 원망할 원(　　)　⑰ 경영할 영 (　　)　⑱ 엄할 엄 (　　)

⑲ 이을 속 (　　) ⑳ 갖출 비 (　　) ㉑ 코끼리 상(　　)
㉒ 가난할 빈(　　) ㉓ 걸음 보 (　　) ㉔ 막을 방 (　　)
㉕ 범할 범 (　　) ㉖ 깊을 심 (　　) ㉗ 다칠 상 (　　)
㉘ 정성 성 (　　) ㉙ 힘쓸 면 (　　) ㉚ 맛 미 (　　)

답
① 厚 ② 灰 ③ 破 ④ 縮 ⑤ 脫 ⑥ 差 ⑦ 招 ⑧ 散 ⑨ 早 ⑩ 靜 ⑪ 底 ⑫ 姿 ⑬ 移
⑭ 應 ⑮ 陰 ⑯ 怨 ⑰ 營 ⑱ 嚴 ⑲ 續 ⑳ 備 ㉑ 象 ㉒ 貧 ㉓ 步 ㉔ 防 ㉕ 犯 ㉖ 深
㉗ 像 ㉘ 誠 ㉙ 勉 ㉚ 味

3

① 바랄 희 (　　) ② 빌 허 (　　) ③ 노래 요 (　　)
④ 물결 파 (　　) ⑤ 살필 찰 (　　) ⑥ 화합할 협(　　)
⑦ 침노할 침(　　) ⑧ 재물 화 (　　) ⑨ 웃음 소 (　　)
⑩ 보낼 송 (　　) ⑪ 항구 항 (　　) ⑫ 날 비 (　　)
⑬ 깨끗할 결(　　) ⑭ 등 배 (　　) ⑮ 쉴 식 (　　)
⑯ 가난할 빈(　　) ⑰ 어질 현 (　　) ⑱ 지을 제 (　　)
⑲ 이를 조 (　　) ⑳ 헤아릴 측(　　)

답
① 希 ② 虛 ③ 謠 ④ 波 ⑤ 察 ⑥ 協 ⑦ 侵 ⑧ 貨 ⑨ 笑 ⑩ 送 ⑪ 港 ⑫ 飛 ⑬ 潔
⑭ 背 ⑮ 息 ⑯ 貧 ⑰ 賢 ⑱ 製 ⑲ 早 ⑳ 測

4

① 새길 각 (　　) ② 임금 제 (　　) ③ 이를 조 (　　)
④ 기록할 기(　　) ⑤ 홑 단 (　　) ⑥ 제사 제 (　　)
⑦ 경계할 계(　　) ⑧ 살 거 (　　) ⑨ 아플 통 (　　)
⑩ 남길 유 (　　) ⑪ 물건 품 (　　) ⑫ 본뜰 모 (　　)
⑬ 방해할 방(　　) ⑭ 방패 간 (　　) ⑮ 굳을 건 (　　)
⑯ 개 견 (　　) ⑰ 내릴 강 (　　) ⑱ 찰 만 (　　)
⑲ 칠 공 (　　) ⑳ 노래 요 (　　) ㉑ 이을 계 (　　)
㉒ 벽 벽 (　　) ㉓ 같을 여 (　　) ㉔ 납 연 (　　)
㉕ 거둘 확 (　　)

답
① 刻 ② 帝 ③ 早 ④ 記 ⑤ 單 ⑥ 祭 ⑦ 戒 ⑧ 居 ⑨ 痛 ⑩ 遺 ⑪ 品 ⑫ 模 ⑬ 妨

⑭ 干 ⑮ 堅 ⑯ 犬 ⑰ 降 ⑱ 滿 ⑲ 攻 ⑳ 謠 ㉑ 繼 ㉒ 壁 ㉓ 如 ㉔ 鉛 ㉕ 穫

5

① 밭 전   (   )   ② 나아갈 진 (   )   ③ 터럭 모 (   )
④ 좋을 호   (   )   ⑤ 피 혈   (   )   ⑥ 대 죽   (   )
⑦ 같을 여   (   )   ⑧ 콩 두   (   )   ⑨ 양 양   (   )
⑩ 끌 인   (   )   ⑪ 뭍 륙   (   )   ⑫ 머리 두 (   )
⑬ 서울 경   (   )   ⑭ 말 마   (   )   ⑮ 모양 형 (   )
⑯ 자리 위   (   )   ⑰ 얼굴 용   (   )   ⑱ 목숨 명 (   )
⑲ 쌀 포   (   )   ⑳ 재물 화   (   )

🖎 답
① 田 ② 進 ③ 毛 ④ 好 ⑤ 血 ⑥ 竹 ⑦ 如 ⑧ 豆 ⑨ 羊 ⑩ 引 ⑪ 陸 ⑫ 頭 ⑬ 京
⑭ 馬 ⑮ 形 ⑯ 位 ⑰ 容 ⑱ 命 ⑲ 包 ⑳ 貨

한자어쓰기 다음 單語를 漢字로 쓰시오. 【6~8】

6

① 단군   (   )   ② 무궁화   (   )   ③ 고려(國名) (   )
④ 백제   (   )   ⑤ 방송   (   )   ⑥ 여행(관광) (   )
⑦ 전면광고   (   )   ⑧ 종합   (   )   ⑨ 부동산   (   )
⑩ 수습기자   (   )   ⑪ 사설(신문) (   )   ⑫ 독자(신문) (   )
⑬ 환경   (   )   ⑭ 경제지수   (   )   ⑮ 주필(신문) (   )

🖎 답
① 檀君 ② 無窮花 ③ 高麗 ④ 百濟 ⑤ 放送 ⑥ 旅行 ⑦ 全面廣告 ⑧ 綜合 ⑨ 不動産
⑩ 修習記者 ⑪ 社說 ⑫ 讀者 ⑬ 環境 ⑭ 經濟指數 ⑮ 主筆

7

① 별개(서로 다른 것)   (   )   ② 인과(원인과 결과)   (   )
③ 회복(이전 상태로 돌아감)   (   )   ④ 부귀(재산이 많고 지위가 높음) (   )
⑤ 양서(좋은 책)   (   )   ⑥ 경로(노인을 공경함)   (   )

⑦ 의지(꼭 하려는 마음)　　　　　　(　　)　⑧ 안락(편안하고 즐거움)　　　　(　　)
⑨ 애호(아끼고 좋아함)　　　　　　(　　)　⑩ 결례(예의를 갖추지 못함)　　(　　)

답
① 別個　② 因果　③ 回復　④ 富貴　⑤ 良書　⑥ 敬老　⑦ 意志　⑧ 安樂　⑨ 愛好　⑩ 缺禮

8

① 협력(힘을 모아 서로 도움)　　　　　　　　　　　　　(　　　)
② 수비(지키어 막음)　　　　　　　　　　　　　　　　　(　　　)
③ 진실(거짓이 없고 참됨)　　　　　　　　　　　　　　(　　　)
④ 연결(서로 이어 맺음. 잇대어 결합시킴)　　　　　　(　　　)
⑤ 정치(국가의 주권자가 그의 영토 및 인민을 통치함)　(　　　)
⑥ 창조(새로운 것을 자기의 생각이나 기술 등으로 처음으로 만듦)　(　　　)
⑦ 중생(많은 생명 있는 것들)　　　　　　　　　　　　(　　　)
⑧ 단위(사물을 비교 계산하는 기본이 되는 것)　　　　(　　　)
⑨ 해답(질문이나 문제에 대하여 답함)　　　　　　　　(　　　)
⑩ 향기(향냄새)　　　　　　　　　　　　　　　　　　　(　　　)

답
① 協力　② 守備　③ 眞實　④ 連結　⑤ 政治　⑥ 創造　⑦ 衆生　⑧ 單位　⑨ 解答　⑩ 香氣

단문장 읽기 및 쓰기 다음 문장에서 밑줄 친 單語 중 한글로 쓴 것은 漢字로, 漢字로 쓴 것은 한글로 고쳐 쓰시오. 【9～11】

9

(가) 言語의 ①정확한 習得과 ⑨驅使, 아름다운 문장의 ⑩鑑賞과 ②창작이 바로 人間性의 醇化요, 國語가 그 나라 ③정신 文化의 ⑪根幹이 되는 것임을 ⑫銘心해야 한다.
(나) 대학에는 극도의 ④보수와 ⑤혁신이 ⑥공존해야 하고, 두 힘의 ⑦조화에서 대학의 존재 ⑧의의는 살아나는 것이라 믿는다.

① 정확 (　　　)　　② 창작 (　　　)　　③ 정신 (　　　)
④ 보수 (　　　)　　⑤ 혁신 (　　　)　　⑥ 공존 (　　　)
⑦ 조화 (　　　)　　⑧ 의의 (　　　)　　⑨ 驅使 (　　　)
⑩ 鑑賞 (　　　)　　⑪ 根幹 (　　　)　　⑫ 銘心 (　　　)

답
① 正確　② 創作　③ 精神　④ 保守　⑤ 革新　⑥ 共存　⑦ 調和　⑧ 意義　⑨ 구사　⑩ 감상

⑪ 근간　⑫ 명심

10

교육의 변화는 改革으로 할 것이 아니라, 매우 愼重하고 漸進的인 ① 방법으로 추진되어야 하며, 동시에 새로운 ② 제도의 ③ 시행을 위하여는 그 부작용과 問題點을 最小化하고 豫防策을 ④ 강구하는 ⑤ 노력이 선행되어야 한다.

① 방법 (　　　)　　② 제도 (　　　)　　③ 시행 (　　　)
④ 강구 (　　　)　　⑤ 노력 (　　　)

답
① 方法　② 制度　③ 施行　④ 講究　⑤ 努力

11

(가) 그는 당황하고 고민하다가 한국의 문화 ① 전통을 ② 인식하게 되고 전통과 외래 ③ 사조의 ④ 상관작용을 살펴가면서 작품을 쓰게 될 것이다.
(나) ⑤ 비평이 해야 할 구실은 작자 혹은 작품과 ⑥ 독자 사이에서 매개가 되어 ⑦ 의사전달과 이해를 북돋우는 데 있는 것이라.
(다) 일시에 ⑧ 준비된 의식이나 사상의 눈을 떠나서, 가을밤 ⑨ 무심히 잡은 펜이 그 ⑩ 유래와 아름다운 가지가지의 ⑪ 감상을 느끼는 대로 쓸 수도 있겠고 어색한 악수의 ⑫ 풍경에 나타난 세정을 혹은 사소하나마 매력있는 ⑬ 제목을 붙잡고 ⑭ 시종이 없을 듯한 기분으로 향락할 수도 있겠고 혹은 ⑮ 야시의 풍경에서도 흥미진진한 한 구절을 쓸 수 있을 것이다.
(라) 인생에 대한 ⑯ 확고한 ⑰ 신념, 나와 남의 인격을 긍정하는 뜨거운 사랑, 먼곳과 ⑱ 장래를 내다보는 넓은 ⑲ 시야, 옳다고 믿는 바를 주저없이 결행하는 ⑳ 용감한 의지력 — 이와 같은 것들은 우리 인격을 개조할 수 있는 용광로가 되는 것이다.

① 전통 (　　　)　　② 인식 (　　　)　　③ 사조 (　　　)
④ 상관 (　　　)　　⑤ 비평 (　　　)　　⑥ 독자 (　　　)
⑦ 의사 (　　　)　　⑧ 준비 (　　　)　　⑨ 무심 (　　　)
⑩ 유래 (　　　)　　⑪ 감상 (　　　)　　⑫ 풍경 (　　　)
⑬ 제목 (　　　)　　⑭ 시종 (　　　)　　⑮ 야시 (　　　)
⑯ 확고 (　　　)　　⑰ 신념 (　　　)　　⑱ 장래 (　　　)
⑲ 시야 (　　　)　　⑳ 용감 (　　　)

답
① 傳統　② 認識　③ 思潮　④ 相關　⑤ 批評　⑥ 讀者　⑦ 意思　⑧ 準備　⑨ 無心　⑩ 由來
⑪ 感想　⑫ 風景　⑬ 題目　⑭ 始終　⑮ 夜市　⑯ 確固　⑰ 信念　⑱ 將來　⑲ 視野　⑳ 勇敢

장문장 읽기 및 쓰기 다음 글을 읽고 물음에 답하시오. 【12 ~ 13】

12

〈語文회보〉15호에 '한글과 漢字는 두 날개다'라는 一文이 실려 있다. 그 一部를 소개하면 다음과 같다. 〔前略〕

내 글자 '한글'을 사랑하는 나머지 한글에 지나친 짐을 지워준 것이다.

文字政策에 애국이라는 감상적인 정서를 섞어 국민을 오도해온 것이다.

漢字를 中國글자 정도로, 漢字語를 中國語 정도로 생각하는 그릇된 논리가 너무 판을 친 것이다.

'漢字·漢字語'의 굴레에서 벗어나자는 생각은 一理가 없는 것은 아니다. 과거 너무 漢字나 漢字語에 依存하는 추세에 있어 온 것이 사실이다. 한글愛用(한글專用이 아님)의 정신은 좋고 되도록 순우리말을 많이 開發해서 外國語·外來語의 남용을 삼가고 같은 값이면 다홍치마(同價紅裳)로 漢字말을 덜 쓰는 努力은 해봄직하다. 근원적으로 文化民族의 矜持, 국어사랑의 精神이 緊要한 것이다. 그러나 걱정할 일은 지나친 國粹主義적인 思考方式인데, 이는 금물이다. 近來에 와서 漢字의 創始에 東夷族이 主役이었다는 說이 유력하게 擧論되고 있고 그러리라는 심증을 굳혀가고 있다. 실상 漢字는 外國글자 아닌 國字다.

漢字를 利用한 鄕札·吏讀·口訣 등 오랜 세월 不完全하게나마 우리말을 적어온 글자요, 한글이 없었던 時節에 너무도 많은 漢字語들이 생겨났고, 우리 文化가 漢字文化라 해도 좋을 정도로 우리 文化의 蓄積은 漢字로 이루어진 것이다. 뿐인가, 훈민정음 제정 후 첫 작품인 龍飛御天歌가 〔海東 六龍이 ᄂᆞᄅᆞ샤 일마다 天福이시니 古聖이 同符ᄒᆞ시니〕와 같은 國漢混用文이요 그 이후로 小說이나 諺簡 등 순한글로 된 것이 없는 것이 아니나, 漢籍이나 國漢混用의 古文獻이 많은 것이 또한 사실이요, 무엇보다도 오늘날 국어의 70%가 漢字말이라는 엄연한 현실, 悠久한 漢字사용의 역사(三國 이전부터 二千數百年 써옴), 固有한 漢字音, 1920년대의 〔조선일보〕, 〔동아일보〕의 두 신문이나 開化期의 모든 교과서도 國漢混用이었고 國産漢字語가 많은 상황 등 어느모로 보나 漢字를 國字로 보는 것이 安當한 것이다.

漢字語에는 中國産, 韓國産, 日本産이 있는 바 漢字傳來 이래 中世語, 近世語까지에는 中國産, 國産 漢字語가 주류를 이루었으나 특히 19세기 후반기에 이르러 日本産 漢字語의 流入으로 文化用語, 學術用語 대부분이 그대로 中國이나 韓國에서도 通用되는 것이다.

學校, 文學, 哲學, 科學, 心理學, 社會學, 代表, 표준, 保險, 保證, 전화, 映畵, 冷藏庫 등이 日産인데 이들은 그대로 한국은 물론이요 중국에서도 쓰이고 있는 것들이다. 다만, 그 發音이 다를 뿐이다. 이들을 韓國 漢字音으로 발음하면 韓國語가 되는 것이요 漢字로 쓰면 韓·中·日이 같은 뜻으로 理解하는 것이다. 그러므로 漢字는 우리말을 적는 國字인 동시에 한자문화권에서 통용되는 공통문자인 것이다. 世界化 시대, 아태시대에 中·日語의 基礎도 되는 漢字이기도 하다.

'한글과 漢字는 두 날개다'라는 口號는 眞理다.

(1) 本文에서 밑줄 친 다음 漢字에 讀音을 쓰시오.

① 依存   (   ) ② 同價紅裳 (   ) ③ 緊要   (   )
④ 東夷族   (   ) ⑤ 吏讀   (   ) ⑥ 蓄積   (   )

⑦ 龍飛御天歌(　　　) ⑧ 悠久　(　　　) ⑨ 安當　(　　　)
⑩ 保險　(　　　) ⑪ 映畵　(　　　) ⑫ 冷藏庫 (　　　)
⑬ 基礎　(　　　)

> 답
> ① 의존 ② 동가홍상 ③ 긴요 ④ 동이족 ⑤ 이독 ⑥ 축적 ⑦ 용비어천가 ⑧ 유구 ⑨ 타당 ⑩ 보험 ⑪ 영화 ⑫ 냉장고 ⑬ 기초

(2) 본문에 밑줄 친 다음 말을 漢字로 쓰시오.
⑭ 회보　(　　　) ⑮ 감상적 (　　　) ⑯ 오도　(　　　)
⑰ 논리　(　　　) ⑱ 심증　(　　　) ⑲ 훈민정음 (　　　)
⑳ 조선일보 (　　　) ㉑ 표준　(　　　) ㉒ 전화　(　　　)
㉓ 아태　(　　　)

> 답
> ⑭ 會報 ⑮ 感傷的 ⑯ 誤導 ⑰ 論理 ⑱ 心證 ⑲ 訓民正音 ⑳ 朝鮮日報 ㉑ 標準 ㉒ 電話 ㉓ 亞太

(3) 윗 글의 주제를 가장 잘 나타내고 있는 한 文(글월)을 찾아 옮겨 적으시오. (漢字語는 반드시 漢字로)
(　　　　　　　　　　　　　　　　　　　　　　　　　　)

> 답
> 漢字는 우리말을 적는 國字인 동시에 漢字文化圈에서 통용되는 共通文字인 것이다.

13

다음은 語文會報(韓國語文敎育硏究會 會報) 제 18 호에 실린 '초등學校 국어교육의 正常化 서둘러야 - 영어교육 必須에 앞서 -'(會長 南廣祐)라는 글의 一部를 옮긴 것이다.

日本 小學校에서는 1,006字를 모든 교과서에 섞어 가르치고 中·高校에서는 常用漢字 1,945字(별도로 人名用漢字 284字)를 가르치고 있는 것이다.
　이를 앞지르기 위한 克日의 意志로 국어교육의 正常化를 서둘러야 한다.
　初·中·高의 국어교육 正常化로 독서력을 길러 ⑩고전이나 敎養 ⑪서적도 읽게 하여 전통 ①倫理 회복에도 도움이 되게 해야 할 것이다. 이것이 國力의 밑바탕이 되는 것이다.
　우리는 역사적으로 日本보다도 앞선 文化民族이었다. ⑫백제의 王仁이 ⑬논어와 千字文을 日本에 전했고 백제나 ⑭신라의 文化가 日本에 흘러 들어가 그들에게 크게 ②影響을 미친 사실도 알려져 있다. 朝鮮 ⑮통신사에 대한 德川幕府의 ③歡迎은 18세기 말 무렵까지 국가적 ⑯규모의 ⑰성대한 것이었다고 하지 않는가. 우리도 이제 한글전용의 ④迷夢에서 벗어나

⑱ 전통文化의 ⑤ 復元 ⑲ 계승의 次元으로나 世界化時代, 東北亞에서는 韓·中·日 중심의 經濟圈형성 ⑳ 가능성이 ⑥ 漸高하는 마당에 ㉑ 공용文字인 漢字교육을 서둘러야 한다. 그게 ㉒ 국익에 도움이 된다. 〔中略〕

정론은 이렇다. 中(3,500字)·日(1,945字)이 常用漢字가 있는데, 우리만 常用漢字가 없다. 이래서야 되겠는가. 2,000字 ㉓ 정도의 常用漢字 습득을 ㉔ 목표로 해야 한다. ㉕ 우수한 한글이 있으나 우리의 전통文化가 한자문화요, 우리말의 70%가 漢字語라는 엄연한 사실, 앞으로도 중요한 ㉖ 조어원이 漢字임을 ㉗ 인식해야 하며 한걸음 나아가 漢字가 中國글자가 아니라 한글과 함께 國字의 하나임을 명심해야 한다.

漢字사용의 ⑦ 悠久한 ㉘ 역사, 漢字를 만드는데 ⑧ 東夷族이 主役이었다는 주장이 국내외 학자에 의해 긍정적으로 ㉙ 평가되고 있는 것이다. 뿐만 아니라 우리 固有의 漢字音, 國産漢字語가 많은 점은 두고라도 국적이야 어디건 우리나라에서 통용되는 漢字語는 우리 漢字音으로 발음하면 우리 국어인 것이다.

漢字는 그 ㉚ 시각성·조어력·㉛ 축약력에 있어 한글에 비해 월등하다. 時空을 초월한 점, 簡 ⑩ 潔 正 ㊶ 確한 그 表意性을 살려 國漢(漢字) ㊷ 混用교육으로 되돌릴 때다.

漢字교육을 위해서 漢字교육을 하자는 것이 아니다. 國語교육의 正常化를 위해 국어교육의 一㊸環으로 漢字교육을 하자는 것이다. 〔中略〕

한글 指㊹導의 ㉜ 부담이 큰데 왜 1·2학년부터 漢字指導를 하느냐. 교과서에 漢字를 넣어 가르치면 한자학습에 대한 부담이 加重되어 전반적으로 學歷이 ㊺ 低下되거나 국어시간이 漢字시간화하여 국어교육을 저해할 우려가 있다는 견해도 있다 한다.

그렇지 않다. 아무리 한글지도의 부담이 크다고 하나 漢字 ㊻ 早期교육이 效果的이라는 것을 인식하고 그 指導方法이 연구되고 ㊼ 熱意만 있다면 50자나 100자 정도의 읽기가 그렇게 부담이 되는 것은 아니다. 국어시간이 漢字시간화한다는 것도 杞㊽憂에 지나지 않는다. 각 學年別로 배당된 漢字를 正課時間 또는 그 밖의 기회를 ⑨ 捕捉하여 지도하면 쉽게 成果를 거둘 수 있을 것으로 생각한다.

물론 漢字지도에 앞서 한글指導를 體系的·合理的 방법으로 短期間에 완성해야 한다. 오늘날의 국어교과서는 영어·일어교과서의 흉내만 냈던 과거에 비해 基本音㊾節表가 도입되어 있고 發音교육에도 ㉝ 유의하는 등 상당히 좋아진 一面이 있다. 사실상 로마字는 26자, 일본의 ㊿ 假名字는 50자 정도에 지나지 않지만 우리 한글은 24자모하고 하나 子音 19字, 母音 21字로 40字요, 발음할 수 있는 音節字는 初聲 19×中聲 21×終聲 7(ktplmnɔ)＝2,793字나 되는 것이다. 한편 받침이 27개나 있어 그 ㉞ 습득이 만만찮다.

그러나 1학년 1학기로 基本音節表는 물론이요, 조금만 體51系的·合理的으로 지도하면 2학년까지는 한글指導를 끝낼 수 있는 것이다. 그것은 교과서 편찬 때의 유의와 指導方法의 연구로 춘분히 52克53服할 수 있다.

서울시 교육청 案에 의하면 年 32시간에 시간당 신습漢字를 4·5·6학년에서는 5·6자를 하라 했다. 이 54裁55量시간 대신 漢字를 국어시간으로 돌려 국어시간 한 시간을 늘리고 교과서에 필요한 漢字를 적절히 섞어 그 漢字의 音·訓을 가르치면 국어 어휘력이 ㉟ 향상되어 모든 학과의 ㊱ 성적도 좋아질 것이다.

뿐만 아니다. 가령 韓國語文敎育硏究會가 ㊲ 선정한 ㊳ 초등학교 漢字교육용 漢字 1,000字는 모두 日本에서 쓰이므로 이들 글자의 뜻을 알게 되는 것이고 中國에서 쓰이는 漢字에 56簡子가 많다고 하지만 그 1,000字 중 632字가 正字이므로 역시 그만큼 중국어를 배우는 데 도움이 될 것은 自明한 일이다. 日本의 57略字라는 것은 대부분이 우리나라에서 통용되는 것이고 中國의 簡體字 또한 눈에 선 것이 꽤 있으나 초서체 등 조금만 힘쓰면 극복할 수 있는 것들이다.
초등학교 1학년부터 국어교육의 일환으로 漢字교육을 하는 것이 교육 ㊴ 개혁의 核이다. 漢字교육으로 국어의 힘을 길러 독서를 하게 하고 中·日 兩國어에 (58) 接近할 수 있는 길을 트는 것이 특히 東北 (59) 亞 經濟圈에서 (60) 緊急히 서둘러야 할 課題인 것이다.

⑴ 위 本文 밑줄 친 漢字語에 讀音을 다시오.

① 倫理 ( )	② 影響 ( )	③ 歡迎 ( )
④ 迷夢 ( )	⑤ 復元 ( )	⑥ 漸高 ( )
⑦ 悠久 ( )	⑧ 東夷族 ( )	⑨ 捕捉 ( )

답
① 윤리 ② 영향 ③ 환영 ④ 미몽 ⑤ 복원 ⑥ 점고 ⑦ 유구 ⑧ 동이족 ⑨ 포착

⑵ 本文 중 밑줄 친 한글 表記를 보고 漢字語를 漢字로 쓰시오.

⑩ 고전 ( )	⑪ 서적 ( )	⑫ 백제 ( )
⑬ 논어 ( )	⑭ 신라 ( )	⑮ 통신사 ( )
⑯ 규모 ( )	⑰ 성대 ( )	⑱ 전통 ( )
⑲ 계승 ( )	⑳ 가능성 ( )	㉑ 공용 ( )
㉒ 국익 ( )	㉓ 정도 ( )	㉔ 목표 ( )
㉕ 우수 ( )	㉖ 조어원 ( )	㉗ 인식 ( )
㉘ 역사 ( )	㉙ 평가 ( )	㉚ 시각성 ( )
㉛ 축약력 ( )	㉜ 부담 ( )	㉝ 유의 ( )
㉞ 습득 ( )	㉟ 향상 ( )	㊱ 성적 ( )
㊲ 선정 ( )	㊳ 초등 ( )	㊴ 개혁 ( )

답
⑩ 古典 ⑪ 書籍 ⑫ 百濟 ⑬ 論語 ⑭ 新羅 ⑮ 通信社 ⑯ 規模 ⑰ 盛大 ⑱ 傳統 ⑲ 繼承 ⑳ 可能性 ㉑ 共用 ㉒ 國益 ㉓ 程度 ㉔ 目標 ㉕ 優秀 ㉖ 造語源 ㉗ 認識 ㉘ 歷史 ㉙ 評價 ㉚ 視覺性 ㉛ 縮約力 ㉜ 負擔 ㉝ 有意 ㉞ 習得 ㉟ 向上 ㊱ 成績 ㊲ 選定 ㊳ 初等 ㊴ 改革

⑶ 本文에서 ㊵ ~ (60)에 해당하는 漢字의 訓과 音을 쓰시오.

㊵ 潔 ( )	㊶ 確 ( )	㊷ 混 ( )
㊸ 環 ( )	㊹ 導 ( )	㊺ 低 ( )
㊻ 早 ( )	㊼ 熱 ( )	㊽ 憂 ( )
㊾ 節 ( )	㊿ 假 ( )	(51) 系 ( )

(52) 克 (　　　) (53) 服 (　　　) (54) 裁 (　　　)
(55) 量 (　　　) (56) 簡 (　　　) (57) 略 (　　　)
(58) 接 (　　　) (59) 亞 (　　　) (60) 緊 (　　　)

답

㊵ 깨끗할 결 ㊶ 확실할 확 ㊷ 섞을 혼 ㊸ 고리 환 ㊹ 인도할 도 ㊺ 낮을 저 ㊻ 이를 조 ㊼ 더울 렬 ㊽ 근심 우 ㊾ 마디 절 ㊿ 거짓 가 (51) 이어맬 계 (52) 이길 극 (53) 옷 복 (54) 마를 재 (55) 헤아릴 량 (56) 대쪽 간 (57) 약할 략 (58) 이을 접 (59) 버금 아 (60) 긴요할 긴

약자쓰기 다음 漢字 중 略字는 正字로, 正字는 略字로 바꾸어 쓰시오. 【14 ~ 18】

14

① 邊 (　　　) ② 獨 (　　　) ③ 辭 (　　　)
④ 虫 (　　　) ⑤ 区 (　　　)

답

① 辺 ② 独 ③ 辞 ④ 蟲 ⑤ 區

15

① 亂 (　　　) ② 舊 (　　　) ③ 鐵 (　　　)

답

① 乱 ② 旧 ③ 鉄

16

① 蟲 (　　　) ② 絲 (　　　) ③ 舊 (　　　)

답

① 虫 ② 糸 ③ 旧

17

① 價 (　　　) ② 舊 (　　　) ③ 輕 (　　　)
④ 發 (　　　) ⑤ 當 (　　　)

> ① 価 ② 旧 ③ 軽 ④ 発 ⑤ 当

18

① 獨 (　　　) ② 來 (　　　) ③ 收 (　　　)
④ 寫 (　　　) ⑤ 斷 (　　　)

> ① 独 ② 来 ③ 収 ④ 写 ⑤ 断

잠깐만 — 가족(家族)의 호칭

구 분	자 기		타 인	
	생존시	사 후	생존시	사 후
父 아버지	가친(家親) 엄친(嚴親) 부주(父主)	선친(先親) 선고(先考) 선부군(先父君)	춘부장(春府丈) 춘장(椿丈) 춘당(春堂)	선대인(先大人) 선고장(先考丈) 선인(先人)
母 어머니	자친(慈親) 모생(母生) 가자(家慈)	선비(先妣) 선자(先慈)	자당(慈堂) 대부인(大夫人) 모당(母堂) 훤당(萱堂)	선대부인(先大夫人) 선부인(先夫人)
祖父 할아버지	조부(祖父) 왕부(王父)	조고(祖考) 왕고(王考)	왕존장(王尊丈) 왕대인(王大人)	선조부장(先祖父丈) 선왕고장(先王考丈)
祖母 할머니	조모(祖母) 왕모(王母)	조비(祖妣)	왕대부인(王大夫人) 존조모(尊祖母)	선왕대부인(先王大夫人) 선조비(先祖妣)
子 아들	가아(家兒) 가돈(家豚) 돈아(豚兒) 미돈(迷豚)	망아(亡兒)	영랑(令郞) 영식(令息) 영윤(令胤)	
女 딸	여식(女息) 식비(息鄙)		영애(令愛) 영교(令嬌) 영양(令孃)	
孫 손자	손자(孫子) 손아(孫兒)		영포(令抱) 영손(令孫)	

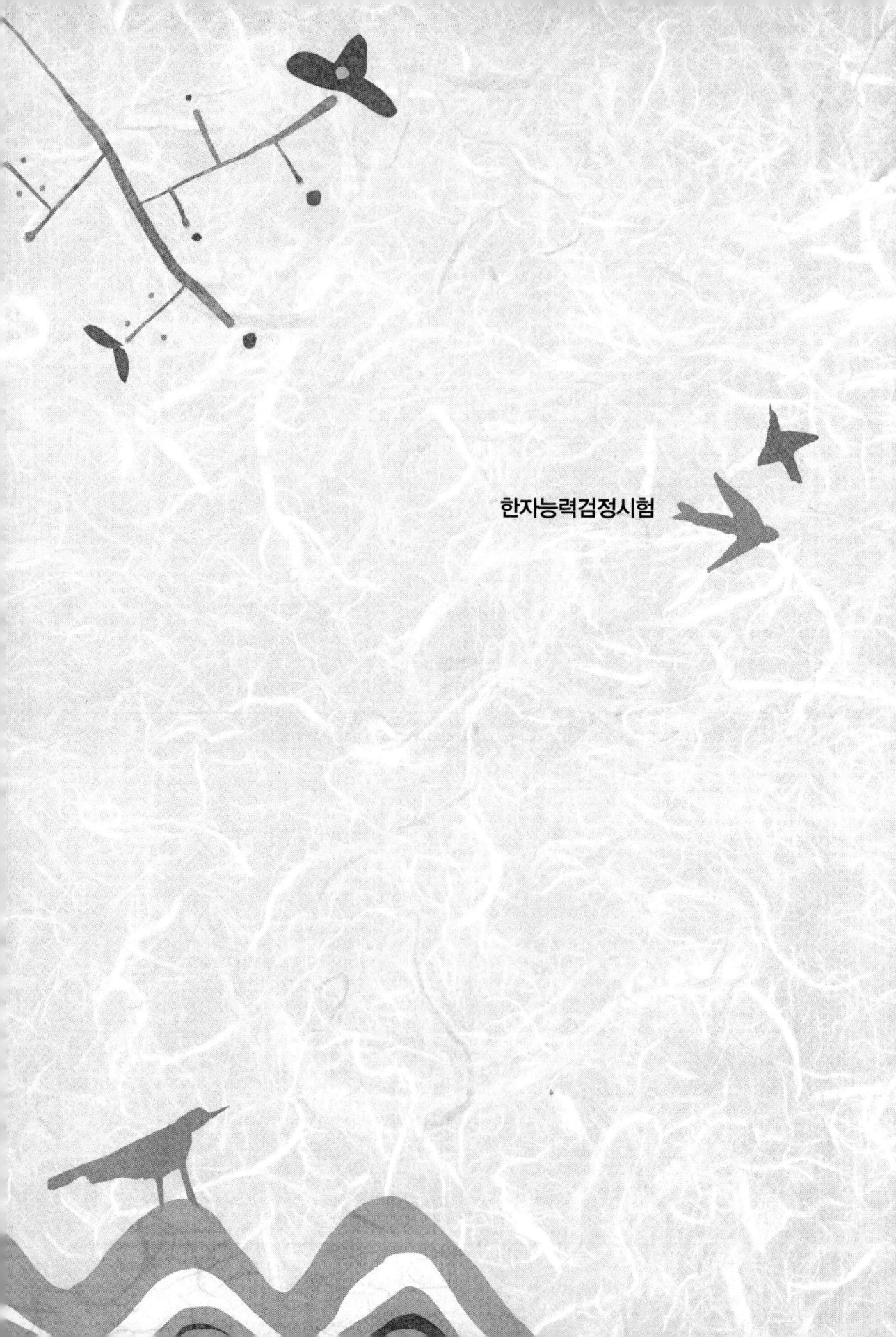

03

시험에 자주 나오는 한자어

01. 유의·상대결합어
02. 유의어·반의어
03. 음은 같지만 뜻이 다른 한자어
04. 장음·단음한자
05. 한자성어

유의결합어 · 상대결합어

한자어는 일정한 결합방법에 의해 짜여지는데, 이러한 구조를 파악하는 것은 한문의 구조를 이해하는데 도움이 된다. 여기서는 서로 비슷한 뜻으로 결합된 한자어(類義結合語)와 서로 상대되는 뜻의 한자로 결합된 한자어(相對結合語)를 정리한다.

1 서로 비슷한 뜻으로 결합된 한자어(類義結合語)

ㄱ

가옥	家 집 가	屋 집 옥
가요	歌 노래 가	謠 노래 요
각오	覺 깨달을 각	悟 깨달을 오
간격	間 사이 간	隔 사이뜰 격
감시	監 볼 감	視 볼 시
거대	巨 클 거	大 큰 대
거주	居 살 거	住 살 주
건강	健 군셀 건	康 편안할 강
견고	堅 굳을 견	固 굳을 고
경계	境 지경 경	界 지경 계
경쟁	競 다툴 경	爭 다툴 쟁
계산	計 셈할 계	算 셈할 산
계속	繼 이을 계	續 이을 속
계층	階 섬돌 계	層 층 층
고독	孤 외로울 고	獨 홀로 독
고려	考 상고할 고	慮 생각할 려
고용	雇 품살 고	傭 품팔 용
공격	攻 칠 공	擊 칠 격
공경	恭 공경할 공	敬 공경할 경
공포	恐 두려워할 공	怖 두려워할 포
공허	空 빌 공	虛 빌 허
공헌	貢 바칠 공	獻 드릴 헌
과거	過 지날 과	去 갈 거
과실	果 과실 과	實 열매 실
과실	過 지날 과	失 잃을 실
과오	過 지날 과	誤 그르칠 오
관철	貫 꿰뚫을 관	徹 뚫을 철
관통	貫 꿰뚫을 관	通 통할 통
교훈	敎 가르칠 교	訓 가르칠 훈
구비	具 갖출 구	備 갖출 비
구제	救 구원할 구	濟 건널 제
규칙	規 법 규	則 법칙 칙
극단	極 극진할 극	端 끝 단
근본	根 뿌리 근	本 근본 본
기술	技 재주 기	術 재주 술
기아	飢 주릴 기	餓 주릴 아
기예	技 재주 기	藝 재주 예

ㄷ

단계	段 층계 단	階 섬돌 계
단절	斷 끊을 단	絶 끊을 절
담화	談 말씀 담	話 말씀 화
도달	到 이를 도	達 통달할 달
도당	徒 무리 도	黨 무리 당
도로	道 길 도	路 길 로
도망	逃 달아날 도	亡 망할 망
도적	盜 도둑 도	賊 도둑 적
도착	到 이를 도	着 붙을 착
도피	逃 달아날 도	避 피할 피
도화	圖 그림 도	畫 그림 화
돈독	敦 도타울 돈	篤 도타울 독

ㅁ

| 말단 | 末 끝 말 | 端 끝 단 |

말미	末 끝 말	尾 꼬리 미		시초	始 처음 시	初 처음 초	
멸망	滅 멸망할 멸	亡 망할 망		신고	申 납 신	告 고할 고	
모발	毛 털 모	髮 터럭 발		신체	身 몸 신	體 몸 체	
모범	模 본뜰 모	範 법 범		심방	尋 찾을 심	訪 찾을 방	
문장	文 글월 문	章 글 장		심정	心 마음 심	情 뜻 정	

ㅂ

ㅇ

반환	返 돌이킬 반	還 돌아올 환		안목	眼 눈 안	目 눈 목	
법식	法 법 법	式 법 식		애도	哀 슬플 애	悼 슬퍼할 도	
법전	法 법 법	典 법 전		언어	言 말씀 언	語 말씀 어	
변화	變 변할 변	化 될 화		연계	連 이을 연(련)	繫 맬 계	
병졸	兵 병사 병	卒 군사 졸		연구	硏 갈 연	究 연구할 구	
보고	報 알릴 보	告 고할 고		연락	連 이을 연(련)	絡 연락할 락	
보수	保 지킬 보	守 지킬 수		연세	年 해 연(년)	歲 해 세	
부속	附 붙을 부	屬 붙을 속		연속	連 이을 연(련)	續 이을 속	
부조	扶 도울 부	助 도울 조		염려	念 생각할 염(념)	慮 생각할 려	
부차	副 버금 부	次 버금 차		영원	永 길 영	遠 멀 원	
분묘	墳 무덤 분	墓 무덤 묘		영특	英 재주뛰어날 영	特 특별할 특	
불사	佛 부처 불	寺 절 사		완전	完 완전할 완	全 온전 전	
비평	批 비평할 비	評 평할 평		요구	要 구할 요	求 구할 구	
빈궁	貧 가난할 빈	窮 다할 궁		우수	憂 근심 우	愁 근심 수	
				원한	怨 원망할 원	恨 한할 한	
				위대	偉 클 위	大 큰 대	

ㅅ

				융성	隆 성할 융(륭)	盛 당할 성	
사상	思 생각 사	想 생각 상		은혜	恩 은혜 은	惠 은혜 혜	
사설	辭 말씀 사	說 말씀 설		음성	音 소리 음	聲 소리 성	
사옥	舍 집 사	屋 집 옥		의논	議 의논할 의	論 의논할 론	
사택	舍 집 사	宅 집 택		의복	衣 옷 의	服 옷 복	
상념	想 생각 상	念 생각할 념		의사	意 뜻 의	思 생각 사	
생산	生 낳을 생	産 낳을 산		의지	意 뜻 의	志 뜻 지	
석방	釋 풀 석	放 놓을 방		인자	仁 어질 인	慈 사랑 자	
선별	選 가릴 선	別 다를 별					
선택	選 가릴 선	擇 가릴 택					

ㅈ

세탁	洗 씻을 세	濯 씻을 탁					
소박	素 소박할 소	朴 질박할 박		자태	姿 모습 자	態 모습 태	
수목	樹 나무 수	木 나무 목		재화	財 재물 재	貨 재물 화	
순결	純 순수할 순	潔 깨끗할 결		재화	災 재앙 재	禍 재화 화	
숭고	崇 높을 숭	高 높을 고		저축	貯 쌓을 저	蓄 모을 축	
승계	承 이를 승	繼 이을 계		전쟁	戰 싸움 전	爭 다툴 쟁	
시설	施 베풀 시	設 베풀 설		전투	戰 싸움 전	鬪 싸울 투	
				정결	淨 깨끗할 정	潔 깨끗할 결	

정성	精 정성스러울 정	誠 정성 성		퇴거	退 물러날 퇴	去 갈 거
정지	停 머무를 정	止 그칠 지		투쟁	鬪 싸움 투	爭 다툴 쟁
정직	正 바를 정	直 곧을 직				
정치	政 정사 정	治 다스릴 치				
제왕	帝 임금 제	王 왕 왕		▲ ㅍ		
제작	製 지을 제	作 지을 작				
제조	製 지을 제	造 지을 조		포획	捕 잡을 포	獲 얻을 획
조작	造 지을 조	作 지을 작		필경	畢 마칠 필	竟 마침내 경
조화	調 고를 조	和 화할 화				
존재	存 있을 존	在 있을 재				
존중	尊 높을 존	重 무거울 중		▲ ㅎ		
종료	終 마칠 종	了 마칠 료				
종말	終 마칠 종	末 끝 말				
주거	住 살 주	居 살 거		하천	河 물 하	川 내 천
주홍	朱 붉을 주	紅 붉을 홍		하해	河 강이름 하	海 바다 해
준수	俊 빼어날 준	秀 빼어날 수		한랭	寒 찰 한	冷 찰 랭
중앙	中 가운데 중	央 가운데 앙		항상	恒 항상 항	常 항상 상
증가	增 더할 증	加 더할 가		행복	幸 다행 행	福 복 복
지극	至 이를 지	極 지극할 극		화목	和 화할 화	睦 화목할 목
지식	知 알 지	識 알 식		환희	歡 기쁠 환	喜 기쁠 희
진보	珍 보배 진	寶 보배 보		황제	皇 임금 황	帝 임금 제
진취	進 나아갈 진	就 나아갈 취		희망	希 바랄 희	望 바랄 망
질문	質 물을 질	問 물을 문		희원	希 바랄 희	願 원할 원

▲ ㅊ

참여	參 참여할 참	與 더불 여				
창고	倉 곳집 창	庫 곳집 고				
채소	菜 나물 채	蔬 나물 소				

2 서로 상대되는 뜻의 한자로 결합된 한자어
(相對結合語)

처소	處 곳 처	所 바 소
척도	尺 자 척	度 자 도
청결	淸 깨끗할 청	潔 깨끗할 결
청문	聽 들을 청	聞 들을 문
청정	淸 깨끗할 청	淨 깨끗할 정
축적	蓄 모을 축	積 쌓을 적
충만	充 채울 충	滿 찰 만
층계	層 층 층	階 섬돌 계
칭송	稱 일컬을 칭	頌 칭송할 송

▲ ㄱ

가감	加 더할 가	↔	減 덜 감
가부	可 옳을 가	↔	否 아닐 부
간과	干 방패 간	↔	戈 창 과
감고	甘 달 감	↔	苦 쓸 고
강산	江 강 강	↔	山 뫼 산
강약	强 굳셀 강	↔	弱 약할 약
개폐	開 열 개	↔	閉 닫을 폐
거래	去 갈 거	↔	來 올 래

▲ ㅌ

타격	打 칠 타	擊 칠 격
토벌	討 칠 토	伐 칠 벌

건곤	乾 하늘 건	↔ 坤 땅 곤	대소	大 큰 대	↔ 小 작을 소
경위	經 날 경	↔ 緯 씨금 위	대차	貸 빌릴 대	↔ 借 빌 차
경중	輕 가벼울 경	↔ 重 무거울 중			
경조	慶 경사 경	↔ 弔 조상할 조			
경향	京 서울 경	↔ 鄕 시골 향		▸ ㅁ	
고락	苦 괴로울 고	↔ 樂 즐거울 락			
고부	姑 시어머니 고	↔ 婦 며느리 부	매매	賣 팔 매	↔ 買 살 매
고저	高 높을 고	↔ 低 낮을 저	명암	明 밝을 명	↔ 暗 어두울 암
곡직	曲 굽을 곡	↔ 直 곧을 직	문답	問 물을 문	↔ 答 답할 답
공과	功 공 공	↔ 過 허물 과	문무	文 글월 문	↔ 武 굳셀 무
공방	攻 칠 공	↔ 防 막을 방	물심	物 물건 물	↔ 心 마음 심
공사	公 공평할 공	↔ 私 사사 사	미추	美 아름다울 미	↔ 醜 추할 추
공수	攻 칠 공	↔ 守 지킬 수			
관민	官 벼슬 관	↔ 民 백성 민			
군신	君 임금 군	↔ 臣 신하 신		▸ ㅂ	
귀천	貴 귀할 귀	↔ 賤 천할 천			
금수	禽 날짐승 금	↔ 獸 길짐승 수	반상	班 나눌 반	↔ 常 항상 상
기복	起 일어날 기	↔ 伏 엎드릴 복	발착	發 필 발	↔ 着 붙을 착
길흉	吉 길할 길	↔ 凶 흉할 흉	본말	本 근본 본	↔ 末 끝 말
			봉별	逢 만날 봉	↔ 別 헤어질 별
			부부	夫 지아비 부	↔ 婦 며느리 부
	▸ ㄴ		부침	浮 뜰 부	↔ 沈 잠길 침
			빈부	貧 가난할 빈	↔ 富 넉넉할 부
난이	難 어려운 난	↔ 易 쉬울 이	빙탄	氷 얼음 빙	↔ 炭 숯 탄
남북	南 남녘 남	↔ 北 북녘 북			
내왕	來 올 내(래)	↔ 往 갈 왕			
내외	內 안 내	↔ 外 바깥 외		▸ ㅅ	
냉온	冷 찰 냉(랭)	↔ 溫 따뜻할 온			
노소	老 늙을 노(로)	↔ 少 젊을 소	사제	師 스승 사	↔ 弟 아우 제
노사	勞 일할 노(로)	↔ 使 부릴 사	사활	死 죽을 사	↔ 活 살 활
농담	濃 짙을 농(롱)	↔ 淡 묽을 담	산하	山 뫼 산	↔ 河 물 하
냉열	冷 찰 냉(랭)	↔ 熱 더울 열	상벌	賞 상줄 상	↔ 罰 벌 벌
			생사	生 살 생	↔ 死 죽을 사
			선악	善 착할 선	↔ 惡 악할 악
	▸ ㄷ		선후	先 먼저 선	↔ 後 뒤 후
			성쇠	盛 성할 성	↔ 衰 쇠할 쇠
동서	東 동녘 동	↔ 西 서녘 서	성패	成 이룰 성	↔ 敗 패할 패
동정	動 움직일 동	↔ 靜 고요할 정	손익	損 잃을 손	↔ 益 더할 익
득실	得 얻을 득	↔ 失 잃을 실	송영	送 보낼 송	↔ 迎 맞을 영
다소	多 많을 다	↔ 少 적을 소	수급	需 쓸 수	↔ 給 줄 급
단석	旦 아침 단	↔ 夕 저녁 석	수미	首 머리 수	↔ 尾 꼬리 미
당락	當 마땅 당	↔ 落 떨어질 락			

수수	授 줄 수	↔ 受 받을 수	장병	將 장수 장	↔ 兵 군사 병
수족	手 손 수	↔ 足 발 족	전답	田 밭 전	↔ 畓 논 답
승강	昇 오를 승	↔ 降 내릴 강	전후	前 앞 전	↔ 後 뒤 후
승부	勝 이길 승	↔ 負 질 부	정오	正 바를 정	↔ 誤 그릇될 오
승패	勝 이길 승	↔ 敗 패할 패	조석	朝 아침 조	↔ 夕 저녁 석
시비	是 이 시	↔ 非 아닐 비	존망	存 있을 존	↔ 亡 망할 망
시종	始 비로소 시	↔ 終 마칠 종	존비	尊 높을 존	↔ 卑 낮을 비
신구	新 새 신	↔ 舊 옛 구	종횡	縱 세로 종	↔ 橫 가로 횡
신축	伸 펼 신	↔ 縮 오그라들 축	좌우	左 왼 좌	↔ 右 오른쪽 우
심신	心 마음 심	↔ 身 몸 신	주객	主 주인 주	↔ 客 손 객
심천	深 깊을 심	↔ 淺 얕을 천	주야	晝 낮 주	↔ 夜 밤 야
			주종	主 주인 주	↔ 從 따를 종
			중과	衆 많을 중	↔ 寡 적을 과
			증감	增 더할 증	↔ 減 덜 감
			지속	遲 더딜 지	↔ 速 빠를 속
			진위	眞 참 진	↔ 僞 거짓 위

ㅇ

			진퇴	進 나아갈 진	↔ 退 물러날 퇴
			집산	集 모을 집	↔ 散 흩을 산
안위	安 편안할 안	↔ 危 위태할 위			
애증	愛 사랑 애	↔ 憎 미워할 증			
애환	哀 슬플 애	↔ 歡 기쁠 환			
언행	言 말씀 언	↔ 行 갈 행			

ㅈ

여야	與 줄 여	↔ 野 들 야			
역순	逆 거스를 역	↔ 順 좇을 순			
영욕	榮 영화 영	↔ 辱 욕될 욕	착발	着 붙을 착	↔ 發 필 발
옥석	玉 구슬 옥	↔ 石 돌 석	천지	天 하늘 천	↔ 地 땅 지
완급	緩 느릴 완	↔ 急 급할 급	첨삭	添 더할 첨	↔ 削 깎을 삭
왕래	往 갈 왕	↔ 來 올 래	청탁	淸 맑을 청	↔ 濁 흐릴 탁
왕복	往 갈 왕	↔ 復 돌아올 복	출납	出 날 출	↔ 納 들일 납
요철	凹 오목할 요	↔ 凸 볼록할 철	출몰	出 날 출	↔ 沒 빠질 몰
우열	優 뛰어날 우	↔ 劣 못날 열	출입	出 날 출	↔ 入 들 입
원근	遠 멀 원	↔ 近 가까울 근	취사	取 취할 취	↔ 捨 버릴 사
유무	有 있을 유	↔ 無 없을 무			
음양	陰 그늘 음	↔ 陽 볕 양			

ㅌ ㅍ

이동	異 다를 이	↔ 同 한가지 동			
이합	離 떠날 리	↔ 合 합할 합			
이해	利 이로울 이	↔ 害 해칠 해	통분	統 합칠 통	↔ 分 나눌 분
인과	因 까닭 인	↔ 果 결과 과	표리	表 겉 표	↔ 裏 속 리
			풍흉	豊 풍성할 풍	↔ 凶 흉년들 흉
			피차	彼 저 피	↔ 此 이 차

ㅈ

ㅎ

자매	姉 누이 자	↔ 妹 아랫누이 매			
자웅	雌 암컷 자	↔ 雄 수컷 웅			
자타	自 스스로 자	↔ 他 다를 타	한난	寒 찰 한	↔ 暖 따뜻할 난
장단	長 긴 장	↔ 短 짧을 단	한서	寒 찰 한	↔ 暑 더울 서

허실	虛 빌 허	↔	實 찰 실		후박	厚 두터울 후	↔	博 엷을 박
현우	賢 어질 현	↔	愚 어리석을 우		흑백	黑 검을 흑	↔	白 흰 백
협광	狹 좁을 협	↔	廣 넓을 광		흥망	興 일어날 흥	↔	亡 망할 망
화복	禍 재앙 화	↔	福 복 복		희비	喜 기쁠 희	↔	悲 슬플 비

잠깐만 — 빈대라는 말의 유래

음력 2월의 절기는 경칩 驚蟄과 춘분 春分이다. 경이란 글자는 말이 놀라는 모습이 가장 사나웠는지 말 마 馬를 붙인 놀랄 경 驚이고, 칩은 숨을 칩, 모일 칩 蟄이다. 그러니 경칩은 겨울잠을 자던 동물들이 팔딱팔딱 뛰어올라 모인다는 뜻이다. 경칩에는 개구리 알을 찾아 나서기도 하였으며, 경칩에 흙일을 하면 탈이 없다고 하여 벽을 바르거나 담을 쌓기도 한다. 그러면 빈대가 없어진다는 속설도 있다. '빈대'라는 말이 나왔으니 우스운 이야기를 하면, 원래 그 놈은 우리나라에는 없었다고 한다. 중국에 사신으로 갔던 사람이 여관에서 그 놈을 처음 보았는데, 여관 주인인 중국 사람이 유익한 벌레라고 둘러댔다. 그 후 그 사신이 붓자루 속에다 암수 한 놈씩을 넣어 가지고 우리나라로 돌아오는 도중에 지금식으로 하면 세관에서 물품 검사를 받았다. 붓자루 안에 이상한 물건이 없느냐고 하니까, 그 사신이 말하기를 "빈 대나무요, 빈 대란 말이요."라고 하였다. 그래서 그 때부터 이름이 빈대가 되었다는 이야기가 있다.

예상문제풀이

유의결합어

정답 및 해설

1 다음 괄호 안에 類義字(뜻이 비슷한 글자)를 써 넣으시오.

① 空( )   ② 具( )   ③ 思( )
④ ( )互   ⑤ 恩( )

1. ① 공허 : 空(빌 공) - 虛(빌 허)
   ② 구비 : 具(갖출 구) - 備(갖출 비)
   ③ 사상 : 思(생각 사) - 想(생각할 상)
   ④ 상호 : 相(서로 상) - 互(서로 호)
   ⑤ 은혜 : 恩(은혜 은) - 惠(은혜 혜)

2 다음 괄호에 類義字(뜻이 비슷한 글자)를 적어 單語를 完成하시오.

① 停( )   ② ( )慈   ③ 層( )
④ 引( )   ⑤ ( )値

2. ① 정지 : 停(머무를 정) - 止(그칠 지)
   ② 인자 : 仁(어질 인) - 慈(사랑 자)
   ③ 층계 : 層(층계 층) - 階(섬돌 계)
   ④ 인도 : 引(끌 인) - 導(이끌 도)
   ⑤ 가치 : 價(값 가) - 値(값 치)

3 다음 漢字와 뜻이 같거나 비슷한 漢字를 써서 類義結合語를 쓰시오. (漢字도 可)

① ( )-悟   ② ( )-敬   ③ ( )-睦
④ 尋-( )   ⑤ 附-( )

3. ① 각오 : 覺(깨달을 각) - 悟(깨달을 오)
   ② 공경 : 恭(공손할 공) - 敬(공경할 경)
   ③ 화목 : 和(화목할 화) - 睦(화목할 목)
   ④ 심방 : 尋(찾을 심) - 訪(찾을 방)
   ⑤ 부속 : 附(붙을 부) - 屬(무리 속)

4 다음 漢字 중 유의어로 이루어진 것은?

(1) ① 境 - 界   ② 江 - 山
    ③ 開 - 閉   ④ 攻 - 守   (   )
(2) ① 君 - 臣   ② 夫 - 婦
    ③ 山 - 川   ④ 政 - 治   (   )

4. (1) ① 경계 : 境(지경 경) - 界(세계 계)
   (2) ④ 정치 : 政(정사 정) - 治(다스릴 치)

(3) ① 勝 - 負　② 將 - 來
　　③ 物 - 心　④ 居 - 住　（　）
(4) ① 初 - 終　② 根 - 本
　　③ 自 - 致　④ 異 - 同　（　）
(5) ① 談 - 話　② 主 - 從
　　③ 成 - 敗　④ 水 - 火　（　）

5 다음 單語 中 뜻이 같거나 비슷한 漢字(유의자)가 결합된 것을 가려 그 번호를 쓰시오.
(1) ① 思想　② 問答
　　③ 山川　④ 京鄕　（　）
(2) ① 天地　② 競爭
　　③ 山缺　④ 手足　（　）
(3) ① 衣服　② 成敗
　　③ 山河　④ 異同　（　）

6 다음 漢字와 뜻이 같거나 비슷한 漢字를 써서 類義結合語를 쓰시오.
① 監(　)　② 道(　)　③ 歡(　)
④ 聽(　)　⑤ 恒(　)

상대결합어

7 다음 漢字語의 反意(또는 相對)되는 漢字를 쓰시오.

① 長-(　)　② (　)-減　③ (　)-裏
④ (　)-退　⑤ (　)-衰　⑥ (　)-僞
⑦ (　)-同　⑧ 遠-(　)　⑨ 安-(　)
⑩ 禍-(　)

정답 및 해설

(3) ④ 거주 : 居(살 거) - 住(살 주)
(4) ② 근본 : 根(뿌리 근) - 本(근본 본)
(5) ① 담화 : 談(이야기 담) - 話(말씀 화)

5. (1) ① 사상 : 思(생각 사) - 想(생각할 상)
　 (2) ② 경쟁 : 競(다툴 경) - 爭(다툴 쟁)
　 (3) ① 의복 : 衣(옷 의) - 服(옷 복)

6. ① 감시 : 監(볼 감) - 視(볼 시)
　 ② 도로 : 道(길 도) - 路(길 로)
　 ③ 환희 : 歡(기뻐할 환) - 喜(기쁠 희)
　 ④ 청문 : 聽(들을 청) - 聞(들을 문)
　 ⑤ 항상 : 恒(항상 항) - 常(항상 상)

7. ① 短(장단 : 길 장 ↔ 짧을 단)
　 ② 加(가감 : 더할 가 ↔ 덜 감)
　 ③ 表(표리 : 겉 표 ↔ 속 리)
　 ④ 進(진퇴 : 나아갈 진 ↔ 물러날 퇴)
　 ⑤ 盛(성쇠 : 성할 성 ↔ 쇠할 쇠)
　 ⑥ 眞(진위 : 참 진 ↔ 거짓 위)
　 ⑦ 異(이동 : 다를 이 ↔ 같을 동)
　 ⑧ 近(원근 : 멀 원 ↔ 가까울 근)
　 ⑨ 危(안위 : 편안할 안 ↔ 위태로울 위)
　 ⑩ 福(화복 : 재앙 화 ↔ 복 복)

8 다음 漢字와 反對 또는 相對되는 漢字를 쓰시오.

① 成-(　) ② (　)-短 ③ 明-(　)
④ 內-(　) ⑤ 加-(　) ⑥ (　)-同
⑦ 進-(　) ⑧ (　)-近 ⑨ (　)-卑
⑩ (　)-卑

9 다음 漢字의 反對 또는 相對되는 漢字를 쓰시오.

① 眞(　) ② 弔(　) ③ 賤(　)
④ 淺(　) ⑤ 姑(　)

10 다음 글자의 반대 또는 상대가 되는 漢字를 쓰시오.

① 京(　) ② 功(　) ③ 勞(　)
④ 來(　) ⑤ 老(　)

11 다음 漢字의 反對 또는 相對되는 漢字를 쓰시오.

① 起-(　) ② 斷-(　) ③ 眞-(　)
④ 順-(　) ⑤ 姑-(　)

12 다음 중 反意字 결합구조로 된 漢字語를 골라 그 번호를 쓰시오.

(1) ① 利 害　　② 堅 固
　　③ 極 端　　④ 段 階　(　　)

(2) ① 辭 說　　② 喜 悲
　　③ 增 加　　④ 音 聲　(　　)

(3) ① 創 作　　② 崇 高
　　③ 住 居　　④ 攻 守　(　　)

정답 및 해설

8. ① 敗(성패 : 이룰 성 ↔ 패할 패)
② 長(장단 : 길 장 ↔ 짧을 단)
③ 暗(명암 : 밝을 명 ↔ 어두울 암)
④ 外(내외 : 안 내 ↔ 바깥 외)
⑤ 減(가감 : 더할 가 ↔ 덜 감)
⑥ 異(이동 : 다를 이 ↔ 같을 동)
⑦ 退(진퇴 : 나아갈 진 ↔ 물러날 퇴)
⑧ 遠(원근 : 멀 원 ↔ 가까울 근)
⑨ 慶(경조 : 경사 경 ↔ 조상할 조)
⑩ 尊(존비 : 높을 존 ↔ 낮을 비)

9. ① 假(진가 : 참 진 ↔ 거짓 가)
② 慶(조경 : 조상할 조 ↔ 경사 경)
③ 貴(천귀 : 천할 천 ↔ 귀할 귀)
④ 深(천심 : 얕을 천 ↔ 깊을 심)
⑤ 婦(고부 : 시어머니 고 ↔ 며느리 부)

10. ① 鄕(경향 : 서울 경 ↔ 시골 향)
② 過(공과 : 공 공 ↔ 허물 과)
③ 使(노사 : 수고할 로 ↔ 부릴 사)
④ 往(내왕 : 올 래 ↔ 갈 왕)
⑤ 少(노소 : 늙을 로 ↔ 젊을 소)

11. ① 伏(기복 : 일어날 기 ↔ 엎드릴 복)
② 續(단속 : 끊을 단 ↔ 이을 속)
③ 僞(진위 : 참 진 ↔ 거짓 위)
④ 逆(순역 : 따를 순 ↔ 거스를 역)
⑤ 婦(고부 : 시어머니 고 ↔ 며느리 부)

12. (1) ① 이해 : 이로울 리 ↔ 해로울 해
(2) ② 희비 : 기쁠 희 ↔ 슬플 비
(3) ④ 공수 : 칠 공 ↔ 지킬 수

13 다음 漢字의 反對 또는 相對되는 漢字를 쓰시오.

① 開(　)　② 失(　)　③ 哀(　)
④ 單(　)　⑤ 安(　)

정답 및 해설

13. ① 閉(개폐 : 열 개 ↔ 닫을 폐)
② 得(실득 : 잃을 실 ↔ 얻을 득)
③ 歡(애환 : 슬플 애 ↔ 기쁠 환)
④ 複(단복 : 홑 단 ↔ 겹칠 복)
⑤ 否(안부 : 편안할 안 ↔ 아닐 부)

유의어·반의어

한자어는 일정한 결합방법에 의해 짜여지는데, 이러한 구조를 파악하는 것은 한문의 구조를 이해하는데 도움이 된다. 여기서는 뜻이 서로 비슷한 한자어(類義語)와 뜻이 서로 반대되는 한자어(反義語)를 정리한다.

뜻이 서로 비슷한 한자어(類義語)

古刹(고찰) － 古寺(고사)	謀陷(모함) － 中傷(중상)	一毫(일호) － 秋毫(추호)
貢獻(공헌) － 寄與(기여)	無窮(무궁) － 無限(무한)	才能(재능) － 財産(재산)
觀點(관점) － 見解(견해)	默讀(묵독) － 目讀(목독)	精誠(정성) － 至誠(지성)
敎徒(교도) － 信徒(신도)	薄情(박정) － 冷情(냉정)	朝廷(조정) － 政府(정부)
驕慢(교만) － 倨慢(거만)	放浪(방랑) － 流浪(유랑)	造花(조화) － 假花(가화)
九泉(구천) － 黃泉(황천)	訪問(방문) － 尋訪(심방)	周旋(주선) － 斡旋(알선)
根源(근원) － 源泉(원천)	煩悶(번민) － 煩惱(번뇌)	嫉視(질시) － 猜忌(시기)
矜持(긍지) － 自負(자부)	僻地(벽지) － 僻村(벽촌)	參與(참여) － 參加(참가)
飢餓(기아) － 餓死(아사)	保存(보존) － 保全(보전)	處女林(처녀림) － 原始林(원시림)
忌憚(기탄) － 躊躇(주저)	符合(부합) － 一致(일치)	天地(천지) － 乾坤(건곤)
落心(낙심) － 落膽(낙담)	噴火山(분화산) － 活火山(활화산)	滯留(체류) － 滯在(체재)
朗讀(낭독) － 音讀(음독)	寺院(사원) － 寺刹(사찰)	招待(초대) － 招請(초청)
浪費(낭비) － 濫用(남용)	散策(산책) － 散步(산보)	抽象的(추상적) － 槪念的(개념적)
能熟(능숙) － 老練(노련)	象徵(상징) － 表象(표상)	緻密(치밀) － 細密(세밀)
丹靑(단청) － 彩色(채색)	書簡(서간) － 書翰(서한)	沈滯(침체) － 停滯(정체)
代價(대가) － 報酬(보수)	細密(세밀) － 綿密(면밀)	泰西(태서) － 西洋(서양)
對決(대결) － 對峙(대치)	首肯(수긍) － 肯定(긍정)	土臺(토대) － 基礎(기초)
大衆(대중) － 群衆(군중)	淳朴(순박) － 素朴(소박)	平等(평등) － 同等(동등)
同意(동의) － 贊成(찬성)	順從(순종) － 服從(복종)	畢竟(필경) － 結局(결국)
同窓(동창) － 同門(동문)	弱點(약점) － 才幹(재간)	學費(학비) － 學資(학자)
妄想(망상) － 夢想(몽상)	抑壓(억압) － 壓迫(압박)	協力(협력) － 合力(합력)
冥府(명부) － 地獄(지옥)	要請(요청) － 要求(요구)	嚆矢(효시) － 濫觴(남상)
瞑想(명상) － 默想(묵상)	威脅(위협) － 脅迫(협박)	戱弄(희롱) － 籠絡(농락)
矛盾(모순) － 撞着(당착)	類似(유사) － 恰似(흡사)	稀微(희미) － 朦朧(몽롱)

뜻이 서로 반대되는 한자어(反意語)

可決(가결) ↔ 否決(부결)
架空(가공) ↔ 實際(실제)
假象(가상) ↔ 實在(실재)
干涉(간섭) ↔ 放任(방임)
減少(감소) ↔ 增加(증가)
感情(감정) ↔ 理性(이성)
客觀(객관) ↔ 主觀(주관)
拒絶(거절) ↔ 承諾(승낙)
建設(건설) ↔ 破壞(파괴)
謙遜(겸손) ↔ 傲慢(오만)
輕蔑(경멸) ↔ 尊敬(존경)
輕薄(경박) ↔ 愼重(신중)
輕視(경시) ↔ 重視(중시)
高潔(고결) ↔ 低俗(저속)
高雅(고아) ↔ 卑俗(비속)
曲線(곡선) ↔ 直線(직선)
供給(공급) ↔ 需要(수요)
共鳴(공명) ↔ 反駁(반박)
公有物(공유물) ↔ 專有物(전유물)
公的(공적) ↔ 私的(사적)
灌木(관목) ↔ 喬木(교목)
屈辱(굴욕) ↔ 雪辱(설욕)
歸納(귀납) ↔ 演繹(연역)
勤勉(근면) ↔ 懶怠(나태)
急進的(급진적) ↔ 漸進的(점진적)
緊密(긴밀) ↔ 疏遠(소원)
懦弱(나약) ↔ 强勇(강용)
落第(낙제) ↔ 及第(급제)
濫讀(남독) ↔ 精讀(정독)
朗讀(낭독) ↔ 默讀(묵독)
來生(내생) ↔ 前生(전생)
訥辯(눌변) ↔ 能辯(능변)
能動(능동) ↔ 被動(피동)
凌蔑(능멸) ↔ 崇仰(숭앙)

短命(단명) ↔ 長壽(장수)
單一(단일) ↔ 複合(복합)
唐慌(당황) ↔ 沈着(침착)
對內的(대내적) ↔ 對外的(대외적)
獨立(독립) ↔ 從屬(종속)
獨創(독창) ↔ 模倣(모방)
杜絶(두절) ↔ 連絡(연락)
登場(등장) ↔ 退場(퇴장)
漠然(막연) ↔ 確然(확연)
忘却(망각) ↔ 記憶(기억)
盲目的(맹목적) ↔ 理性的(이성적)
滅亡(멸망) ↔ 興起(흥기)
母音(모음) ↔ 子音(자음)
模糊(모호) ↔ 分明(분명)
無機體(무기체) ↔ 有機體(유기체)
無形(무형) ↔ 有形(유형)
文語(문어) ↔ 口語(구어)
文化(문화) ↔ 自然(자연)
物質(물질) ↔ 精神(정신)
未備(미비) ↔ 完備(완비)
敏感(민감) ↔ 鈍感(둔감)
密接(밀접) ↔ 疏遠(소원)
反目(반목) ↔ 和睦(화목)
發達(발달) ↔ 退步(퇴보)
繁榮(번영) ↔ 衰退(쇠퇴)
別館(별관) ↔ 本館(본관)
保守的(보수적) ↔ 進步的(진보적)
普遍性(보편성) ↔ 特殊性(특수성)
複雜(복잡) ↔ 單純(단순)
部分的(부분적) ↔ 全般的(전반적)
不實(부실) ↔ 充實(충실)
敷衍(부연) ↔ 省略(생략)
否認(부인) ↔ 是認(시인)
否定(부정) ↔ 肯定(긍정)

分擔(분담) ↔ 全擔(전담)
分離(분리) ↔ 統合(통합)
分析(분석) ↔ 綜合(종합)
悲觀(비관) ↔ 樂觀(낙관)
悲劇(비극) ↔ 喜劇(희극)
悲運(비운) ↔ 幸運(행운)
卑稱(비칭) ↔ 尊稱(존칭)
貧困(빈곤) ↔ 富裕(부유)
奢侈(사치) ↔ 儉素(검소)
散文(산문) ↔ 韻文(운문)
相對的(상대적) ↔ 絶對的(절대적)
常例(상례) ↔ 特例(특례)
象識的(상식적) ↔ 專門的(전문적)
生花(생화) ↔ 造花(조화)
抒情(서정) ↔ 叙事(서사)
先輩(선배) ↔ 後輩(후배)
善意(선의) ↔ 惡意(악의)
先天的(선천적) ↔ 後天的(후천적)
成熟(성숙) ↔ 未熟(미숙)
消極的(소극적) ↔ 積極的(적극적)
所得(소득) ↔ 損失(손실)
騷亂(소란) ↔ 靜肅(정숙)
消費(소비) ↔ 生産(생산)
衰退(쇠퇴) ↔ 隆盛(융성)
收斂(수렴) ↔ 發散(발산)
守勢(수세) ↔ 攻勢(공세)
熟達(숙달) ↔ 未熟(미숙)
順坦(순탄) ↔ 險難(험난)
勝利(승리) ↔ 敗北(패배)
始發驛(시발역) ↔ 終着驛(종착역)
愼重(신중) ↔ 輕率(경솔)
實質的(실질적) ↔ 形式的(형식적)
暗示(암시) ↔ 明示(명시)
曖昧(애매) ↔ 明瞭(명료)

愛護(애호) ↔ 虐待(학대)	入港(입항) ↔ 出港(출항)	沈鬱(침울) ↔ 明朗(명랑)
語幹(어간) ↔ 語尾(어미)	自律(자율) ↔ 他律(타율)	妥當(타당) ↔ 不當(부당)
逆境(역경) ↔ 順境(순경)	子正(자정) ↔ 午正(오정)	卓越(탁월) ↔ 平凡(평범)
連作(연작) ↔ 輪作(윤작)	長點(장점) ↔ 短點(단점)	濁音(탁음) ↔ 淸音(청음)
永劫(영겁) ↔ 刹那(찰나)	長篇(장편) ↔ 短篇(단편)	退化(퇴화) ↔ 進化(진화)
靈魂(영혼) ↔ 肉身(육신)	低俗(저속) ↔ 高尙(고상)	敗戰(패전) ↔ 勝戰(승전)
銳敏(예민) ↔ 愚鈍(우둔)	詛呪(저주) ↔ 祝福(축복)	閉鎖(폐쇄) ↔ 開放(개방)
優勢(우세) ↔ 劣勢(열세)	嫡子(적자) ↔ 庶子(서자)	暴露(폭로) ↔ 隱蔽(은폐)
偶然(우연) ↔ 必然(필연)	前半(전반) ↔ 後半(후반)	彼岸(피안) ↔ 此岸(차안)
優越(우월) ↔ 劣等(열등)	前進(전진) ↔ 後進(후진)	合理(합리) ↔ 矛盾(모순)
原型(원형) ↔ 變形(변형)	絶望(절망) ↔ 希望(희망)	幸福(행복) ↔ 不幸(불행)
遊星(유성) ↔ 恒星(항성)	正當(정당) ↔ 不當(부당)	現役(현역) ↔ 退役(퇴역)
輪郭(윤곽) ↔ 核心(핵심)	拙作(졸작) ↔ 傑作(걸작)	狹義(협의) ↔ 廣義(광의)
依他的(의타적) ↔ 自立的(자립적)	知的(지적) ↔ 情的(정적)	形式(형식) ↔ 內容(내용)
利己的(이기적) ↔ 犧牲的(희생적)	眞實(진실) ↔ 虛僞(허위)	好調(호조) ↔ 亂調(난조)
裏面(이면) ↔ 表面(표면)	斬新(참신) ↔ 陳腐(진부)	好評(호평) ↔ 惡評(악평)
異常(이상) ↔ 正常(정상)	創造(창조) ↔ 模倣(모방)	擴大(확대) ↔ 縮小(축소)
理想的(이상적) ↔ 現實的(현실적)	添加(첨가) ↔ 削減(삭감)	荒野(황야) ↔ 沃土(옥토)
人爲的(인위적) ↔ 自然的(자연적)	體言(체언) ↔ 用言(용언)	厚待(후대) ↔ 薄待(박대)
一般化(일반화) ↔ 特殊化(특수화)	初聲(초성) ↔ 終聲(종성)	稀貴(희귀) ↔ 許多(허다)
立體的(입체적) ↔ 平面的(평면적)	稚拙(치졸) ↔ 洗練(세련)	

尊卑語(존비어)

- **尊稱語**(존칭어): 春府丈(춘부장)·尊堂(존당)·貴下(귀하)·令息(영식)·令愛(영애)·精品(정품)·卓見(탁견)
- **謙讓語**(겸양어): 家翁(가옹)·老母(노모)·亡夫(망부)·亡妻(망처)·賤息(천식)·拙稿(졸고)·弊社(폐사)·粗雜(조잡)·愚生(우생)·不肖(불초)

예상문제풀이

1 다음 단어의 反意語를 漢字로 쓰시오.

① 主觀 (　　　)　② 承諾 (　　　)
③ 結果 (　　　)　④ 單純 (　　　)
⑤ 內容 (　　　)

정답 및 해설

1. ① 客觀(주관↔객관) ② 拒絶(승낙 ↔ 거절)
   ③ 原因(결과 ↔ 원인) ④ 複雜(단순 ↔ 복잡)
   ⑤ 形式(내용 ↔ 형식)

2 다음 單語의 反對語를 漢字로 쓰시오.

① 門外漢(　　　)　② 閉鎖 (　　　)
③ 快樂 (　　　)　④ 絶對 (　　　)
⑤ 原因 (　　　)

2. ① 專門家(문외한 ↔ 전문가) ② 開放(폐쇄 ↔ 개방) ③ 苦痛(쾌락 ↔ 고통) ④ 相對(절대 ↔ 상대) ⑤ 結果(원인 ↔ 결과)

3 다음 單語의 反對語를 漢字로 쓰시오.

① 空相 (　　　)　② 質疑 (　　　)
③ 服從 (　　　)　④ 保守 (　　　)
⑤ 慘敗 (　　　)

3. ① 現實(가상 ↔ 현실) ② 應答(질의 ↔ 응답)
   ③ 不服(복종 ↔ 불복) ④ 革新(보수 ↔ 혁신)
   ⑤ 快勝(참패 ↔ 쾌승)

4 다음 漢字語의 反對語를 쓰시오.

① 感情 (　　　)　② 權利 (　　　)
③ 絶對 (　　　)　④ 敗北 (　　　)
⑤ 君子 (　　　)

4. ① 理性(감성 ↔ 이성) ② 義務(권리 ↔ 의무)
   ③ 相對(절대 ↔ 상대) ④ 勝利(패배 ↔ 승리)
   ⑤ 小人(군자 ↔ 소인)

5 다음 單語의 反對語를 漢字로 쓰시오.

① 非番 (   )   ② 共用 (   )
③ 高尙 (   )   ④ 否認 (   )
⑤ 怨恨 (   )

6 다음 각 單語의 反意語를 漢字로 쓰시오.

① 登場 (   )   ② 別居 (   )
③ 他意 (   )   ④ 惡用 (   )

정답 및 해설

5. ① 當番(비번 ↔ 당번) ② 專用(공용 ↔ 전용)
   ③ 低俗(고상 ↔ 저속) ④ 是認(부인 ↔ 시인)
   ⑤ 恩惠(원한 ↔ 은혜)

6. ① 退場(등장 ↔ 퇴장) ② 同居(별거 ↔ 동거)
   ③ 自意(타의 ↔ 자의) ④ 善用(악용 ↔ 선용)

음은 같지만 뜻이 다른 한자어(同音異議語)

같은 음으로 발음되는 한자어지만 그 뜻이 전혀 다른 경우가 있다. 우리 생활에 녹아있는 한자어들 중 이러한 동음이의어(同音異議語)가 꽤 많다. 여기서는 음은 같지만 뜻이 다른 한자어 - 동음이의어 - 를 정리한다.

가 구
- 家口 : 주거를 같이 하는 사람의 집단
- 家具 : 살림살이에 쓰이는 살림세간
- 架構 : 재료를 결합하여 만든 구조물

가 계
- 家系 : 한 집안의 계통
- 家計 : 살림을 꾸려가는 살림살이

가 공
- 加工 : 천연물이나 덜 된 물건에 다시 수공을 더함
- 可恐 : 두려워할 만함
- 架空 : 터무니없음
  - (반) 眞實(진실)

가 사
- 家事 : 집안 일. 집안 살림살이
- 袈裟 : 불교에서 장삼 위에 입는 스님의 법의(法衣)
- 歌詞 : 가요나 가극의 내용이 되는 문장
- 假死 : 의식을 잃어 보기에도 죽은 것 같은 상태

가 중
- 加重 : ① 더 무거워짐 ② 죄가 더 무거워 형벌을 무겁게 함
- 苛重 : 가혹하고 부담이 무거움

감 사
- 監事 : 단체의 서무를 맡아보는 사람
- 監査 : 감독하고 검사함
  - 예) 國政監査(국정감사)
- 感謝 : 고마움. 고맙게 여김

감 상
- 感傷 : 어떤 일이나 현상을 슬프게 느껴 마음이 아픔
- 感想 : 마음 속에 느껴 일어나는 생각
  - 예) 感想文(감상문)
- 鑑賞 : 예술작품을 음미하여 이해하고 즐김
  - 예) 音樂鑑賞(음악감상)

|구별해서 써야 할 한자어|

- 決濟(결제) ⇒ 현금이나 어음으로 지불해서 판매행위를 완료시키는 것
  - 예) 어음 決濟
- 決裁(결재) ⇒ 책임자가 제출된 안건을 헤아려 승인하는 것
  - 예) 사장의 決裁

- **感賞**: 마음에 깊이 느끼어 공을 칭찬해줌

감 수
- **甘受**: 주어진 것을 어쩔 수 없는 일이라 생각하고 받아들임
- **監修**: 책의 저술, 편찬을 지도·감독함

감 정
- **感情**: 희(喜)·노(怒)·애(哀)·락(樂)의 정 또는 느끼는 심정(心情)
- **憾情**: 불만하여 원망하거나 성내는 마음
- **鑑定**: 특별한 전문가가 그의 가진 학술, 경험에 의거하여 구체적 사실에 응용한 판단을 진술·보고함

개 간
- **改刊**: 원판을 고쳐 다시 발행함
- **開刊**: (신문·책 등을)처음으로 간행함
- **開墾**: 버려둔 거친 땅을 처음 일궈 논밭을 만듦

개 선
- **改善**: 잘못을 옳게 고침
- **改選**: 선거를 다시함
- **凱旋**: 싸움에 이기고 돌아옴

개 설
- **改設**: 새로 수리하거나 또는 가구를 바꾸어 설치함
- **開設**: (어떤 시설을)새로 설치하여 그에 관한 일을 시작함
- **槪說**: 개략적으로 말함 또는 그 설명

개 정
- **改正**: 고치어 바르게 함
- **改定**: 고치어 다시 정함
  - 예 법의 改定(개정)
- **改訂**: 잘못된 곳을 고쳐 바로잡음
  - 예 改訂版(개정판)
- **開廷**: 재판하기 위해 법정을 여는 것
  - 반 閉廷(폐정)

개 표
- **改票**: 차표따위를 개표소에서 조사하는 것
  - 비 改札(개찰)
- **開票**: 투표함을 열고 투표결과를 조사하는 것

검 사
- **檢査**: 옳고 그름, 좋고 나쁨 따위의 사실을 살피어 검토하거나 조사하여 판정하는 일
- **檢事**: 검사권을 행사하는 기관 또는 형벌의 집행을 감독하는 사람

결 의
- **決意**: 뜻을 굳힘
- **決議**: 의안(議案)을 결정함

결 정
- **決定**: 행동이나 태도가 일정한 방향을 취할 수 있도록 결단하여 작정함
- **結晶**: 원자가 규칙적으로 배열되어 이루어진 고체
- **潔淨**: 더러움 없이 깨끗함
  - 비 淨潔(정결)

|구별해서 써야 할 한자어|

- **究明(구명)** ⇒ 원인이나 사리를 깊이 연구하여 따져 밝힘
  - 예 진리의 究明
- **糾明(규명)** ⇒ 일의 사실을 따져 밝힘
  - 예 사건의 糾明

경계
- 境界 : 사물이 어떠한 기준에 의하여 분간 되는 한계
- 警戒 : 잘못되는 일이 일어나지 않도록 미리 조심하는 것

경기
- 景氣 : 매매나 거래 등에 나타난 경제활동의 상황
- 競技 : 일정한 규칙아래 기량과 기술을 겨루는 일

경사
- 傾斜 : 비스듬히 기울어진 상태
- 慶事 : 축하할만한 기쁜 일

경주
- 傾注 : 마음을 집중함. 일에 전심(專心)함
- 競走 : 서로 빠르기를 다투는 육상경기의 하나

고문
- 拷問 : 피해자에게 죄를 자백시키기 위해 육체적 고통을 주며 신문함
- 顧問 : 어떤 분야에 대하여 전문적인 지식과 풍부한 경험을 가지고 자문에 응하여 의견을 제시하는 직책 또는 사람

고시
- 考試 : 공무원의 임용자격을 결정하는 시험
- 告示 : (행정기관이 일반국민에게)글로 써서 널리 알리는 것

공모
- 公募 : 일반에게 널리 공개하여 모집하는 것
- 共謀 : (주로 좋지 못한 일을)두 사람 이상이 함께 꾀하는 것

공사
- 工事 : 토목·건축 등의 작업
- 公使 : 외교관의 하나
- 公社 : 국가적 사업수행을 위해 설립된 공공기업체의 하나

공영
- 公營 : 공적인 기관, 특히 지방자치단체가 경영·관리하는 것
- 共榮 : 서로 함께 번영함

공정
- 公正 : 공평하고 올바름
- 公定 : 정부나 공론에 의해 정함 또는 정한 규정

공포
- 公布 : 일반에게 널리 알림
- 恐怖 : 무서움과 두려움

과대
- 過大 : 너무 큼
- 誇大 : 너무 크게 떠벌림
  - 비 誇張(과장)

과정
- 過程 : 일이 되어 나가는 경로
- 課程 : 과업의 정도. 학년의 수준에 속하는 과목

| 구별해서 써야 할 한자어 |

- ~器(기) ⇒ (어떤 명사 다음에 붙어)기계나 가구·그릇의 뜻을 나타내는 말
  - 예 注射器(주사기)
- ~機(기) ⇒ (어떤 명사 다음에 붙어) '기계'나 '일정한 기술적 설비를 갖춘 장치'의 뜻을 나타내는 말
  - 예 電話機(전화기)

관 대
- 寬大 : 마음이 너그럽고 큼
- 寬待 : 너그럽게 대접함

관 상
- 觀相 : 사람이 상(相)을 보고 그의 운명, 재수를 판단하는 일
- 觀象 : 기상(氣象)을 관측함

교 사
- 敎師 : 초·중·고등학교의 자격증을 가진 선생에 대한 칭호
- 校舍 : 학교의 건물
- 敎唆 : 남을 충동하여 못된 짓을 하게 함

교 정
- 校正 : 틀린 글자를 고치는 일
- 校訂 : 내용이 잘못된 곳을 바로 고치는 일, 특히 글자뿐만 아니라 문장 또는 지식의 오류를 고치는 일

구 조
- 救助 : 구원하여 도와줌
- 構造 : 얽어 꾸밈

군 수
- 軍需 : 군사상에 필요한 물자
- 郡守 : 한 군(郡)의 행정사무를 관할하는 으뜸벼슬

극 단
- 極端 : 한 쪽으로 몹시 치우침
- 劇團 : 연극하려고 조직된 단체

기 간
- 期間 : 어느 시기부터 다른 어느 시기까지의 사이
- 基幹 : 일정한 부문에서 으뜸이 되거나 중심이 되는 것

기 념
- 紀念 : 사적(事蹟)을 길이 전하여 잊지 아니함
- 記念 : 마음에 새겨 잊지 아니함

기 능
- 機能 : 기관(器官) 또는 기관(機關)의 능력이나 작용
- 技能 : 사람의 기술에 관한 능력이나 재능

기 도
- 企圖 : 어떤 일을 이루려고 꾀하는 것
- 祈禱 : 신이나 부처에게 비는 일 또는 그 의식
- 氣道 : 호흡할 때의 공기가 지나가는 길

낙 관
- 樂觀 : 모든 사물의 형편을 좋게 봄
- 落款 : 글씨나 그림에 필자(筆者)가 자기 이름이나 호를 쓰고 도장을 찍는 일

녹 음
- 綠陰 : 푸른 잎이 우거진 나무의 그늘

|구별해서 써야 할 한자어|

- 德分(덕분) ⇒ 남이 베푼 고마움
  예) 네 德分에 살아났다.
- 德澤(덕택) ⇒ 남에게 미치는 덕
  예) 전축을 쓸 수 있게 된 것은 에디슨의 德澤이다.

- 錄音 : (영화필름·테이프 등에)소리를 기록하여 넣는 것

【농 담】
- 弄談 : 실없는 장난의 말
- 濃淡 : (색체·명암 기타의 정도 등의)짙음과 옅음

━━ ㄷ ━━

【단 서】
- 但書 : 첫머리에 '단(但)'자를 붙여 그 앞에 나온 본문(本文)의 설명이나 조건(條件), 예외(例外)를 나타내는 글
- 端緖 : 일의 처음. 일의 실마리

【단 절】
- 斷切 : 물리적인 작용에 의해서 끊어짐
- 斷絶 : 관계를 끊음
  - 예 國交斷絶(국교단절)

【단 정】
- 端正 : 얌전하고 바름
- 斷定 : 결단하여 작정함

【답 사】
- 答辭 : 식장에서 고사(告辭)나 식사에 대답으로 하는 말
- 踏査 : 실지로 현지에 가서 조사함

【대 기】
- 大氣 : 공기(空氣)
- 待機 : 준비를 다 마치고 일을 시작하기를 기다림
  - 예 待機發令(대기발령)

【대 비】
- 對比 : 두가지 것의 차이를 명백히 하기 위해 서로 비교하는 것
- 對備 : 무엇에 대응하기 위하여 미리 준비하는 것

【대 사】
- 大使 : 한 나라를 대표하여 딴 나라에 나아가 머무르면서 외교활동을 하는 외교관을 말함
- 大事 : 큰 일
- 大師 : ① '불보살(佛菩薩)'의 높임말 ② 나라에서 명망높은 선사(禪師)에게 내려주는 이름
- 臺詞 : 연극 등의 사설

【대 작】
- 大作 : 뛰어난 작품. 규모나 내용이 방대한 작품
- 大爵 : 높은 작위
  - 예 高官大爵(고관대작)
- 對酌 : 서로 마주하여 술을 마시는 것

【대 지】
- 大地 : 대자연의 넓고 큰 땅, 곤여(坤輿)
- 垈地 : 집터로 쓰이는 땅
  - 예 家屋垈地(가옥대지)
- 臺地 : 주위의 지형보다 높고 평평한 땅

【대 치】
- 代置 : 다른 것으로 바꾸어 놓은 것

|구별해서 써야 할 한자어|

- 文化(문화) ⇒ 인류가 모든 시대를 통하여 학습(學習)에 의해서 이루어 놓은 정신적·물질적인 일체의 성과. 의식주(衣食住)를 비롯하여 기술·학문·예술·도덕·종교 등 물심양면에 걸치는 생활형성의 양식과 내용을 포함함 (반) 自然(자연)
- 文明(문명) ⇒ (정신적 문화에 대하여)생활, 특히 의식주를 위한 기술·질서가 개선된 상태. 물질면에서 인간생활이 발전된 상태
  - (반) 野蠻(야만), 未開(미개)

- 對峙 : 서로 맞서서 버티는 것
- 對置 : 마주놓는 것

[대 한]
- 大旱 : 큰 가뭄
- 大寒 : 24절기의 하나. 1월 21일 경
- 對韓 : 한국(韓國)에 대하여
- 大韓 : 대한민국(大韓民國)

[대 형]
- 大形 : '大型'과 같은 뜻으로 쓸 수 없음. 자연물의 큰 형체에 씀
   예) 大形動物(대형동물)
- 大型 : 가공품(加工品)의 큰 형체에 씀
   예) 大型(대형) 케잌

[도 착]
- 到着 : (목적한 곳에)다다르는 것
- 倒錯 : 본능이나 감정 또는 덕성의 이상(異常)으로 사회나 도덕에 어그러진 행동을 나타내는 일

[독 주]
- 獨走 : 경주 등에서 남을 앞질러 혼자 달림
- 獨奏 : 한 사람이 주체가 되어 악기를 연주하는 것

[동 기]
- 同氣 : 형제자매(兄弟姉妹)
- 同期 : 같은 시기
- 動機 : 의사를 결정하는 원인

[동 정]
- 同情 : 남을 이해하고 어려움을 생각하여 줌

- 動靜 : 사람의 행동·일·병세 등이 벌어져 나가는 낌새

[동 화]
- 同化 : 성질, 양태, 사상 등이 다르던 것이 같게 되는 것
- 童話 : 어린이를 상대로 하고 동심을 기조로 해서 쓴 이야기

[매 수]
- 買受 : 물건을 사서 받음
- 買收 : 물건을 사서 거두어들임. 남의 마음을 사서 제 편으로 삼음

[매 장]
- 埋葬 : (시체를)땅에 묻는 것
- 埋藏 : 광물 따위가 묻혀있는 것
- 賣場 : 물건을 파는 곳

[매 점]
- 賣占 : 물건이 달릴 것을 짐작하고 휩쓸어 사들여 둠
- 賣店 : 물건을 파는 가게

[매 진]
- 賣盡 : 남김없이 다 팔리는 것
- 邁進 : 힘껏 나아가는 것

[명 문]
- 名文 : 뛰어나게 잘 지은 글

|구별해서 써야 할 한자어|

- 比較(비교) ⇒ 견주어 봄
- 比喩(비유) ⇒ 어떤 현상이나 사물이 설명에 있어서 그와 비슷한 다른 성질을 가진 현상이나 사물을 빌어 뜻을 명확히 나타내는 일

- 名門 : 문벌이 좋은 집안. 명가(名家), 명벌(名閥)
- 明文 : 명백히 정해져 있는 조문(條文)
- 銘文 : 금석(金石), 기물(器物) 등에 새겨 놓은 글

모 의
- 摸擬 : 실제의 것을 흉내내어 시험적으로 보는 일
- 謀議 : (어떠한 일을)꾀하고 의논하는 것

문 호
- 文豪 : 크게 뛰어난 문학·문장의 대가(大家), 문웅(文雄)
- 門戶 : 외부와 교류하기 위한 통로나 수단을 비유적으로 이르는 말

미 명
- 未明 : 날이 채 밝기 전
- 美名 : 그럴듯하게 내세운 이름

― ㅂ ―

반 감
- 反感 : 반항의 뜻을 품은 감정
- 半減 : 절반이 줌

반 복
- 反復 : 한 가지 일을 되풀이 함
- 反覆 : 말을 이랬다저랬다 함. 생각을 엎치락뒤치락함

반 전
- 反轉 : 일의 형세가 뒤바뀜
- 反戰 : 전쟁에 반대함

반 주
- 伴奏 : 성악이나 기악을 좇아 이를 돕는 주악
- 飯酒 : 밥에 곁들여 먹는 술

발 전
- 發電 : 전기를 일으킴
- 發展 : 일이 잘 되어 뻗어나감

발 포
- 發布 : 세상에 널리 펴는 것
  예 戒嚴令發布(계엄령발포)
- 發砲 : 총이나 대포를 쏘는 것
  반 發砲命令(발포명령)

방 위
- 方位 : 동서남북의 네 방향을 기본으로 하여 나타내는 어느 쪽의 위치
- 防衛 : 적의 공격을 막아서 지키는 것

방 조
- 防潮 : 조수(潮水)의 해(害)를 막는 것
  예 防潮堤(방조제)
- 幇助 : (어떠한 일을)거두어서 도와주는 것

방 화
- 防火 : 화재를 미리 막는 것
  예 防火責任者(방화책임자)
- 放火 : 불을 지르는 것
- 邦畫 : 자기 나라에서 만든 영화(映畫)

|구별해서 써야 할 한자어|
- ~士(사) ⇒ 특별한 자격이 있는 사람이나 직명(職名)을 가리킴
  예 技能士(기능사), 公認會計士(공인회계사)
- ~師(사) ⇒ 사람을 지도하는 역할을 하는 직명에 붙는 것임
  예 敎師(교사), 技師(기사), 牧師(목사)

배 치
- 背馳 : 서로 반대로 되어 어긋나는 것
- 配置 : (사람이나 물건 등을)적당한 위치나 자리에 나누어 두는 것

보 고
- 報告 : 지시 또는 감독하는 자에게 일의 내용이나 결고를 말이나 글 등으로 알리는 것
- 寶庫 : ① 재화를 쌓아두는 곳 ② 재화(財貨)를 많이 산출하는 땅

보 급
- 補給 : 물품을 계속 공급함
- 普及 : 널리 퍼뜨려 권장함

보 수
- 保守 : 현상(現狀) 또는 구습(舊習)을 지킴
- 補修 : 낡은 것을 깁고 보태어 고침
- 報酬 : 일한 데나 고마운데 대한 갚음

부 인
- 夫人 : 남의 아내에 대한 높임말로서 특정인을 지칭할 때 쓰임
  - 예) 선생님의 夫人께서는...
- 婦人 : 결혼한 여자의 총칭이며 복수를 지칭하거나 보통으로 대하는 말로 쓰임

부 정
- 否定 : 그렇지 않다고 단정하거나, 옳지 않다고 반대하는 것
- 不淨 : 깨끗하지 못한 것 또는 더러운 것
- 不正 : 바르지 못함. 옳지 못함
  - 예) 不正蓄財(부정축재)
- 不貞 : 여자가 정조를 지키지 않음

불 의
- 不意 : 생각하지 아니하던 판. 의외(意外)
- 不義 : 의리·정의에 어긋나는 것
  - 예) 不意의 사태

비 명
- 非命 : 제 목숨대로 다 살지 못함
- 悲鳴 : 몹시 놀랍거나 괴롭고 다급한 일을 당하여 외마디 소리를 지르는 것

비 상
- 非常 : (일부 명사 앞에 쓰이어)뜻밖
- 飛翔 : 공중을 날아다님

비 행
- 飛行 : 공중으로 날아가는 것
- 非行 : 못된 행위, 특히 청소년이 법률에 금지되어 있는 일이나 사회규범에 어긋나는 행위를 하는 일

ㅅ

사 고
- 事故 : 뜻밖에 일어난 일이나 탈
- 思考 : 생각하는 일 또는 그 생각
- 思顧 : 두루 생각함

사 기
- 士氣 : 몸과 마음에 기운이 넘쳐 굽힐 줄 모르는 씩씩한 기세
- 史記 : 역사적인 사실을 적어놓은 책

 구별해서 써야 할 한자어

- 生長(생장) ⇒ 동·식물이 태어나서 자라는 상태
- 成長(성장) ⇒ 자라서 커지거나, 발전하는 현상 전반에 붙일 수 있는 말

㉔ 三國史記(삼국사기)
- 詐欺 : 못된 꾀로 남을 속이는 것

[사 례]
- 事例 : 어떤 일에 관하여 실제로 일어난 낱낱의 사건
- 謝禮 : 상대편에게 언행이나 물품으로 고마운 뜻을 나타냄

[사 설]
- 私設 : 개인이 설립하는 것
- 社說 : 신문·잡지 등에서 그 사(社)의 주장으로 실어 펼치는 논설
- 辭說 : 노래, 연극 등의 사이사이에 엮어 하는 이야기

[사 의]
- 謝意 : 고마운 뜻
- 謝儀 : 감사의 뜻으로 보내는 물품
- 辭意 : 사임(辭任)을 하려는 뜻

[사 전]
- 事典 : 여러가지 사항을 모아 그 하나하나에 해설을 붙인 책
  ㉔ 百科事典(백과사전)
- 辭典 : 언어를 모아서 일정한 순서로 나열하고, 발음·의의·용법·어원 등을 해설한 책
  ㉔ 英韓辭典(영한사전)

[사 찰]
- 寺刹 : 절
- 査察 : 어떤 일이 규정에 따라 준수되고 있는지를 조사·확인하는 일

㉔ 稅務査察(세무사찰)
- 私札 : 사사로이 하는 편지

[사 채]
- 社債 : 회사가 진 빚
- 私債 : 사사로운 빚
  ㉑ 公債(공채)

[서 광]
- 曙光 : ① 동틀 때에 비치는 빛 ② 됨직한 희망의 빛
- 瑞光 : ① 상서로운 빛 ② 길한 일의 조짐

[서 식]
- 書式 : 증서·원서·신고서 등을 작성하는 일정한 법식(法式)
- 棲息 : 동물이 어떠한 곳에 깃들여 사는 것

[선 발]
- 先發 : 먼저 출발하는 것
- 選拔 : 많은 가운데서 추려 뽑는 것

[선 전]
- 宣傳 : 주의·주장이나 사물의 존재·효능 따위를 많은 사람에게 이해시켜 공감을 얻을 목적으로 잘 설명하여 널리 알리는 일
- 宣戰 : 한 나라가 다른 나라에 대해 전쟁의 시작을 알림
- 善戰 : 실력 이상으로 잘 싸우는 것

[성 명]
- 姓名 : 성(姓)과 이름. 씨명(氏名)
- 聲明 : 어떤 일에 대한 입장이나 태도·견해 따위를 글이나 말로 여러 사람에게 밝히는 것

|구별해서 써야 할 한자어|

- 說話(설화) ⇒ 이야기, 특히 여러 민족 사이에 전승되어 온 신화·전설·동화 등을 통털어 일컬음
- 神話(신화) ⇒ 역사상의 근거는 없으나, 그 씨족·부족·민족에 있어서의 신격(神格)을 주동자(主動者)로 하여 엮어져 전하여 오는 설화

세 대
- 世帶 : 집안식구. 한 집을 차린 독립적 생계
- 世代 : 같은 시대에 살면서 공통의 의식을 가지는 비슷한 연령층의 사람들

소 요
- 所要 : 요구되거나 필요한 바
- 逍遙 : (정한 곳이 없이)슬슬 거닐어 돌아다니는 것
- 騷擾 : 여럿이 떼지어 폭행·협박 따위를 함으로써 공공질서를 어지럽히는 일

소 화
- 消火 : 불을 끄는 일
- 消化 : ① 섭취한 음식물을 분해하여 영양분을 흡수하기 쉬운 형태로 변화시키는 작용 ② 배운 지식·기술 따위를 자기 것으로 만드는 것
- 燒火 : 불사르거나 태움

소 환
- 召喚 : 관청이 특정 개인을 법에 따라 호출하는 것
- 召還 : 일을 끝마치기 전에 돌아오도록 부르는 것

수 도
- 水道 : 물이 흘러들어 오거나 흘러나가게 된 통로
- 首都 : 한 나라의 중앙정부가 있는 곳
- 修道 : 도(道)를 닦는 것

수 리
- 受理 : 서류를 받아서 처리하는 것
- 修理 : 고장나거나 허름한 데를 손보아 고치는 것

수 사
- 修辭 : 말이나 글을 꾸며 보다 아름답고 정연하게 하는 일
- 搜査 : 검사 또는 사법경찰관이 공소(公訴)를 제기 또는 유지하기 위하여 범인을 찾거나 범죄에 관한 증거를 수집하는 것
- 修士 : 청빈·정결·복종의 세가지를 서약하고 독신으로 수도하는 남자. 수도사(修道士)

수 용
- 收容 : ① 거두어 넣어둠 ② 데려다 넣어둠
- 受用 : 받아 씀
- 受容 : 받아들임

수 정
- 修正 : 바로잡아서 고침
- 修訂 : 서적 등의 잘못을 고침

습 득
- 拾得 : 주워 얻음
  - 예) 拾得物(습득물)
- 習得 : 배워 터득함

시 기
- 時期 : 정해진 때
  - 예) 씨앗을 뿌릴 時期다.
- 時機 : 적당한 기회
  - 예) 時機가 오면 놓치지 말라.

|구별해서 써야 할 한자어|

- 令夫人(영부인) ⇒ 남을 높이어 그의 '부인'을 이르는 말. 귀부인(貴夫人), 현합(賢閤), 영실(令室)
- 査夫人(사부인) ⇒ '사돈댁'의 높임말

시 사
- 示唆 : 미리 암시하여 일러주는 것
- 時事 : 그 당시에 사회적으로 발생한 일
- 試寫 : 영화나 텔레비전 등의 작품을 일반에게 공개하기에 앞서 시험삼아 심사원·비평가·제작관계자·보도기관 등에 보이는 일

시 청
- 市廳 : 시의 행정사무를 맡아보는 곳
- 視聽 : (텔레비전을)보고 듣는 일

신 문
- 訊問 : ① 캐어 물음. 따져서 물음 ② 증인·피고인 등에 대해 구두로 물어 사건을 조사 함.
- 新聞 : 사회의 사건에 대하여 사실이나 해설을 널리 전하는 정기 간행물

신 부
- 神父 : 천주교·성공회의 사목자(司牧者)
- 新婦 : 갓 결혼했거나, 결혼하는 여자

신 장
- 伸張 : (세력·권리 따위를)늘이고 넓게 펴는 것
- 新裝 : 설비나 외관 등을 새로 장치하는 것, 또는 그 장치
  예 新裝開業(신장개업)

신 축
- 伸縮 : 늘고 주는 것 또는 늘이고 줄이는 것
- 新築 : (집 따위를)새로 짓는 것

ㅇ

애 호
- 愛好 : 사랑하여 즐김. 좋아함
- 愛護 : 사랑하고 보호함
  예 새를 愛護합시다.

야 심
- 夜深 : 밤이 깊음
- 野心 : 자기 분수에 맞지않게 품은 욕심이나 욕망

약 소
- 弱小 : 약하고 작은 것
- 略少 : 간략하고 적음

양 호
- 良好 : 아주 좋음
- 養護 : 위험이 없도록 보호함

역 설
- 力說 : 강하게 주장함
- 逆說 : 일반이 진리라고 인정하고 있는 것에 반대되는 설
  예 逆說家(역설가)

연 기
- 延期 : 정해진 기한을 뒤로 물리는 것
- 煙氣 : 물건이 탈 때에 나는 뿌연 기체
- 演技 : 연극이나 영화에서 배우가 맡은 배역의 행동이나 성격을 창조하여 나타내는 일

|구별해서 써야 할 한자어|

- 藥局(약국) ⇒ 약사가 양약(洋藥)을 조제·판매하는 곳
- 藥房(약방) ⇒ 양약을 팔기만 하는 가게

연 습
- 練習 : 되풀이하여 익힘
- 演習 : '練習'과 같은 뜻으로 쓰이기도 하나, 특히 군사훈련에서 실전을 상정하고 하는 일인 경우 주로 쓰임

영 화
- 映畵 : 어떠한 주제(主題)를 움직이는 영상으로 표현하는 예술의 한 장르
- 榮華 : 귀하게 되어서 몸이 세상에 드러나고 이름이 빛나는 일

예 방
- 豫防 : (질병·재해 따위를)미리 대처하여 막는 것
- 禮訪 : 인사차 방문하는 것

운 명
- 運命 : 사람의 몸을 둘러싸고 다치는 선악·길흉의 사정을 말함
- 殞命 : 사람의 목숨이 끊어지는 것

원 고
- 原告 : 소송을 제기하여 재판을 청구한 사람
- 原稿 : 인쇄하거나 발표하기 위하여 쓴 글이나 그림 따위

원 수
- 元首 : '국가원수(國家元首)'의 준말
- 怨讐 : 해를 입어 원한이 맺힌 대상
- 元帥 : 군인의 가장 높은 벼슬

위 장
- 胃腸 : 위와 장

例 胃腸障碍(위장장애)
- 僞裝 : 본래의 속셈이나 모습이 드러나지 않도록 거짓으로 꾸미는 것

유 세
- 有勢 : 자랑삼아 세도를 부리는 것
- 遊說 : 자기 의견 또는 자기 소속정당의 주장을 설파하며 돌아다니는 것

유 적
- 遺跡 : 건물이나 사변(事變) 따위가 있었던 곳. 고고학적 유물이 있는 곳. 고인이 남긴 영지(領地)
- 遺蹟 : 고인의 행적이나 역사적 기록의 자취

유 전
- 油田 : 석유가 나는 곳
- 流傳 : 세상에 퍼져 전파하는 것
- 遺傳 : 어버이의 성질·체질·형상 등이 자손에게 전해지는 일
- 流電 : 번갯불

유 지
- 有志 : 마을이나 지역에서 명망있고 영향력을 가진 사람
- 維持 : 지탱하여 나가는 것 또는 지니어 가는 것
- 遺志 : 죽은 사람의 생전(生前)의 뜻

유 치
- 留置 : ① 맡아 두는 것 ② 사람이나 물건을 일정한 지배하에 두는 것
- 幼稚 : ① 나이가 어림 ② 정도가 낮음
- 誘致 : ① 꾀어내는 것 ② 이끌어들이는 것

|구별해서 써야 할 한자어|

- 月給(월급) ⇒ 봉급 중에서 다달이 받는 급료. 연봉을 적당히 등분하여 다달이 받는 것도 있고, 월급을 정하고 지급하는 것도 있음
- 俸給(봉급) ⇒ 계속적인 노무에 대한 보수로 지급되는 일정한 금액. 봉급은 주급(週給)일 수도 있고, 순급(旬給) 또는 월급일 수도 있다. 또한 연봉으로 따지는 수도 있음

유 학
- 留學 : 외국에 머물면서 공부함
- 遊學 : 타향에 가서 공부함

응 시
- 凝視 : 시선을 모아 뚫어지게 보는 것
- 應試 : 시험에 응하는 것

의 거
- 依據 : 근거나 증거로 삼아 따라함
- 義擧 : 정의(正義)로 일으키는 의로운 거사(擧事)

의 사
- 義士 : 의로운 지사(志士)
- 意思 : 무언가를 하고자 하는 생각
  - 예) 意思表示(의사표시)
- 醫師 : 면허를 얻어 의술과 약으로 병을 진찰·치료하는 일을 업으로 하는 사람
- 議事 : 회합(會合)에 의한 심의(審議) 또는 심의할 사항

이 동
- 移動 : 옮겨 움직이거나 옮겨 다님(물리적 작용이 전제됨)
- 異動 : 전임(轉任)·퇴관(退官) 등의 지위·직책의 변동
  - 예) 人事異動(인사이동)

이 론
- 理論 : 원리원칙에서 출발하여 사실을 논함
- 異論 : 남과 다른 의견

이 상
- 異狀 : 시각적(視覺的)으로 평소보다 다른 상태
- 異常 : 정상적인 것과 다른 상태나 현상
  - 예) 異常氣溫(이상기온)
- 理想 : 각자의 지식, 경험의 범위 안에서 최고라고 생각되는 상태

이 성
- 異性 : 성(性)이 다른 것
- 理性 : 감정에 빠지지 않고 조리있게 일을 생각하여 판단하는 능력

인 도
- 引渡 : 사물이나 권리 따위를 넘겨주는 것
- 引導 : 이끌어서 지도하는 것

인 사
- 人士 : 어떤 분야에서 활동적인 구실을 하는 사람
- 人事 : ① 남에게 공경하는 뜻으로 하는 예의(禮儀) ② 사람의 일 또는 사람의 힘으로 할 수 있는 일

인 상
- 引上 : 물건값, 요금, 봉급 등을 올림
- 印象 : 보거나 듣거나 했을 때 대상물이 사람의 마음에 주는 느낌

인 정
- 人情 : 남을 동정하는 따뜻한 마음
- 認定 : 확실히 그렇다고 여기는 것

│구별해서 써야 할 한자어│

- 醫院(의원) ⇒ 병원보다 규모가 작은 진찰·진료소
- 病院(병원) ⇒ 질병을 진찰·치료하는 곳으로, 일정수 이상의 환자를 수용할 수 있는 설비를 갖춘 곳

ㅈ

자 문
- 自問 : 스스로 제 마음에 물음
- 諮問 : 일을 바르게 처리하려고 전문가 등에게 의견을 물음

자 수
- 自手 : 자기의 손, 자기 혼자의 노력 또는 힘
  예) 自手成家(자수성가)
- 刺繡 : 수(繡)를 놓음 또는 그 수
- 自首 : 범죄자가 발견되기 전에 수사관에 자기의 범죄사실을 신고하고, 그 소추(訴追)를 구하는 일

자 원
- 自願 : 어떤 일을 자기 스스로 하고자 하여 나서는 것
- 資源 : 인간의 생활 및 경제생산에 이용되는 물적 자료 및 노동력·기술의 총칭

자 제
- 子弟 : 남을 높이어 그의 아들을 이르는 말
- 自制 : 자기 감정이나 욕망을 스스로 억제하는 것

장 관
- 壯觀 : ① 훌륭한 광경 ② 구경거리
- 長官 : 국무를 분담해 처리하는 행정 각부의 장(長)

재 가
- 再嫁 : 한번 결혼했던 여자가 다시 다른 곳으로 시집감

재 가 (裁可)
- 裁可 : 결재권을 가진 사람이나 단체가 안건(案件)을 결재하여 허가함

재 고
- 再考 : 다시 생각하는 것
- 在庫 : 창고(倉庫)에 있는 물건
  예) 在庫管理(재고관리)

재 정
- 財政 : 국가 또는 지방자치 단체가 행정활동이나 공공정책을 시행하기 위한 재력(財力)을 취득하고 이를 관리하는 경제활동
- 裁定 : (어떤 일의 옳고 그름을)따져서 결정하는 것

전 기
- 前期 : 일정기간을 몇 개로 나눈 그 첫 시기
  반) 後期(후기)
- 傳記 : 어떤 인물의 생애와 활동을 적은 기록
- 電氣 : 전자의 이동으로 생기는 에너지의 한 형태
- 轉機 : 전환점을 이루는 기회나 고비

전 담
- 全擔 : 어떤 일의 전부를 맡기는 것. 전당(全當)
- 專擔 : 전문적으로 담당하는 것

전 력
- 全力 : 가지고 있는 모든 힘
- 專力 : 오로지 그 일에만 힘을 씀

전 도
- 前途 : 앞으로 나아갈 길. 장애

|구별해서 써야 할 한자어|

- 以下(이하) ⇒ 어떤 수준이나 정도까지를 포함시킨 그 아래
  예) '以'는 '가지고'의 뜻이며, 10 이하면 10까지도 포함됨
- 未滿(미만) ⇒ 정한 수나 정도에 차지 못한 것
  예) 10 미만이면 10이 차지하지 못한 1부터 9까지를 뜻함

- 傳道 : 도리를 세상에 널리 전하는 것
- 顚倒 : ① 엎어져서 넘어짐 ② 위와 아래를 바꾸어서 거꾸로 함

전 용
- 專用 : 오로지 그것만 씀
- 轉用 : 예정되어 있는 곳에 쓰지 않고 다른 데로 돌려 씀

전 파
- 電波 : 적외선 이상의 파장을 갖는 전자파로 특히, 전기통신에 쓰이는 것
- 傳播 : 널리 전하여 퍼뜨리는 것

전 형
- 典型 : 같은 부류의 특징을 가장 잘 나타내고 있는 본보기
- 銓衡 : 인물의 됨됨이. 재능 따위를 가리어 뽑는 것
- 典刑 : 예전부터 전하여 내려오는 법전

절 감
- 切感 : 아주 깊이 느끼는 것. 절실하게 느낌. 통감(通感)
- 節減 : 절약하여 줄임. 아껴 줄임
  - 예) 經費節減(경비절감)

절 도
- 節度 : 일이나 행동·생활 등에서 정도에 알맞게 하는 규칙적인 한도
- 竊盜 : (남의 물건을)몰래 훔치는 것 또는 그 사람
- 絶倒 : 까무러쳐 넘어짐

정 당
- 正堂 : 바르고 옳음. 이치에 합당함
- 政黨 : 일정한 정치이상의 실현을 위해 정치권력의 참여를 목적으로 하는 정치결사

정 상
- 正常 : 특별한 변동이 없이 제대로인 상태
- 頂上 : ① 산의 맨 꼭대기 ② 최고의 상태 ③ 국가의 최고 수뇌
- 情狀 : 구체적 범죄의 구체적 책임의 경중(輕重)에 영향을 미치는 일체의 사정

정 찰
- 正札 : 물건의 에누리없는 정당한 값을 적은 종이쪽
- 偵察 : 살펴서 알아내는 것

정 통
- 正統 : 바른 계통
- 精通 : 어떤 사물을 깊고 자세히 통하여 앎

제 도
- 制度 : 사회생활에 필요한 일정한 방식·기준 등을 정하여 놓은 체계
- 製圖 : (기계·건축물·공작물 등의)도면을 그려 만드는 것
- 濟度 : 일체 중생을 부처의 도로써 고해(苦海)에서 건져 극락세계로 인도해 주는 것
  - 예) 衆生濟度(중생제도)

제 재
- 制裁 : 법이나 규정에 어그러짐이 있을 때 그에 대해 어떤 처벌이나 금지, 책망 등을 행하는 일

|구별해서 써야 할 한자어|

- 祝典(축전) ⇒ 축하하는 뜻으로 하는 의식이나 행사
- 祝祭(축제) ⇒ 축하하고 제사지냄

- 製材 : 벌채한 나무로 재목(材木)을 만드는 것
- 題材 : 예술작품이나 학술연구의 주제가 되는 재료

[조 기]
- 早起 : 아침에 일찍 일어남
- 早期 : 이른 시기
- 弔旗 : 죽은 이를 슬퍼하는 뜻으로 다는 검은 선을 두른 기

[조 작]
- 造作 : 물건을 지어서 만듦
- 操作 : 다루어 처리함

[조 화]
- 造化 : 만물을 창조하고 기르는 대자연의 이치
- 造花 : (종이나 헝겊 등으로)인공으로 만든 꽃
- 調和 : 이것과 저것이 서로 고르게 잘 어울리는 것

[주 간]
- 主幹 : 일을 주장(主掌)하여 맡아서 처리하는 것
- 週刊 : 한 주일에 한 번씩 발행하는 일 또는 그 간행물
- 週間 : 한 주일 동안

[주 의]
- 主義 : 굳게 지키는 일정한 주장이나 방침
- 注意 : 마음에 새겨두어 조심함

[준 수]
- 俊秀 : 재주·슬기·풍채가 빼어남
- 遵守 : 그대로 잘 좇아서 지킴

[중 상]
- 中傷 : 근거없는 말로 남을 헐뜯어 명예에 손상을 입히는 것
- 重傷 : 몹시 다치는 것 또는 심한 부상

[지 방]
- 地方 : ① 어느 한 방면의 땅 ② 서울 밖의 시골
- 脂肪 : 지방산과 글리세롤의 에스테르 중 상온에서 고체인 것
- 紙榜 : 종이로 만든 신주(神主)

[지 원]
- 支院 : 지방법원·가정법원 등의 관할하에 있으면서 일정한 지역에 따로 떨어져 그곳의 법원사무를 맡아 처리하는 곳
- 支援 : 지지(支持)를 하여 돕는 것
- 志願 : 무엇을 하고 싶어 바라고 원함

[지 향]
- 指向 : 목표로 정한 방향 또는 그 방향으로 나감
- 志向 : 뜻이 쏠리는 방향 또는 그 방향으로 나감

[차 관]
- 次官 : 장관을 보좌하고 그를 대리할 수 있

|구별해서 써야 할 한자어|

- 割引(할인) ⇒ 일정한 가격에서 얼마간 값을 덜어냄
- 引下(인하) ⇒ ① 끌어내림 ② (물가·요금·봉급 등을)떨어뜨림

는 보조기관
- 借款 : 한 나라의 정부나 기업·은행이 외국정부나 공적 기관으로부터 자금을 빌려오는 일

천 재
- 天才 : 타고난 뛰어난 재주 또는 그런 재주를 지닌 사람
- 天災 : 자연현상으로 일어나는 재난으로 지진·홍수 따위

초 대
- 初代 : 어떤 계통의 첫 대(代) 또는 그 사람
- 招待 : ① (어떤 모임에)참가할 것을 청하는 것 ② 사람을 불러 대접하는 것
- 初對 : 처음으로 대면함. 초대면

초 상
- 初喪 : 사람이 죽어서 장사지낼 때까지의 동안
- 肖像 : 그림 따위에 나타난 어떠한 사람의 얼굴과 모습

최 고
- 最古 : 가장 오래됨
- 最高 : 가장 높음 또는 가장 좋음
- 催告 : 상대방에게 일정한 행위를 하도록 독촉(督促)하는 통지를 내는 일

최 소
- 最小 : 크기가 가장 작은 것
- 最少 : 분량이나 나이가 가장 적은 것

출 가
- 出家 : ① 집을 떠나감 ② 속가를 떠나 불문(佛門)에 드는 일
- 出嫁 : 처녀가 시집가는 것

출 연
- 出捐 : 금품(金品)을 내어 원조하는 것
- 出演 : 연설·강연·연극·음악 등을 하기 위해 무대나 연단에 나가는 것

출 장
- 出張 : 용무(用務)를 위하여 어떤 장소에 나가는 것
- 出場 : 어떤 장소에 나가는 것

충 실
- 充實 : 속이 올차서 다단학 여물음
- 忠實 : 맡은 일을 열심히 하여 정성스러움

타 진
- 打診 : 미리 남의 뜻을 살펴보는 것
- 打盡 : 모조리 잡는 것

탄 성
- 彈性 : 물체에 힘을 가하면 변형하고 힘을 제거하면 원래대로 돌아가려는 성질
- 歎聲 : 한탄 또는 감탄하는 소리

통 상
- 通常 : 특별하지 않고 예사임. 보통
- 通商 : 외국과 서로 물품을 사고팔고 하는 것

구별해서 써야 할 한자어

- 混同(혼동) ⇒ 뒤섞음
- 混沌(혼돈) ⇒ 사물의 구별이 확실하지 않은 상태

통 화
- 通貨 : 유통수단·지불수단으로서 기능하는 화폐
- 通話 : 전화로 말을 서로 함

편 재
- 偏在 : 어느 것에 한하여 치우쳐 있음
  - 예) 當의 偏在
- 遍在 : 널리 퍼져 있음
  - 예) 전국에 遍在한 소나무

폐 업
- 閉業 : ① 문을 닫고 영업을 쉼 ② 폐점(閉店)
- 廢業 : 직업이나 영업을 그만두는 것

폭 발
- 暴發 : 별안간 터짐
- 爆發 : 불꽃을 일으키며 별안간 터짐

폭 음
- 暴飮 : 술을 한꺼번에 많이 마시는 것
- 爆音 : 폭발하는 큰 소리. 폭발음

폭 주
- 暴注 : 규칙을 무시하고 난폭하게 달리는 일
- 輻輳 : 한 곳에 많이 몰려듦을 이르는 말

표 시
- 表示 : 겉으로 나타내어 보임

- 標示 : 목표물에 표를 하여 나타냄
  - 비) 標識(표식)

표 현
- 表見 : 권리는 없지만 다른 사람에게는 마치 그 권리가 있는 것처럼 여겨지는 일
- 表現 : (사상·감정 등을)드러내어 나타냄

학 과
- 學科 : 학술의 분과(分科)
- 學課 : 학문의 과정(課程). 학교의 과정

학 원
- 學院 : 학교. 학교 설치기준에 미달한 사립 교육기관
- 學園 : 교육기관의 총칭

함 정
- 陷穽 : 빠져나올 수 없는 곤경이나 남을 해치기 위한 계략의 비유
- 艦艇 : 군함·구축함·어뢰정·소해정 등의 총칭

항 구
- 恒久 : 변하지 아니하고 오래감
- 港口 : 바닷가에 배를 댈 수 있게 설비한 곳

해 산
- 解産 : 아이를 낳는 일. 분만(分娩)

|구별해서 써야 할 한자어|

- 篇 ⇒ 시문(詩文)이나 서적의 수효. 책자 속에서 성질이 다른 갈래를 구분하는 말
  - 예) 文法篇(문법편)
- 編 ⇒ 책을 엮는 일. 조직이나 섬유를 짜는 일. 책의 갈래를 구분하는 말
  - 예) 前編(전편)

- 解散 : 집단·조직·단체 등을 해체하여 없애는 것

| 행 사 |
- 行使 : 부려서 쓰는 행동
- 行事 : 계획에 따라 여럿이 함께 일을 진행함

| 현 상 |
- 現狀 : 나타나 보이는 현재의 상태
- 現象 : 직접 지각할 수 있는 자연계·인간계에서 일어나는 일
- 懸賞 : 무엇을 모집·구득(求得)하거나, 사람찾는 일에 상을 걺
- 現像 : 사진 건판(乾板)·필름·인화지를 노출한 후 약품처리하여 화상(畫像)을 나타내는 일

| 호 전 |
- 好戰 : 싸움 또는 전쟁을 좋아함
- 好轉 : 잘 안되던 일이 잘 되어가기 시작하는 것

| 혼 신 |
- 渾身 : 온몸
- 混信 : 전신(電信)·방송 등을 수신할 때 다른 발신국(發信局)의 송신신호가 섞여 수신되는 일

| 화 장 |
- 火葬 : 시체를 사르고, 그 남은 뼈를 모아 장사지내는 것
- 化粧 : 분·연지 등을 바르고 얼굴을 곱게 꾸미는 것

| 환 기 |
- 喚起 : 불러 일으킴
- 換氣 : 탁한 공기와 새 공기를 바꾸어 넣음

| 회 의 |
- 會議 : 여럿이 모여 의논하는 것
- 懷疑 : 어떤 일이 진정으로 올바르고 확실한지를 의심하는 일

| 구별해서 써야 할 한자어 |

- 懷古(회고) ⇒ 지나간 옛 일을 돌이켜 생각함
- 回顧(회고) ⇒ 돌아다 봄 또는 지난 일을 생각하여 봄

예상문제풀이

1 다음 단어의 同音異議語를 각각 하나씩만 漢字로 쓰시오.

① 使用 (　　　)　② 家産 (　　　)
③ 非行 (　　　)　④ 勇氣 (　　　)
⑤ 前後 (　　　)

> 1. ① 私用(사용) ② 加算(가산) ③ 飛行(비행) ④ 容器(용기) ⑤ 戰後(전후)

2 다음 漢字語와 同音異議語(長短이나 된소리는 상관없음)를 쓰시오. (略字도 可)

① 詩歌 (　　　)　② 施政 (　　　)
③ 醫師 (　　　)　④ 士氣 (　　　)
⑤ 正義 (　　　)

> 2. ① 時價(시가) ② 市政(시정) ③ 意思, 義士, 議事(의사) ④ 詐欺, 史記(사기) ⑤ 定義(정의)

3 다음 漢字語와 소리는 같으나(長音은 가리지 않음) 뜻이 다른 漢字語를 쓰시오.

| 死後 - 事後 |

① 聲明 (　　　)　② 庭園 (　　　)
③ 聖人 (　　　)　④ 眼前 (　　　)

> 3. ① 姓名(성명) ② 定員(정원) ③ 成人(성인) ④ 安全(안전)

장음·단음한자

한자능력검정시험 3급의 출제범위는 교육부선정 중·고 한문교육용 한자 1800자 + 7자(쓰기는 4급용 1000자)이다. 독음, 훈음, 한자쓰기, 장단음, 반의어(상대어), 완성형, 부수, 동의어(유의어), 동음이의어, 뜻풀이, 약자 등이 출제된다. 여기서 장단음은 5문항 출제된다.

1 첫음절에서 긴소리로 발음되는 한자 (: 는 장음표시임. *표는 2급 선정 필수한자임)

장음	한자	음·훈	예	장음	한자	음·훈	예
가:	假	거짓 가	假稱(가칭)	거:	去	갈 거	去來(거래)
	可	옳을 가	可能(가능)		巨	클 거	巨物(거물)
간:	懇	간절할 간	懇切(간절)		拒	물리칠 거	拒絶(거절)
	簡	편지 간	簡略(간략)		擧	들 거	擧行(거행)
	肝	간 간	肝臟(간장)		距	떨어질 거	距離(거리)
	間	사이 간	間接(간접)	건:	建	세울 건	建設(건설)
감:	減	덜 감	減少(감소)		健	건강할 건	健康(건강)
	感	느낄 감	感謝(감사)	검:	儉	검소할 검	儉約(검약)
	敢	감히 감	敢行(감행)		劍	칼 검	劍道(검도)
강:	降	내릴 강	降雪(강설)		檢	조사할 검	檢査(검사)
	講	익힐 강	講演(강연)	게:	揭*	높이들 게	揭示(게시)
개:	介	낄 개	介入(개입)	견:	見	볼 견(뵐 현)	見學(견학)
	個	낱 개	個性(개성)	경:	敬	공경할 경	敬禮(경례)
	改	고칠 개	改正(개정)		競	다툴 경	競爭(경쟁)
	槪	대개 개	槪念(개념)		警	경계할 경	警察(경찰)
갱:	更	다시 갱(고칠 경)	更新(갱신)		鏡	거울 경	鏡鑑(경감)

경:	慶	경사 경	慶祝(경축)		교:	巧	교묘할 교	巧妙(교묘)
계:	係	맬 계	係員(계원)			敎	가르칠 교	敎育(교육)
	契	맺을 계	契約(계약)			校	학교 교	校舍(교사)
	戒	경계할 계	戒律(계율)			較	비교할 교	較量(교량)
	桂	계수나무 계	桂冠(계관)		구:	久	오랠 구	久遠(구원)
	計	셈할 계	計算(계산)			口	입 구	口傳(구전)
	季	끝 계, 계절 계	季節(계절)			救	구원할 구	救援(구원)
	繼	이을 계	繼承(계승)			舊	옛 구	舊式(구식)
	啓	열 계	啓發(계발)			具	성씨 구	具氏(구씨)
	系	계통 계	系統(계통)		군:	郡	고을 군	郡廳(군청)
	界	세계 계	界面(계면)		권:	勸	권할 권	勸誘(권유)
고:	古	옛 고	古典(고전)			卷	두루마리 권, 책 권	卷頭(권두)
	告	알릴 고	告發(고발)			拳	주먹 권	拳鬪(권투)
	故	연고·까닭 고	故鄕(고향)		궤:	軌*	수레바퀴 궤	軌道(궤도)
곤:	困	곤할 곤	困難(곤난)		귀:	貴	귀할 귀	貴族(귀족)
공:	供	이바지할 공	供養(공양)			鬼	귀신 귀	鬼神(귀신)
	共	함께 공	共同(공동)		근:	近	가까울 근	近代(근대)
	孔	구멍 공	孔子(공자)			謹	삼갈 근	勤愼(근신)
	攻	칠 공	攻防(공방)		금:	禁	금할 금	禁煙(금연)
	恐	두려워할 공	恐怖(공포)			錦	비단 금	錦衣(금의)
	貢	바칠 공	貢獻(공헌)		긍:	肯	즐길 긍, 인정할 긍	肯定(긍정)
과:	寡	적을 과	寡默(과묵)		난:	暖	따뜻할 난	暖房(난방)
	果	열매 과	果樹(과수)		난: (란)	亂	어지러울 란	亂動(난동)
	過	허물 과, 지날 과	過居(과거)			卵	알 란	卵巢(난소)
광:	廣	넓을 광	廣告(광고)			爛	빛날 란	爛漫(난만)
	鑛	쇳돌 광	鑛夫(광부)		낭: (랑)	朗	밝을 랑	朗讀(낭독)
괴:	壞	무너질 괴	壞滅(괴멸)		내:	內	안 내	內陸(내륙)
	怪	괴이할 괴	怪常(괴상)			耐	견딜 내	耐久(내구)

냉: (랭)	冷	찰 랭	冷凍(냉동)	등:	等	등급 등	等級(등급)
염: (념)	念	생각 념	念願(염원)	마:	馬	말 마	馬車(마차)
노:	怒	성낼 노	怒髮(노발)	만:	慢	거만할 만	慢然(만연)
노: (로)	老	늙을 로	老少(노소)		漫	부질없을 만	漫畫(만화)
	路	길 로	路線(노선)		滿	가득할 만	滿發(만발)
농: (롱)	弄	희롱할 롱	弄談(농담)		晩	늦을 만	晩秋(만추)
누: (루)	淚	눈물 루	淚管(누관)		萬	일만 만	萬歲(만세)
	漏	샐 루	漏泄(누설)	망:	妄	허망할 망	妄想(망상)
	累	여러 루	累計(누계)		望	바랄 망 원망할 망	望月(망월)
단:	斷	끊을 단	斷絶(단절)	매:	每	매양 매 마다 매	每年(매년)
담:	淡	묽을 담	淡水(담수)		買	살 매	買受(매수)
	膽	쓸개 담	膽力(담력)		賣	팔 매	賣國(매국)
대:	代	대신할 대	代理(대리)	맹:	孟	맏 맹 맹랑할 맹	孟子(맹자)
	大	큰 대	大門(대문)		猛	사나울 맹	猛烈(맹렬)
	對	대답할 대 마주볼 대	對話(대화)	면:	免	면할 면	免罪(면죄)
	帶	띠 대	帶同(대동)		勉	힘쓸 면	勉學(면학)
도:	倒	넘어질 도	倒産(도산)		面	얼굴 면	面目(면목)
	到	이를 도	到着(도착)	명:	命	목숨 명 시킬 명	命令(명령)
	導	이끌 도	導入(도입)	모:	侮*	업신여길 모	侮辱(모욕)
	渡	건널 도	渡來(도래)		慕	사모할 모	慕情(모정)
	道	길 도 말할 도	道路(도로)		暮	저물 모 늦을 모	暮色(모색)
동:	凍	얼 동	凍氷(동빙)		某	아무 모	某氏(모씨)
	動	움직일 동	動靜(동정)		母	어머니 모	母親(모친)
	洞	고을 동 통할 통	洞會(동회)	몽:	夢	꿈꿀 몽	夢想(몽상)
	童	아이 동	童話(동화)	묘:	墓	무덤 묘	墓碑(묘비)
둔:	鈍	둔할 둔	鈍感(둔감)		妙	묘할 묘	妙味(묘미)
등:	等	가지런할 등					

묘:	廟	사당 묘	廟堂(묘당)	변:	卞	성씨 변	卞氏(변씨)
	苗	싹 묘	苗木(묘목)	병:	丙	셋째천간 병	丙夜(병야)
무:	巫	무당 무	巫堂(무당)		倂*	아우를 병	倂用(병용)
	戊	다섯째천간 무	戊午(무오)		病	병들 병	病院(병원)
	武	군셀 무	武術(무술)		竝	아우를 병	竝列(병렬)
	茂	무성할 무	茂盛(무성)	보:	保	보전할 보	保護(보호)
	舞	춤출 무	舞臺(무대)		報	갚을 보, 알릴 보	報告(보고)
	貿	바꿀 무	貿易(무역)		普	넓을 보	普通(보통)
	霧	안개 무, 일 무	霧散(무산)		寶	보배 보	寶物(보물)
	務	힘쓸 무	務實(무실)		步	걸음 보	步行(보행)
문:	問	물을 문	問答(문답)		補	도울 보	補給(보급)
	聞	들을 문	聞道(문도)		譜	계보 보	譜錄(보록)
미:	未	아닐 미	未開(미개)	봉:	俸*	봉급 봉	俸給(봉급)
반:	伴*	짝 반	伴奏(반주)		奉	받들 봉	奉養(봉양)
	半	반 반	半減(반감)		鳳	봉새 봉	鳳凰(봉황)
	反	거스를 반, 뒤집을 반	反省(반성)	부:	副	버금 부	副業(부업)
	叛	배반할 반	叛逆(반역)		否	아닐 부	否認(부인)
방:	倣	본받을 방	倣似(방사)		富	부자 부, 넉넉할 부	富貴(부귀)
	放	놓을 방, 내칠 방	放送(방송)		府	마을 부, 곳집 부	府君(부군)
	訪	찾을 방	訪韓(방한)		附	붙을 부	附加(부가)
배:	倍	갑절 배	倍加(배가)		負	질 부, 짐질 부	負擔(부담)
	背	등질 배	背景(배경)		賦	구실 부	賦課(부과)
	配	짝지을 배	配給(배급)		復	다시 부, 회복할 복	復活(부활)
	拜	절 배	拜謁(배알)	분:	奮	떨칠 분	奮發(분발)
범:	犯	범죄 범	犯罪(범죄)		憤	분할 분	憤怒(분노)
	範	법 범, 한계 범	範圍(범위)	비:	卑	낮을 비	卑劣(비열)
변:	變	변할 변, 재앙 변	變更(변경)		備	갖출 비	備考(비고)
	辯	말잘할 변	辯論(변론)		批	비평할 비	批評(비평)

비:	比	견줄 비	比較(비교)		서:	序	차례 서	序論(서론)
	秘	숨길 비	秘密(비밀)			庶	거의 서, 모두 서	庶民(서민)
	肥	살찔 비	肥滿(비만)			徐	천천히 서	徐行(서행)
	鼻	코 비	鼻笑(비소)			恕	용서할 서	恕免(서면)
	費	쓸 비	費用(비용)			瑞*	상서 서	瑞氣(서기)
	非	아닐 비, 그를 비	非常(비상)			暑	더울 서, 더위 서	暑氣(서기)
사:	使	부릴 사	使用(사용)			敍	펼 서	敍述(서술)
	史	역사 사, 사관 사	史學(사학)			緖	실마리 서	緒論(서론)
	事	일 사, 섬길 사	事件(사건)			署	관청 서, 쓸 서	署名(서명)
	捨	버릴 사	捨身(사신)			誓*	맹세 서	誓約(서약)
	思	생각 사	思慕(사모)	선:	選	뽑을 선, 가릴 선	選擧(선거)
	四	넉 사	四方(사방)			善	착할 선, 좋을 선	善惡(선악)
	士	선비 사	士氣(사기)	성:	性	성품 성, 성별 성	性格(성격)
	社	모일 사	社會(사회)			盛	성할 성	盛衰(성쇠)
	謝	사례할 사, 사양할 사	謝過(사과)			聖	성인 성, 성스러울 성	聖賢(성현)
	賜	줄 사	賜藥(사약)			姓	성 성	姓名(성명)
	死	죽을 사	死活(사활)	세:	世	세대 세, 세상 세	世界(세계)
	巳	뱀 사	巳時(사시)			勢	세력 세, 기세 세	勢力(세력)
산:	散	흩어질 산	散在(산재)			洗	씻을 세	洗濯(세탁)
	産	낳을 산	産業(산업)			歲	해 세, 나이 세	歲拜(세배)
	算	셈할 산	算數(산수)			貰*	외상 세	貰物(세물)
상:	上	위 상, 오를 상	上告(상고)			稅	세금 세	稅關(세관)
	尙	오히려 상, 숭상할 상	尙存(상존)			細	가늘 세, 자세할 세	細密(세밀)
	想	생각할 상	想像(상상)	소:	小	작을 소	小說(소설)
서:	序	차례 서	序論(서론)			少	적을 소, 젊을 소	少額(소액)
	庶	거의 서, 모두 서	庶民(서민)			所	바 소, 곳 소	所望(소망)
	徐	천천히 서	徐行(서행)			笑	웃을 소	笑談(소담)

소:	掃	쓸 소	掃除(소제)		아:	餓	주릴 아	餓死(아사)
손:	損	덜 손, 잃을 손	損益(손익)		안:	岸	언덕 안	岸壁(안벽)
송:	送	보낼 송	送金(송금)			眼	눈 안	眼目(안목)
	訟	송사할 송	訟事(송사)			雁	기러기 안	雁書(안서)
	頌	기릴 송	頌德(송덕)			顔	얼굴 안	顔面(안면)
쇄:	刷	씻을 쇄	刷新(쇄신)			案	책상 안 생각할 안	案件(안건)
	鎖	쇠사슬 쇄	鎖國(쇄국)		암:	暗	어두울 암	暗黑(암흑)
수:	數	셈 수, 자주 삭	數學(수학)		앙:	仰	우러를 앙	仰望(앙망)
순:	順	순할 순, 차례 순	順序(순서)		애:	愛	사랑할 애, 아낄 애	愛着(애착)
시:	侍	모실 시	侍女(시녀)		야:	夜	밤 야	夜景(야경)
	始	처음시 비롯할시	始祖(시조)			惹*	이끌 야	惹起(야기)
	屍*	주검 시	屍體(시체)			耶	어조사 야	耶蘇(야소)
	市	시가 시	市民(시민)			野	들 야	野球(야구)
	施	베풀 시	施設(시설)		양:	讓	사양할 양	讓步(양보)
	矢	화살 시	矢石(시석)			養	기를 양	養成(양성)
	視	볼 시	視察(시찰)		양: (량)	兩	두 량	兩極(양극)
	試	시험할 시	試驗(시험)		어:	御	어거할 어	御使(어사)
	示	보일 시	示威(시위)			語	말씀 어	語句(어구)
	是	옳을 시, 이 시	是認(시인)		여:	予	나 여	予一人(여일인)
신:	信	믿을 신	信仰(신앙)			余	나 여	余等(여등)
	愼	삼갈 신	愼重(신중)			與	줄 여, 더불어 여	與野(여야)
	紳*	점잖은사람 신	紳士(신사)			輿	수레 여	輿論(여론)
	腎*	신장 신	腎臟(신장)		여: (려)	勵	권면할 려	勵志(여지)
심:	甚	심할 심	甚難(심난)		연:	宴	잔치 연	宴會(연회)
	沈	성씨 심	沈氏(심씨)			演	익힐 연, 행할 연	演劇(연극)
아:	雅	바른 아	雅量(아량)			硏	연구할 연	硏究(연구)
	亞	버금 아	亞流(아류)			硯	벼루 연	硯滴(연적)
	我	나 아	我執(아집)					

연:	軟	부드러울 연	軟性(연성)	외:	畏	두려워할 외	畏敬(외경)
연: (련)	戀	사모할 련	戀愛(연애)	요: (료)	了	끝날 료	了解(요해)
	練	단련할 련	練習(연습)	요:	曜*	빛날 요	曜日(요일)
염:	厭*	싫을 염	厭症(염증)	용:	勇	날랠 용, 용감할 용	勇敢(용감)
	染	물들일 염	染色(염색)		用	쓸 용, 베풀 용	用務(용무)
영:	影	그림자 영	影響(영향)	우:	偶	짝 우, 우연할 우	偶然(우연)
	映	비칠 영	映畵(영화)		右	오른쪽 우	右側(우측)
	永	길 영, 오랠 영	永遠(영원)		宇	집 우	宇宙(우주)
	詠	읊을 영	詠歌(영가)		羽	깃 우	羽毛(우모)
영: (령)	令	명령할 령, 하여금 령	令夫人(영부인)		雨	비 우	雨天(우천)
					友	벗 우	友情(우정)
예:	藝	재주 예	藝術(예술)	운:	韻	음운 운	韻致(운치)
	豫	미리 예	豫防(예방)		運	돌 운, 움직일 운	運轉(운전)
	預*	맡길 예	預金(예금)	원:	援	구원할 원, 도울 원	援助(원조)
	銳	날카로울 예	銳敏(예민)		怨	원망할 원	怨恨(원한)
예: (례)	例	법식 례, 보기 례	例示(예시)		遠	멀 원	遠近(원근)
	禮	예절 례	禮儀(예의)		願	바랄 원	願書(원서)
오:	五	다섯 오	五輪(오륜)	유:	有	있을 유	有名(유명)
	傲	거만할 오	傲慢(오만)	유: (류)	柳	버드나무 류	柳腰(유요)
	娛	즐거워할 오	娛樂(오락)		類	같을 류, 무리 류	類別(유별)
	悟	깨달을 오	悟性(오성)	윤:	潤	윤택할 윤	潤澤(윤택)
	汚	더러울 오	汚染(오염)		閏	윤달 윤	閏年(윤년)
	誤	그르칠 오	誤解(오해)	음:	飮	마실 음	飮酒(음주)
	午	낮 오	午前(오전)	응:	應	응할 응	應答(응답)
와:	瓦	기와 와	瓦解(와해)	의:	意	뜻 의	意志(의지)
	臥	엎드릴 와	臥病(와병)		義	옳을 의	義務(의무)
완:	緩	느릴 완	緩曲(완곡)		議	의논할 의, 말할 의	議員(의원)
왕:	往	갈 왕	往來(왕래)				
외:	外	바깥 외	外遊(외유)				

이:	二	두 이	二分(이분)	재:	再	다시 재, 거듭 재	再建(재건)
	已	이미 이, 뿐 이	已往(이왕)		在	있을 재	在庫(재고)
	異	다를 이	異見(이견)		宰*	재상 재	宰相(재상)
	以	써 이	以前(이전)		栽	심을 재	栽植(재식)
	易	쉬울 이, 바꿀 역	易行(이행)	저:	低	낮을 저	低調(저조)
	耳	귀 이	耳目(이목)		抵	막을 저	抵抗(저항)
	利	이로울 리	利權(이권)		著	지을 저	著作(저작)
	履	밟을 리	履歷(이력)		沮*	막을 저	沮止(저지)
	吏	관리 리	吏曹(이조)		底	밑 저	底意(저의)
	理	이치 리	理論(이론)		貯	쌓을 저	貯蓄(저축)
	里	마을 리	里長(이장)	전:	典	법 전, 의식 전	典禮(전례)
	李	성씨 리, 오얏나무 리	李祖(이조)		展	펼 전	展開(전개)
이: (리)	離	떨어질 리	離婚(이혼)		戰	싸움 전	戰爭(전쟁)
임:	任	맡길 임	任務(임무)		殿*	대궐 전	殿下(전하)
	壬	아홉천지간 임	壬辰(임진)		轉	구를 전	轉學(전학)
	賃	품살 임	賃貸(임대)		電	전기 전	電話(전화)
자:	刺	찌를 자	刺戟(자극)		錢	돈 전	錢貨(전화)
	姿	맵시 자	姿勢(자세)	점:	占	점칠 점	占卦(점괘)
	紫	자주빛 자	紫色(자색)		漸	점차 점	漸次(점차)
	恣	방자할 자	恣行(자행)		點	점 점	點燈(점등)
장:	壯	씩씩할 장	壯觀(장관)	정:	定	정할 정	定價(정가)
	奬	도울 장	奬勵(장려)		整	가지런할 정	整備(정비)
	將	장차 장, 장수 장	將軍(장군)		正	바를 정	正答(정답)
	掌	손바닥 장	掌握(장악)		鄭*	성씨 정	鄭夢周(정몽주)
	葬	장사지낼 장	葬儀(장의)	제:	制	지을 제	制度(제도)
	長	길 장, 어른 장	長考(장고)		濟	건널 제	濟世(제세)
	蔣*	성씨 장	蔣氏(장씨)		祭	제사 제	祭禮(제례)
					弟	아우 제	弟婦(제부)

제:	第	차례 제	第三者(제삼자)	차:	借	빌릴 차	借金(차금)
	製	지을 제, 마를 제	製造(제조)		且	또 차	且置(차치)
	帝	임금 제	帝國(제국)	찬:	贊	도울 찬	贊成(찬성)
조:	弔	조상할 조	弔問(조문)		讚	기릴 찬	讚頌(찬송)
	照	비출 조	照明(조명)	참:	斬*	벨 참	斬首(참수)
	造	지을 조, 나아갈 조	造作(조작)	창:	創	비롯할 창	創業(창업)
	趙*	성씨 조	趙氏(조씨)		唱	노래부를 창	唱歌(창가)
	早	이를 조	早退(조퇴)	채:	債	빚질 채	債務(채무)
	助	도울 조	助敎(조교)		彩	채색 채	彩色(채색)
종:	從	따를 종	從事(종사)		採	캘 채	採用(채용)
좌:	坐	앉을 좌	坐像(좌상)		菜	나물 채	菜食(채식)
	左	왼쪽 좌	左右(좌우)	처:	悽	슬퍼할 처	悽慘(처참)
	座	자리 좌	座談(좌담)		處	곳 처, 살 처	處罰(처벌)
죄:	罪	허물 죄	罪惡(죄악)	천:	淺	얕을 천	淺薄(천박)
주:	住	살 주	住宅(주택)		薦	천거할 천	薦擧(천거)
	奏*	아뢸 주	奏樂(주악)		遷	옮길 천	遷都(천도)
	注	물댈 주	注意(주의)		賤	천할 천	賤民(천민)
	駐*	머무를 주	駐屯(주둔)	촌:	寸	마디 촌	寸志(촌지)
준:	俊	준걸 준	俊秀(준수)		村	마을 촌	村落(촌락)
	準	수준기 준, 법도 준	準備(준비)	총:	總	모두 총	總務(총무)
중:	衆	무리 중, 많을 중	衆生(중생)	최:	最	가장 최	最新(최신)
	重	무거울 중	重責(중책)	취:	取	가질 취	取捨(취사)
진:	振	떨칠 진	振興(진흥)		吹	불 취	吹入(취입)
	陳	늘어놓을 진	陳列(진렬)		就	이룰 취, 나아갈 취	就職(취직)
	進	나아갈 진	進步(진보)		臭	냄새 취	臭氣(취기)
	鎭	누를 진	鎭痛(진통)		趣	향할 취	趣味(취미)
	震*	진동할 진	震動(진동)		醉	술취할 취	醉談(취담)
	盡	다할 진	盡力(진력)	치:	致	이를 치	致命(치명)

치:	置	둘 치	置重(치중)			弊	나쁠 폐, 폐단 폐	弊端(폐단)
침:	針	바늘 침	針線(침선)		폐:	肺	허파 폐	肺病(폐병)
	寢	잠잘 침	寢室(침실)			閉	닫을 폐	閉店(폐점)
	枕	베개 침	枕席(침석)			布	베 포, 펼 포	布教(포교)
타:	墮	떨어질 타	墮落(타락)		포:	抛*	버릴 포	抛棄(포기)
	妥	온당할 타	妥協(타협)			捕	사로잡을 포	捕校(포교)
	打	칠 타	打開(타개)			飽	배부를 포	飽食(포식)
탄:	嘆	탄식할 탄	嘆息(탄식)		품:	品	물건 품	品格(품격)
	彈	탄알 탄	彈壓(탄압)			彼	저 피	彼此(피차)
	炭	숯 탄	炭鑛(탄광)		피:	避	피할 피	避難(피난)
	誕*	낳을 탄	誕生(탄생)			被	입을 피	被訴(피소)
태:	態	모양 태	態度(태도)			下	아래 하, 내릴 하	下流(하류)
탕:	湯	물끓일 탕	湯藥(탕약)			夏	여름 하	夏至(하지)
통:	統	거느릴 통	統制(통제)		하:	荷	짐 하, 멜 하	荷役(하역)
	通	통할 통, 합칠 통	通信(통신)			賀	하례할 하	賀客(하객)
퇴:	退	물러날 퇴	退學(퇴학)			汗	땀 한	汗衫(한삼)
파:	破	깨뜨릴 파	破損(파손)			漢	물이름 한	漢江(한강)
	罷	파할 파	罷業(파업)		한:	限	한정 한, 막힐 한	限界(한계)
판:	判	판단할 판, 쪼갤 판	判決(판결)			恨	한할 한	恨歎(한탄)
						旱	가물 한	旱災(한재)
패:	敗	패할 패	敗北(패배)		함:	陷	빠질 함, 뚫을 함	陷落(함락)
	貝	조개 패	貝類(패류)			艦*	싸움배 함	艦隊(함대)
	霸*	으뜸 패	霸權(패권)			巷	거리 항	巷間(항간)
편:	片	조각 편	片紙(편지)		항:	港	항구 항	港灣(항만)
	遍	두루 편	遍歷(편력)			抗	대항할 항	抗辯(항변)
평:	評	평론할 평	評價(평가)			航	건널 항, 배 항	航空(항공)
폐:	幣	돈 폐, 폐백 폐	幣物(폐물)		해:	海	바다 해	海洋(해양)
	廢	폐할 폐	廢止(폐지)			害	해로울 해	害毒(해독)

해:	解	풀 해	解釋(해석)		화:	化	될 화	化學(화학)
행:	幸	다행 행	幸福(행복)			火	불 화	火災(화재)
향:	享	누릴 향	享樂(향락)			禍	재앙 화	禍福(화복)
	向	향할 향	向上(향상)			貨	재화 화, 화폐 화	貨幣(화폐)
헌:	憲	법 헌	憲政(헌정)		환:	幻*	허깨비 환	幻想(환상)
	獻	드릴 헌	獻納(헌납)			換	바꿀 환	換氣(환기)
험:	險	험할 험	險難(험난)			患	근심할 환	患者(환자)
현:	現	드러날 현	現實(현실)			歡	기뻐할 환	歡迎(환영)
	顯	나타날 현	顯示(현시)		황:	況	하물며 황	況且(황차)
혜:	惠	은혜 혜	惠澤(혜택)		회:	悔	뉘우칠 회	悔恨(회한)
	慧	지혜 혜	慧敏(혜민)			會	모을 회	會談(회담)
호:	互	서로 호	互惠(호혜)		효:	孝	효도 효	孝道(효도)
	好	좋을 호	好感(호감)			效	본받을 효	效果(효과)
	戶	지게 호	戶籍(호적)			曉	새벽 효	曉鐘(효종)
	號	부를 호	號令(호령)		후:	厚	두터울 후	厚待(후대)
	虎	범 호	虎口(호구)			後	뒤 후	後退(후퇴)
	浩	넓을 호	浩蕩(호탕)			候	물을 후	候補(후보)
	護	보호할 호	護國(호국)		훈:	訓	가르칠 훈	訓戒(훈계)
혼:	混	섞일 혼	混亂(혼란)		훼:	毀	헐 훼	毀損(훼손)
화:	畵	그림 화, 그을 획	畵家(화가)					

2 첫음절에서 길거나 짧은 소리로 발음되는 한자

한 자	발 음	예	한 자	발 음	예
街 거리 가	가:	街道(가도), 街頭(가두)	貫 꿸 관	관:	貫珠(관주), 貫革(관혁)
	가	街路燈(가로등), 街路樹(가로수)		관	貫徹(관철), 貫通(관통)
間 사이 간	간:	間接(간접), 間食(간식)	怪 괴이할 괴	괴:	怪物(괴물), 怪變(괴변)
	간	間數(간수)		괴	怪常(괴상), 怪異(괴이)
簡 편지 간	간:	簡易(간이), 簡紙(간지)	口 입 구	구:	口號(구호), 口頭(구두)
	간	簡單(간단), 簡潔(간결)		구	口文(구문), 口錢(구전)
肝 간 간	간:	肝膽(간담), 肝要(간요)	具 갖출 구	구:	具氏(구씨)
	간	肝氣(간기), 肝油(간유)		구	具備(구비), 具體的(구체적)
强 굳셀 강	강:	强制(강제), 强盜(강도)	勤 무시당할 근	근:	勤務(근무), 勤勞(근로)
	강	强國(강국), 强大(강대)		근	勤告(근고)
個 낱 개	개:	個性(개성), 個別(개별)	難 어려울 난	난:	難色(난색), 難處(난처)
	개	個人(개인)		난	難局(난국), 難關(난관)
景 경치 경	경:	景福宮(경복궁), 景仰(경앙)	短 짧을 단	단:	短文(단문), 短髮(단발)
	경	景致(경치), 景氣(경기)		단	短點(단점), 短縮(단축)
考 헤아릴 고	고:	考試(고시), 考古學(고고학)	大 큰 대	대:	大國(대국), 大小(대소)
	고	考察(고찰), 考案(고안)		대	大田(대전), 大豆(대두)
故* 옛 고, 까닭 고	고:	故人(고인), 故事(고사)	帶 대 대	대:	帶同(대동), 帶靑色(대청색)
	고	故鄕(고향), 故老(고로)		대	帶狀(대상), 帶分數(대분수)
菓 과자 과	과:	菓品(과품)	冬 겨울 동	동:	冬期(동기), 冬服(동복)
	과	菓子(과자)		동	冬至(동지)

來 올 래	래(내):	來世(내세), 來客(내객)
	래(내)	來年(내년), 來日(내일)
令 명령할 령	령:	令監(영감)
	령	令狀(영장), 令夫人(영부인)
料 헤아리 료	료:	料金(요금), 料食(요식)
	료	料理(요리), 料量(요량)
類 무리 류	류:	類別(유별), 類推(유추)
	류	類類相從(유유상종)
麻 삼 마	마:	麻雀(마작)
	마	麻布(마포), 麻織物(마직물)
滿 가득할 만	만:	滿面(만면), 滿場(만장)
	만	滿期(만기), 滿足(만족)
每 매양 매	매:	每事(매사), 每年(매년)
	매	每日(매일), 每樣(매양)
賣 팔 매	매:	賣店(매점), 賣上(매상)
	매	賣買(매매)
聞 들을 문	문:	聞見(문견)
	문	聞慶(문경)
美 아름다울 미	미:	美術(미술), 美男(미남)
	미	美軍(미군), 美國(미국)
未 아닐 미	미:	未開(미개), 未來(미래)
	미	未安(미안)

迷 미혹할 미	미:	迷路(미로), 迷忘(미망)
	미	迷兒(미아)
放 놓을 방	방:	放送(방송), 放心(방심)
	방	放學(방학)
凡 무릇 범	범:	凡例(범례), 凡夫(범부)
	범	凡節(범절)
保 보전할 보	보:	保健(보건), 保護(보호)
	보	保證(보증)
逢 만날 봉	봉:	逢着(봉착), 逢敗(봉패)
	보	逢變(봉변), 逢賊(봉적)
符 부신 부	부:	符號(부호), 符合(부합)
	부	符節(부절)
分 나눌 분	분:	分量(분량), 分數(분수)
	분	分明(분명), 分母(분모)
思 생각 사	사:	思想(사상)
	사	思考(사고), 思念(사념)
喪 잃을 상	상:	喪配(상배), 喪妻(상처)
	상	喪家(상가), 喪失(상실)
徐 천천히 서	서:	徐步(서보), 徐行(서행)
	서	徐羅伐(서라벌), 徐氏(서씨)
掃 쓸 소	소:	掃除(소제), 掃地(소지)
	소	掃海(소해), 掃射(소사)

漢字	음	예	漢字	음	예
素 바탕 소	소:	素服(소복)	占 점칠 점	점:	占領(점령), 占據(점거)
	소	素質(소질), 素材(소재)		점	占치다, 占術(점술)
燒 불사를 소	소:	燒紙(소지)	正 바를 정	정:	正直(정직), 正義(정의)
	소	燒却(소각), 燒失(소실)		정	正月(정월), 正初(정초)
試 시험할 시	시:	試食(시식), 試圖(시도)	操 잡을 조	조:	操心(조심)
	시	試驗(시험)		조	操作(조작), 操行(조행)
審 살필 심	심:	審議(심의), 審判(심판)	種 씨종 종	종:	種類(종류), 種別(종별)
	심	審理(심리), 審査(심사)		종	種子(종자), 種族(종족)
亞 버금 아	아:	亞流(아류), 亞將(아장)	從 따를 종	종:	從祖(종조), 從兄(종형)
	아	亞細亞(아세아), 亞洲(아주)		종	從事(종사), 從軍(종군)
沿 물따를 연	연:	沿革(연혁)	仲 버금 중	중:	仲氏(중씨), 仲兄(중형)
	연	沿岸(연안), 沿海(연해)		중	仲介(중개), 仲媒(중매)
燕 제비 연	연:	燕子(연자), 燕雀(연작)	陳 진칠 진	진:	陳述(진술), 陳設(진설)
	연	燕京(연경), 燕山君(연산군)		진	陳久(진구), 陳外家(진외가)
任 맡길 임	임:	任命(임명), 任官(임관)	鎭 누를 진	진:	鎭壓(진압), 鎭痛(진통)
	임	任氏(임씨)		진	鎭南浦(진남포), 鎭靜劑(진정제)
暫 잠깐 잠	잠:	暫時(잠시), 暫定的(잠정적)	津★ 나루 진	진:	津氣(진기)
	잠	暫間(잠간)		진	津渡(진도), 津夫(진부)
長 길 장	장:	長男(장남), 長官(장관)	遮★ 가릴 차	차:	遮斷(차단)
	장	長短(장단), 長點(장점)		차	遮額(차액), 遮陽(차양)
將 장수 장	장:	將兵(장병), 將校(장교)	斬★ 벨 참	참:	斬頭(참두), 斬代(참대)
	장	將來(장래), 將次(장차)		참	斬級(참급), 斬新(참신)

昌 창성할 창	창:	昌德宮(창덕궁), 昌盛(창성)
	창	昌寧(창녕), 昌原(창원)
倉 곳집 창	창:	倉卒(창졸)
	창	倉庫(창고)
針 바늘 침	침:	針母(침모), 針線(침선)
	침	針形(침형), 針葉樹(침엽수)
沈 잠길 침, 성 심	심:	沈氏(심씨), 深靑(심청)
	침	沈沒(침몰), 沈默(침묵)
討 궁구할 토	토:	討論(토론), 討議(토의)
	토	討伐(토벌), 討破(토파)
吐 토할 토	토:	吐血(토혈)
	토	吐하다, 吐露(토로)
播 뿌릴 파	파:	播種(파종), 播遷(파천)
	파	播多(파다)
片 조각 편	편:	片紙(편지)
	편	片影(편영), 片肉(편육)
包 쌀 포	포:	包圍(포위), 包容(포용)
	포	包裝(포장), 包 장기짝
布 베 포, 펼 포	포:	布敎(포교), 布告(포고)
	포	布木(포목), 布帳(포장)
荷 멜 하	하:	荷物(하물), 荷役(하역)
	하	荷香(하향), 荷花(하화)
汗 땀 한	한:	汗牛充棟, 汗蒸幕(한증막)
	한	汗國(한국), 汗黨(한당)
韓 나라이름 한, 성 한	한:	韓國(한국), 韓食(한식)
	한	韓氏(한씨)
行 다닐 행	행:	行實(행실)
	행	行動(행동), 行進(행진)
虎 범 호	호:	虎口(호구), 虎患(호환)
	호	虎班(호반)

예상문제풀이

장음(長音)한자

1 다음 漢字語 중 첫소리가 길게 발음되는 것의 번호를 쓰시오.

(1) ① 貫徹 ② 貫通
③ 貫革 ④ 貫鄕 (   )

(2) ① 沈淸 ② 沈沒
③ 沈着 ④ 沈默 (   )

(3) ① 逢變 ② 逢着
③ 逢辱 ④ 逢賊 (   )

정답 및 해설

1. (1) ③(① 관철 ② 관통 ③ 관혁 ④ 관향)
(2) ① (성심, 잠길침)(① 심청 ② 침몰 ③ 침착 ④ 침묵)
(3) ②(① 봉변 ② 봉착 ③ 봉욕 ④ 복적)

2 다음 漢字語 중에서 첫소리가 길게 발음되는 것을 하나씩 골라 그 번호를 쓰시오.

(1) ① 簡潔 ② 簡單
③ 簡素 ④ 簡易 (   )

(2) ① 豫言 ② 虛言
③ 格言 ④ 失言 (   )

(3) ① 喪家 ② 喪失
③ 喪配 ④ 喪主 (   )

2. (1) ④(① 간결 ② 간단 ③ 간소 ④ 간이)
(2) ①(① 예언 ② 허언 ③ 격언 ④ 실언)
(3) ③(① 상가 ② 상실 ③ 상배 ④ 상주)

3 아래의 漢字語 중에서 첫글자가 길게 發音되는 것을 하나씩 골라 그 番號를 쓰시오.

(1) ① 甘受　　② 減收
　　③ 監査　　④ 鑑賞　（　　）
(2) ① 火災　　② 話頭
　　③ 華麗　　④ 和平　（　　）
(3) ① 扶餘　　② 富平
　　③ 夫婦　　④ 父母　（　　）
(4) ① 歌手　　② 加工
　　③ 家長　　④ 假裝　（　　）
(5) ① 寧越　　② 英陽
　　③ 永同　　④ 嶺東　（　　）

정답 및 해설

3. (1) ②(① 감수 ② 감수 ③ 감사 ④ 감상)
　(2) ①(① 화재 ② 화두 ③ 화려 ④ 화평)
　(3) ②(① 부여 ② 부평 ③ 부부 ④ 부모)
　(4) ④(① 가수 ② 가공 ③ 가장 ④ 가장)
　(5) ③(① 영월 ② 영양 ③ 영동 ④ 영동)

4 다음 各各 세 개의 漢字語는 同音異議語라고 합니다. 漢字音 듣기로는 같지만 뜻이 다르다는 뜻입니다. 發音이 다 같은 것은 아닙니다. 長短音의 구별이 있고 平音(예사소리), 된소리의 구별이 있는 것도 있습니다. 세 개의 單語 中 다른 두 개와 發音이 다른 것 하나를 골라서 그 番號를 쓰시오.

(1) ① 不定　　② 不正
　　③ 否定　（　　）
(2) ① 煙氣　　② 延期
　　③ 演技　（　　）
(3) ① 高大　　② 古代
　　③ 苦待　（　　）
(4) ① 定價　　② 政街
　　③ 情歌　（　　）
(5) ① 長期　　② 長技
　　③ 臟器　（　　）

4. (1) ③(부정)
　(2) ③(연기)
　(3) ②(고대)
　(4) ①(정가)
　(5) ③(장기)

5 다음 各各 네 개씩의 漢字語 중에서 첫소리가 길게 發音되는 것을 하나씩 골라 그 番號를 쓰시오.

(1) ① 將來　　② 將帥
　　③ 將軍　　④ 將次　（　　）
(2) ① 強盜　　② 強國

5. (1) ②(① 장래 ② 장수 ③ 장군 ④ 장차)
　(2) ①(① 강도 ② 강국 ③ 강력 ④ 강약)
　(3) ③(① 정월 ② 정초 ③ 정직 ④ 정이월)
　(4) ①(① 간이 ② 간단 ③ 간소 ④ 간결)
　(5) ④(① 장단 ② 장점 ③ 장거리 ④ 장남)

③ 强力　　　　④ 强弱　　（　　）
(3) ① 正月　　　　② 正初
　　　③ 正直　　　　④ 正二月　（　　）
(4) ① 簡易　　　　② 簡單
　　　③ 簡素　　　　④ 簡潔　　（　　）
(5) ① 長短　　　　② 長點
　　　③ 長距離　　　④ 長男　　（　　）

6 다음에 예시한 單語 중 첫음절이 긴소리(長音)인 것을 골라 그 번호를 쓰시오.

(1) ① 藥房　　　　② 野望
　　　③ 平安　　　　④ 失手　　（　　）
(2) ① 新曲　　　　② 神通
　　　③ 重心　　　　④ 室內　　（　　）
(3) ① 先生　　　　② 西洋
　　　③ 上衣　　　　③ 靑色　　（　　）

7 다음에 예시한 單語 중 첫음절이 긴소리(長音)인 것을 골라 그 번호를 쓰시오.

(1) ① 春川　　　　② 安東
　　　③ 靈泉　　　　④ 廣州　　（　　）
(2) ① 申氏　　　　② 全氏
　　　③ 李氏　　　　④ 韓氏　　（　　）
(3) ③ 寺跡　　　　② 私敵
　　　③ 私的　　　　④ 史籍　　（　　）

8 다음 漢字語 중에서 첫글자가 길게 발음되는 것을 하나씩 골라 그 番號를 쓰시오.

(1) ① 政黨　　　　② 黨派
　　　③ 從黨　　　　④ 野黨　　（　　）

정답 및 해설

6. (1) ②(① 약방 ② 야망 ③ 평안 ④ 실수)
　(2) ③(① 신곡 ② 신통 ③ 중심 ④ 실내)
　(3) ③(① 선생 ② 서양 ③ 상의 ③ 청색)

7. (1) ④(① 춘천 ② 안동 ③ 영천 ④ 광주)
　(2) ③(① 신씨 ② 김씨 ③ 이씨 ④ 한씨)
　(3) ④(①~② 사적)

8. (1) ④(① 정당 ② 당파 ③ 종당 ④ 야당)
　(2) ①(① 해수 ② 남해 ③ 김해 ④ 영해)
　(3) ④(① 신고 ② 충고 ③ 밀고 ④ 경고)
　(4) ①(① 예언 ② 선언 ③ 허언 ④ 격언)
　(5) ③(① 부정 ② 안정 ③ 한정 ④ 인정)

(2) ① 海水　　　② 南海
　　③ 金海　　　④ 領海　　（　　）
(3) ① 申告　　　② 忠告
　　③ 密告　　　④ 警告　　（　　）
(4) ① 豫言　　　② 宣言
　　③ 虛言　　　④ 格言　　（　　）
(5) ① 不定　　　② 安定
　　③ 限定　　　④ 認定　　（　　）

단음(短音)한자

9 다음에 예시한 單語 중 첫음절이 짧게 발음되는 것을 골라 그 번호를 쓰시오.

(1) ① 俗世　　　② 老少
　　③ 現世　　　④ 半世紀　（　　）
(2) ① 意見　　　② 意思
　　③ 住民　　　④ 不足　　（　　）
(3) ① 上下　　　② 左右
　　③ 防火　　　④ 孝道　　（　　）
(4) ① 朗讀　　　② 法規
　　③ 改良　　　④ 冷笑　　（　　）
(5) ① 筆記　　　② 運河
　　③ 利害　　　④ 效果　　（　　）

10 다음에 예시한 單語 중에서 짧게 發音되는 것을 골라 그 번호를 쓰시오.

(1) ① 感動　　　② 減員
　　③ 敢請　　　④ 監督　　（　　）
(2) ① 富强　　　② 否定
　　③ 夫婦　　　④ 副次　　（　　）
(3) ① 少年　　　② 消火
　　③ 小國　　　④ 所行　　（　　）

정답 및 해설

9. (1) ①(① 속세 ② 노소 ③ 현세 ④ 반세기)
(2) ④(① 의견 ② 의사 ③ 주민 ④ 부족)
(3) ③(① 상하 ② 좌우 ③ 방화 ④ 효도)
(4) ②(① 낭독 ② 법규 ③ 개량 ④ 냉소)
(5) ①(① 필기 ② 운하 ③ 이해 ④ 효과)

10. (1) ④(① 감동 ② 감원 ③ 감청 ④ 감독)
(2) ③(① 부강 ② 부정 ③ 부부 ④ 부차)
(3) ②(① 소년 ② 소화 ③ 소국 ④ 소행)

한자성어

한자능력검정시험은 급수별로 문항수가 다르고 출제문항수의 70% 이상 점수를 얻으면 자격을 취득한다. 3급(3급 Ⅱ)은 총 150문항 출제되며, 105점 이상이면 합격한다.

- **街談巷說**(가담항설) : 세상의 풍문. 길거리의 화제
- **刻骨難忘**(각골난망) : 은혜에 대한 고마운 마음이 뼈에 새겨져 잊혀지지 않음
- **角者無齒**(각자무치) : 한 사람이 모든 복을 겸하지 못함을 이름
- **刻舟求劍**(각주구검) : 사람이 미련하고 융통성이 없음
- **肝膽相照**(간담상조) : ① 생각하는 바가 서로 통함 ② 서로의 마음을 터놓고 숨김없이 친하게 사귐
- **渴而穿井**(갈이천정) : 목이 말라야 비로소 우물을 팜
- **甘言利說**(감언이설) : 달콤한 말과 이로운 조건을 내세워 남을 꾐
- **甘呑苦吐**(감탄고토) : 제게 유리하면 하고 불리하면 하지 않는 이기주의적 태도
- **康衢煙月**(강구연월) : 태평한 세상의 평화스러운 풍경
- **改過遷善**(개과천선) : 잘못을 고치고 옳은 길에 들어섬
- **去頭截尾**(거두절미) : 사실의 줄거리만 말하고 부수적인 것을 빼어버림
- **居安思危**(거안사위) : 편안한 때에 있어서는 앞으로 닥칠 위태로움을 생각함
- **乾坤一擲**(건곤일척) : 운명이 매우 어려운 고비에 당해 있음
- **隔靴搔癢**(격화소양) : 애는 쓰되 정통을 찌르지 못하여 안타까움
- **牽強附會**(견강부회) : 가당치 않은 말을 억지로 끌어다가 이치에 맞도록 함
- **見利思義**(견리사의) : 이익을 보면 의리에 맞는가 어떤가를 먼저 생각해야 함
- **犬馬之勞**(견마지로) : 자기의 노력을 낮추어 일컫는 말
- **見蚊拔劍**(견문발검) : 보잘 것 없는 작은 일에 어울리지 않게 엄청난 큰 대책을 씀
- **見物生心**(견물생심) : 실제로 물건을 보면 가지고 싶은 욕심이 생김
- **見危授命**(견위수명) : 위태함을 보고 목숨을 주어 버림. 곧, 나라의 위태로움을 보고 목숨을 아끼지 않고 나라를 위하여 싸움
- **結者解之**(결자해지) : 처음에 일을 시작한 사람이 그 일을 끝맺어야 함

- 結草報恩(결초보은) : 죽어 혼령이 되어서도 은혜를 잊지 않고 갚음
- 兼人之勇(겸인지용) : 혼자서 몇 사람을 당해낼 만한 용기
- 輕擧妄動(경거망동) : 경솔하고 망령된 행동
- 傾國之色(경국지색) : 한 나라를 기울게 할 만큼 용모가 빼어난 미인
- 鷄卵有骨(계란유골) : 늘 일이 안되는 사람이 모처럼 좋은 기회를 만났으나 역시 잘 안됨
- 鷄鳴狗盜(계명구도) : 잔꾀를 잘 부리거나 비열한 행동을 하는 사람
- 孤軍奮鬪(고군분투) : 적은 인원의 약한 힘으로 남의 도움 없이 힘에 겨운 일을 함
- 膏粱珍味(고량진미) : 기름지고 맛있는 음식
- 鼓腹擊壤(고복격양) : 의식(衣食)이 풍부하여 안락하며 태평세월을 즐기는 일
- 姑息之計(고식지계) : 일시적으로 편안하고자 생각해 낸 계책
- 孤掌難鳴(고장난명) : 상대방이 응해야지, 혼자서는 일이 이루어지지 않음
- 苦盡甘來(고진감래) : 고생 끝에 즐거움이 옴
- 曲學阿世(곡학아세) : 학문을 왜곡시켜 세상의 속물들에게 아부함
- 骨肉相爭(골육상쟁) : 동족끼리 서로 싸움의 비유
- 空中樓閣(공중누각) : 사물의 기초가 견고하지 못함
- 誇大妄想(과대망상) : 사실보다 과장하여 지나치게 상상하는 망령된 생각
- 過猶不及(과유불급) : 지나침은 미치지 못함과 같음
- 管鮑之交(관포지교) : 중국 제(濟)나라의 관중(管仲)과 포숙(鮑叔)의 고사. 썩 친밀한 우정을 이름
- 刮目相對(괄목상대) : 남이 학식이나 재주가 갑자기 느는 것을 경탄하여 인식을 새롭게 함
- 矯角殺牛(교각살우) : 조그만 일을 고치려다 큰 일을 그르침
- 巧言令色(교언영색) : 교묘하게 꾸며대는 말과 아첨하는 얼굴빛. 곧, 아첨하는 언행을 이름
- 九曲肝腸(구곡간장) : 굽이굽이 사무침. 마음 속
- 口蜜腹劍(구밀복검) : 꿀같이 달콤한 마을 하면서 칼 같은 마음을 품어 해칠 생각을 가짐
- 九死一生(구사일생) : 여러 번 죽을 고비를 넘기고 간신히 살아남
- 口尙乳臭(구상유취) : 입에서 아직 젖내가 남. 곧, 말이나 행동이 유치함
- 九牛一毛(구우일모) : 많은 것 가운데 극히 적은 것
- 九折羊腸(구절양장) : 수많은 꺾인 양의 창자. 곧, 꼬불꼬불하고 험한 산길

- 群鷄一鶴(군계일학) : 많은 닭 가운데 한 마리의 학. 곧, 많은 사람 중의 뛰어난 인물
- 群雄割據(군웅할거) : 한 시기에 여기저기에서 제각기 일어난 영웅들이 제각기 한 지방을 차지하고 제 마음대로 위세를 부리는 일
- 權謀術數(권모술수) : 그때그때의 형편에 따라 변통성있게 둘러맞추는 모양이나 수단
- 捲土重來(권토중래) : 한 번 실패에 굴하지 않고 다시 분기하여 재도전함
- 克己復禮(극기복례) : 사욕을 누르고 예의 범절을 좇음
- 近墨者黑(근묵자흑) : 나쁜 사람과 어울리면 그의 좋지 못한 행실에 물듦
- 金科玉條(금과옥조) : 금이나 옥과 같이 몹시 귀중한 법률이나 규범
- 金蘭之契(금란지계) : 벗 사이나 사귐이 매우 깊음을 이름. 금은 지극히 견고하지만 두 사람의 마음을 합치면 그 견고함이 금을 능히 단절할 수 있으며, 두 사람이 지정한 말을 향기로운 난초에 비유하여 '금란'이라 함
- 錦上添花(금상첨화) : 좋은 일이 거듭해서 일어남
- 錦衣還鄕(금의환향) : 객지에서 성공하여 고향으로 돌아옴
- 金枝玉葉(금지옥엽) : ① 임금의 집안과 자손 ② 귀여운 자손
- 杞憂(기우) : 기나라 사람의 근심. 곧, 쓸데없는 걱정을 뜻함
- 難兄難弟(난형난제) : 인물이나 사물의 우열을 가리기 힘듦
- 南柯一夢(남가일몽) : 꿈 또는 허무한 한때의 부귀영화(富貴榮華)
- 男負女戴(남부여대) : 가난한 사람들이 떠돌아다니는 형상을 가리킴
- 內憂外患(내우외환) : 나라 안의 걱정과 외적의 침입에 대한 근심
- 勞心焦思(노심초사) : 몹시 초조하게 생각하고 속을 태움
- 綠陰芳草(녹음방초) : 푸른 나무 그늘과 꽃다운 풀. 곧, 여름의 자연경치
- 累卵之勢(누란지세) : 알을 쌓아 놓은 듯한 형세. 곧, 매우 위태로운 형세
- 能小能大(능소능대) : 작은 일도 큰 일도 능히 해낼 수 있음
- 多岐亡羊(다기망양) : ① 학문의 길이 너무 다방면으로 갈리어 진리를 얻기 어려움 ② 방침이 많아서 도리어 할 바를 모름
- 多多益善(다다익선) : 많으면 많을수록 좋음
- 斷金之交(단금지교) : 친구 사이의 사귀는 정이 두텁고 깊은 것
- 單刀直入(단도직입) : 군말을 떼고 바로 본론으로 들어감
- 簞食瓢飮(단사표음) : 청빈한 생활에 만족함
- 丹脣皓齒(단순호치) : 붉은 입술과 흰 치아. 곧, 아름다운 여자의 얼굴
- 大器晩成(대기만성) : 크게 될 사람은 느지막이 이루어짐

- 讀書三到(독서삼도) : 독서는 눈으로 보고, 입으로 읽고, 마음으로 깨우쳐야 함
- 同價紅裳(동가홍상) : 같은 조건이라면 좀 낫고 편리한 것을 선택함
- 棟梁之材(동량지재) : 한 나라나 한 집안의 기둥이 될 만한 큰 인재
- 同病相憐(동병상련) : 고난을 겪는 사람끼리 서로 불쌍히 여겨 동정하고 도움
- 同床異夢(동상이몽) : 같은 처지에서도 서로 다른 생각을 함
- 杜門不出(두문불출) : 문을 닫아 걸고 나가지 않음. 곧, 집 안에만 들어앉아 있고 밖에 나다니지 아니함
- 登龍門(등용문) : 용문(龍門)은 중국 황하의 상류에 있는 급류로, 잉어가 그 곳에 오르면 용이 된다는 전설이 있음. 곧, 사람이 영달하는 관문
- 燈火可親(등화가친) : 등잔불을 가까이 하여 책을 보기에 좋은 때라는 뜻
- 馬耳東風(마이동풍) : 남이 말하는 것을 귀담아 듣지 않고 지나쳐 흘려버림
- 莫逆之友(막역지우) : 마음이 맞아 서로 거슬리는 일이 없는 친한 벗
- 望洋之歎(망양지탄) : 바다를 바라보고 하는 탄식. 곧, 힘이 미치지 못함을 탄식
- 麥秀之嘆(맥수지탄) : 고국의 멸망을 한탄함
- 明鏡止水(명경지수) : ① 맑은 거울처럼 잔잔히게 정지되어 있는 물 ② 잡념이 없이 아주 맑고 깨끗한 마음의 비유
- 明若觀火(명약관화) : 불빛을 보는 것처럼 밝음. 곧, 더할 나위 없이 분명함
- 命在頃刻(명재경각) : 목숨이 경각에 있음. 곧, 금방 숨이 끊어질 지경에 이름
- 矛盾之設(모순지설) : 말의 앞뒤가 맞지 않음. '모순'이라고도 함
- 目不識丁(목불식정) : 눈을 보고도 '丁'자 같은 쉬운 글자를 모름. 곧, 낫 놓고 'ㄱ'자도 모름
- 門前成市(문전성시) : 방문객이 많음을 비유한 말
- 博而不精(박이부정) : 여러 방면으로 널리 아나, 정통하지 못함
- 拔本塞源(발본색원) : 폐단의 근본을 뽑고 근원을 없애버림
- 傍若無人(방약무인) : 곁에 사람이 없는 것처럼 제멋대로 행동함
- 背水之陣(배수지진) : 물을 등지고 진을 침
- 百年河淸(백년하청) : 아무리 기다려도 사물이 이루어지기 어려움을 이름
- 百年偕老(백년해로) : 부부가 되어 화락하게 일생을 함께 늙음
- 白面書生(백면서생) : 오로지 글만 읽고 세상일에는 조금도 경험이 없는 사람
- 百折不掘(백절불굴) : 여러 번 꺾여도 굽히지 않음
- 百尺竿頭(백척간두) : 백자의 높은 장대 끝. 몹시 높은 곳. 막다른 위험

- 夫唱婦隨(부창부수) : 남편의 주장에 아내가 따름. 부부의 화합함
- 附和雷同(부화뇌동) : 제 주견은 없고 남이 하는 대로 무턱대고 따라 함
- 粉骨碎身(분골쇄신) : 뼈는 가루가 되고 몸은 산산조각이 남. 곧, 목숨을 걸고 힘을 다함
- 不俱戴天(불구대천) : 하늘을 같이 이지 못한다는 뜻으로, 이 세상에서 함께 살 수 없는 원수를 이름
- 氷炭之間(빙탄지간) : 서로 화합될 수 없음
- 四顧無親(사고무친) : 사방을 돌아보아도 친한 사람이 없음. 곧, 의지할 만한 사람이 전혀 없음
- 四面楚歌(사면초가) : 사면을 적에게 포위당하여 고립 상태에 빠져 있음
- 沙上樓閣(사상누각) : 기초가 견고하지 못한 일을 일컬음
- 蛇足(사족) : '화사첨족'의 준말. 쓸데없는 군일을 하다가 도리어 실패함
- 事必歸正(사필귀정) : 무슨 일이든지 끝에 가서는 바르게 처리됨
- 殺身成仁(살신성인) : 몸을 죽여 어짊을 이룸. 곧, 자기를 희생하여 착한 일을 함
- 山紫水明(산자수명) : 산천의 경치가 아주 아름다움
- 森羅萬象(삼라만상) : 우주 안에 온갖 것의 일체
- 三旬九食(삼순구식) : 한 달에 아홉 끼만 먹을 정도로 먹을 것이 부족함
- 桑田碧海(상전벽해) : 뽕나무밭이 변하여 푸른 바다가 됨. 즉, 세상일이 크게 변함
- 塞翁之馬(새옹지마) : 사람의 길흉화복은 예측하기 어려움을 이름
- 雪上加霜(설상가상) : 엎친 데 겹친 격으로 불행이 거듭 생겨남
- 纖纖玉手(섬섬옥수) : 가냘픈 여자의 손
- 束手無策(속수무책) : 어떤 일의 처리 방도를 생각하고 행동해 낼 수 없음
- 手不釋卷(수불석권) : 손에서 책을 놓지 않음. 곧, 열심히 공부함
- 袖手傍觀(수수방관) : 어떤 일을 당하여 손을 써 보지 못하고 보고만 있음
- 水魚之交(수어지교) : 고기와 물과의 사이처럼 떨어질 수 없는 특별한 친분
- 誰怨誰咎(수원수구) : 누구를 원망하며 누구를 탓하랴. 곧, 누구를 원망하거나 탓할 수 없다는 말
- 守株待兎(수주대토) : 토끼가 나무 그루터기에 걸려 죽기를 기다렸다는 고사에서 비롯된 말. 곧, 주변이 없어서 변통할 줄을 모르고 굳게 지키기만 함
- 脣亡齒寒(순망치한) : 입술이 없으면 이가 시리다는 뜻으로, 이해관계가 서로 매우 밀접하여 한쪽이 망하면 다른 한쪽이 위태로움을 이름

- 始終一貫(시종일관) : 처음과 끝이 똑같음
- 識字憂患(식자우환) : 학식이 있는 것이 도리어 근심을 사게 됨
- 神出鬼沒(신출귀몰) : 귀신이 출몰하듯 자유자재하여 그 변화를 헤아리지 못함
- 深思熟考(심사숙고) : 신중을 기하여 곰곰이 생각함
- 十匙一飯(십시일반) : 열 술이면 한 끼의 밥. 곧, 여러 사람이 힘을 합하면 한 사람을 구원할 수 있다는 말
- 我田引水(아전인수) : 내 논에 물대기. 곧, 자기에게만 유리하게 생각하고 행동함
- 眼下無人(안하무인) : 눈 아래 사람이 없음. 곧, 교만하여 사람들을 업신여김
- 羊頭狗肉(양두구육) : 양의 머리를 내세우고 개고기를 팖. 겉으로 좋은 것을 내세우고 속으로 나쁜 마음을 품음. 보기에는 훌륭하되 속은 변변치 못함
- 梁上君子(양상군자) : 들보 위의 군자. ① 도둑 ② 쥐
- 漁父之利(어부지리) : 무명조개와 도요새가 서로 다투는 틈에 어부가 두 놈을 다 잡아 이익을 보았다는 데서, 쌍방이 싸울 때 제삼자가 힘들이지 않고 이익을 얻음을 뜻함
- 語不成說(어불성설) : 말이 사리에 맞지 않음. 말이 말 같지 않음
- 言語道斷(언어도단) : 말문이 막힌다는 뜻으로, 너무 어이가 없어 할 말이 없음
- 易地思之(역지사지) : 처지를 바꾸어서 생각함
- 緣木求魚(연목구어) : 안될 일을 무리하게 하려고 함
- 榮枯盛衰(영고성쇠) : 사람의 일생은 성하기도 하고 쇠하기도 함
- 五里霧中(오리무중) : 오리에 걸쳐 낀 안개 속. 곧, 전망이나 방침이 서지 않아 앞길이 아득함
- 寤寐不忘(오매불망) : 자나깨나 잊지 못함
- 五十步百步(오십보백보) : 대동소이(大同小異)한 것. 근소한 차이를 말함
- 烏合之卒(오합지졸) : 까마귀들이 모인 것 같은 군사. 곧, 임시로 모집하여 훈련이 없는 군사. 통제가 되지 않는 군사. 오합지중(烏合之衆)
- 溫故知新(온고지신) : 옛 것을 익히고 그것으로 미루어 새 것을 깨달음
- 臥薪嘗膽(와신상담) : 원수를 갚으려고 고생을 참고 견디어 냄
- 優柔不斷(우유부단) : 망설이기만 하고 결단하지 못함
- 雨後竹筍(우후죽순) : 어떠한 일이 한때에 많이 일어남
- 類萬不同(유만부동) : 여러가지가 많다 하여도 서로 달라 같지 않음
- 流芳百世(유방백세) : 꽃다운 이름이 후세에 길이 전함

- 唯我獨尊(유아독존) : 이 세상에서 내가 제일 높다는 말
- 危機一髮(위기일발) : 위급함이 매우 절박한 순간
- 仁者無敵(인자무적) : 어진 사람은 모든 사람을 사랑하므로 적이 없음
- 一瀉千里(일사천리) : 문장이나 변론이 거침없이 명쾌하게 진행됨
- 一場春夢(일장춘몽) : 부귀영화가 덧없음
- 一攫千金(일확천금) : 힘 안 들이고 한꺼번에 많은 재물을 얻음
- 臨機應變(임기응변) : 그때그때의 형편에 따라 변통성 있게 그 자리에서 처결함
- 日就月將(일취월장) : 나날이 다달이 진전함. 학업이 날로 진보한다는 뜻
- 一筆揮之(일필휘지) : 단숨에 글씨를 쭉 써 내려감
- 吟風弄月(음풍농월) : 맑은 바람, 밝은 달을 대하여 시를 읊으며 즐거이 놂
- 二律背反(이율배반) : 서로 모순되는 두 개의 명제가 동등한 권리로 주장되는 일
- 一網打盡(일망타진) : 한 그물에 다 두드려 잡음. 곧, 한꺼번에 모조리 잡아들임
- 一脈相通(일맥상통) : 생각, 처지, 상태 등이 한 줄기로 서로 통함
- 一目瞭然(일목요연) : 한눈에도 똑똑하게 알 수 있음
- 一絲不亂(일사불란) : 질서나 체계가 정연하여 조금도 어지러운 데가 없음
- 一瀉千里(일사천리) : 강물이 거침없이 흘러 천 리에 내달음. 곧, 거침없이 기세좋게 진행됨
- 一魚濁水(일어탁수) : 한 마리의 고기가 물을 흐리게 함. 곧, 한 사람의 잘못으로 여러 사람이 그 해를 입게 됨을 이르는 말
- 一朝一夕(일조일석) : 하루 아침 하루 저녁. 곧, 짧은 시간의 비유
- 一觸卽發(일촉즉발) : 한 번 스치기만 하면 곧 폭발함. 곧, 사소한 것으로도 그것이 동기가 되어 크게 터질 수 있는 아슬아슬한 형세
- 自家撞着(자가당착) : 언행의 앞뒤가 맞지 않음. '모순(矛盾)'과 같은 뜻
- 自繩自縛(자승자박) : 제 줄로 제 몸을 묶음. 곧, 말과 행동을 잘못하여 스스로 얽혀 들어감
- 自暴自棄(자포자기) : 자기 자신을 스스로 돌보지 않음
- 自畵自讚(자화자찬) : 제가 한 일을 스스로 자랑함
- 作心三日(작심삼일) : 마음먹은 일을 오래 지속하지 못함
- 張三李四(장삼이사) : 장 서방네 셋째 아들과 이 서방네 넷째 아들이란 뜻으로, 특별히 신분을 일컬을 정도가 못 되는 사람. 평범한 사람. 어중이 떠중이

- 賊反荷杖(적반하장) : 도둑이 도리어 매를 든다는 뜻으로, 잘못한 사람이 도리어 시비나 트집을 잡는 경우의 비유
- 電光石火(전광석화) : 번갯불과 부싯돌의 불. ① 극히 짧은 시간 ② 썩 빠른 동작
- 戰戰兢兢(전전긍긍) : 몹시 두려워 벌벌 떨면서 조심함
- 輾轉反側(전전반측) : 누워 이리저리 뒤척이며 잠을 이루지 못함
- 轉禍爲福(전화위복) : 화가 바뀌어 복이 됨. 곧, 언짢은 일이 계기가 되어 오히려 다른 좋은 일이 있음
- 切磋琢磨(절차탁마) : 옥돌을 쪼고 갈아서 빛을 냄. 곧, 학문과 덕행을 갈고 닦음
- 切齒腐心(절치부심) : 대단히 분하게 여기고 속을 썩임
- 漸入佳境(점입가경) : 점점 재미있는 경지로 들어감
- 井底之蛙(정저지와) : 우물 안 개구리. 세상 물정에 어둡고 시야가 좁음
- 糟糠之妻(조강지처) : 지게미와 겨를 먹던 아내. 곧, 빈곤한 시절부터 어려움을 함께 한 아내. 본처(本妻)
- 朝令暮改(조령모개) : 아침에 내린 영을 저녁에 고침. 곧, 법령 등이 빈번하게 바뀜
- 朝三暮四(조삼모사) : 간사한 꾀로 남을 농락함을 이름
- 坐不安席(좌불안석) : 마음이 불안하고 걱정스러워 한 곳에 오래 앉아 있지 못함
- 坐井觀天(좌정관천) : 우물에 앉아 하늘을 봄. 곧, 견문(見聞)이 썩 좁음을 이르는 말. 곧, 우물 안 개구리를 뜻함
- 左衝右突(좌충우돌) : 이리저리 마구 찌르고 치고 받음
- 主客顚倒(주객전도) : 주인과 손님의 위치가 뒤바뀜
- 晝耕夜讀(주경야독) : 낮에는 밭 갈고 밤에는 글을 읽음. 곧, 가난을 극복하며 열심히 공부함
- 走馬加便(주마가편) : 달리는 말에 채찍질하기. 곧, 더 잘 되어 가도록 부추기거나 몰아침
- 走馬看山(주마간산) : 말을 타고 달리면서 산수를 봄. 곧, 바쁘게 대충 보며 지남
- 酒池肉林(주지육림) : 술의 못과 고기의 숲. 곧, 질탕히 차린 호화로운 술잔치
- 竹馬故友(죽마고우) : 죽마를 타던 옛 벗. 곧, 어릴 때부터 친하게 지낸 친구
- 衆寡不敵(중과부적) : 적은 수로써는 많은 수를 대적할 수 없음
- 衆口難防(중구난방) : 여러 사람의 입은 막기 어려움. 곧, 여러 사람들의 떠드는 원성 따위는 이루 막아내지 못한다는 말

- 指鹿爲馬(지록위마) : 사슴을 가리켜 말이라고 우긴 조고의 고사에서 비롯한 말. 곧, 윗사람을 농락하여 권세를 마음대로 함을 이름
- 指呼之間(지호지간) : 손짓하여 부르면 대답할 수 있을 정도의 가까운 거리
- 珍羞盛饌(진수성찬) : 잘 차린 좋은 음식
- 進退維谷(진퇴유곡) : 앞으로 나아갈 수도 뒤로 물러날 수도 없는 어려운 처지
- 滄海一粟(창해일속) : 넓은 바다에 좁쌀알 하나. 곧, 과대한 속의 보잘 것 없는 존재
- 天高馬肥(천고마비) : 하늘은 높고 말은 살찐다는 뜻으로, '가을'을 일컫는 말
- 天方地軸(천방지축) : ① 너무나 바빠서 허둥지둥 내닫는 모양 ② 분별없이 함부로 덤비는 모양
- 泉石膏肓(천석고황) : 고치기 어려운 병처럼 굳어진 자연과의 깊은 사랑
- 天壤之判(천양지판) : 하늘과 땅의 차이. 곧, 아주 엄청난 차이
- 天佑神助(천우신조) : 하늘이 돕고 신이 도움
- 天衣無縫(천의무봉) : 천사의 옷은 솔기가 없음. 곧, 사물의 흠 없이 완전함을 이름
- 千載一遇(천재일우) : 천 년에 한 번 만남. 곧, 좀처럼 만나기 어려운 좋은 기회
- 天眞爛漫(천진난만) : 조금도 꾸밈이나 거짓이 없이 천성 그대로 행동함
- 靑出於藍(청출어람) : 제자나 후배가 스승이나 선배보다 뛰어남
- 寸鐵殺人(촌철살인) : 간단한 말이나 문장으로 듣는 이나 읽는 이를 감동시킴
- 取捨選擇(취사선택) : 취할 것은 취하고, 버릴 것은 버려서 골라 잡음
- 惻隱之心(측은지심) : 불쌍하고 가엾게 여기는 마음
- 七顚八起(칠전팔기) : 일곱 번 넘어져 여덟 번 일어남. 곧, 수없는 실패에도 굽히지 않음
- 針小棒大(침소봉대) : 작은 사건을 크게 과장해서 이야기함
- 他山之石(타산지석) : 다른 산에서 나는 하찮은 돌도 자기의 옥을 가는 데 쓰임. 곧, 다른 사람의 하찮은 언행도 자기의 지덕을 연마하는 데 도움이 됨을 비유
- 泰斗(태두) : '泰山北斗'의 준말. ① 우러러 받듦을 받는 사람 ② 어떤 전문분야에서 썩 권위가 있는 사람
- 破竹之勢(파죽지세) : 대를 쪼개는 기세. 감히 막을 수 없게 맹렬히 적을 치는 기세
- 八方美人(팔방미인) : 여러 방면의 일에 능통한 사람
- 抱腹絶倒(포복절도) : 배를 움켜쥐고 쓰러질 정도로 우스움

- 風飛雹散(풍비박산) : 부서져 사방으로 흩어짐
- 風樹之嘆(풍수지탄) : '樹欲靜而風不止, 子欲養而親不待'에서 온 말. 곧, 효도를 다 하지 못하고 어버이를 여읜 자식을 이른 말
- 風前燈火(풍전등화) : 바람 앞의 등불. 곧, 몹시 위급한 상태
- 匹夫匹婦(필부필부) : 평범한 남녀
- 鶴首苦待(학수고대) : 학의 목처럼 길게 늘여 고대함. 곧, 몹시 기다림
- 汗牛充棟(한우충동) : 썩 많은 장서(藏書)
- 咸興差使(함흥차사) : 심부름 간 사람이 빨리 돌아오지 않음
- 虛張聲勢(허장성세) : 실속은 없으면서 허세만 부림
- 螢雪之功(형설지공) : 반딧불과 눈빛에 비춰 공부한 보람
- 狐假虎威(호가호위) : 여우가 범의 위세를 빎. 남의 권세를 빌어 위세를 부림
- 好事多魔(호사다마) : 좋은 일에는 방해되는 것이 많음
- 虎視耽耽(호시탐탐) : 탐욕스러운 야심으로 기회를 노리며 형세를 살핌
- 浩然之氣(호연지기) : 넓고 큰 기운. 천하에 부끄러울 것이 없이 활짝 펴진 기운
- 惑世誣民(혹세무민) : 세상 사람을 미혹하게 하여 속임
- 魂飛魄散(혼비백산) : 몹시 놀라 정신이 없음
- 昏定晨省(혼정신성) : 저녁에는 잠자리를 정하고 아침에는 문안을 살핌. 곧, 아침저녁으로 어버이의 안부를 물어서 살핌
- 畵龍點睛(화룡점정) : 용을 그릴 때 마지막으로 눈알을 그려넣음. 곧, 무슨 일을 하는 데 가장 긴요한 부분을 마치어 완성함을 이름
- 花容月態(화용월태) : 미인의 고운 얼굴과 자태를 이르는 말
- 畵中之餠(화중지병) : 그림의 떡. 즉, 실제로 사용하거나 보탬이 되지 않음
- 換骨奪胎(환골탈태) : 딴 사람이 된 듯 용모가 환히 트이고 아름다워짐
- 會者定離(회자정리) : 인생의 무상함은 인간의 힘으로는 어찌할 수 없음
- 橫說竪說(횡설수설) : 생각나는 대로 조리없이 함부로 말을 늘어놓음
- 嚆矢(효시) : 어떤 일이나 사물의 처음
- 興盡悲來(흥진비래) : 즐거움이 다하면 슬픔이 닥쳐옴

예상문제풀이

한자성어 완성

1 다음 熟語가 완성되도록 ( ) 안에 알맞은 漢字를 써 넣으시오.

① 改過遷(　　)　　② 身言書(　　)
③ 羊頭狗(　　)　　④ 事必(　　)正
⑤ (　　)地思之

정답 및 해설

1. ① 善(개과천선 : 잘못을 고치고 옳은 길로 들어섬)
   ② 判(신언서판 : 당나라 때 관리를 뽑는 시험에서 인물의 평가기준으로 삼았던 몸(체모)·말씨(언변)·글씨(필적)·판단(문리)를 이르는 말)
   ③ 肉(양두구육 : 양의 머리를 내세우고 개고기를 팖. 즉 보기에는 훌륭하되 속은 변변치 못함)
   ④ 歸(사필귀정 : 무슨 일이든 끝에 가서는 바르게 처리됨)
   ⑤ 易(역지사지 : 처지를 바꾸어 생각함)

2 다음 成語를 完成할 수 있도록 ( ) 안에 알맞은 漢字를 써 넣으시오.

① (　　)令暮改　　② 信賞必(　　)
③ 錦衣(　　)行　　④ (　　)心焦思
⑤ 烏(　　)梨落

2. ① 朝(조령모개 : 아침에 내린 영을 저녁에 고침, 즉 법령 등이 빈번하게 바뀜)
   ② 罰(신상필벌 : 상을 줄만한 사람에게는 꼭 상을 주고, 벌을 줄만한 사람에게는 꼭 벌을 줌. 즉 상벌을 규정대로 분명하게 함)
   ③ 夜(금의야행 : 비단옷을 입고 밤길 걷기, 즉 아무 보람없는 행동)
   ④ 勞(노심초사 : 몹시 초조하게 생각하고, 속을 태움)
   ⑤ 飛(오비이락 : 까마귀 날자 배떨어진다는 뜻으로, 즉 남의 의심을 받게 됨)

3 다음 四字成語를 完成할 수 있도록 ( ) 안에 알맞은 漢字를 써 넣으시오. 　제 11 회 3급 출제

① 改(　　)遷善　　② 晚時之(　　)
③ 身言書(　　)　　④ 龍(　　)蛇尾

3. ① 過(개과천선 : 잘못을 고치어 옳은 길에 들어섬)
   ② 歎(만시지탄 : 기회를 잃고 때가 지났음을 한탄함)
   ③ 判(신언서판 : 당나라 때 관리를 뽑는 시험에서 인물의 평가기준으로 삼았던 몸(체모)·말씨(언변)·글씨(필적)·판단(문리)를 이르는 말)
   ④ 頭(용두사미 : 머리는 용이나 꼬리는 뱀이라는 뜻으로, 시작은 거창하나 끝으로 갈수록 흐지부지됨을 이르는 말)

⑤ 結者(　)之　　⑥ 白骨(　)忘
⑦ 東奔西(　)　　⑧ 大(　)晚成
⑨ 實事求(　)　　⑩ 烏合之(　)

4 다음 빈칸에 알맞은 漢字를 쓰시오.

① 溫故知(　)　　② 多多益(　)
③ 自(　)自得　　④ (　)言書判
⑤ 馬(　)東風

5 다음 四字成語를 完成할 수 있도록 (　)에 漢字를 쓰시오.

① 少年易(　)學難成　② 一寸光陰不可(　)
③ 盡人事(　)天命　　④ 佳人薄(　)
⑤ 見(　)思義　　　　⑥ (　)從腹背
⑦ 同(　)相憐　　　　⑧ (　)過遷善
⑨ 信賞(　)罰　　　　⑩ 實事(　)是

한자성어 및 뜻풀이

6 다음 漢字語의 뜻풀이를 하시오.

① 天壤之差(　　　　　　　　　)
② 會者定離(　　　　　　　　　)
③ 同價紅裳(　　　　　　　　　)
④ 烏飛梨落(　　　　　　　　　)
⑤ 雪上加霜(　　　　　　　　　)

정답 및 해설

⑤ 解(결자해지 : 처음에 일을 시작한 사람이 그 일을 끝맺어야 함)
⑥ 難(백골난망 : 죽어 백골이 된다 하여도 은혜를 잊을 수 없음)
⑦ 走(동분서주 : 여기저기 분주하게 다님)
⑧ 器(대기만성 : 크게 될 사람은 느지막이 이루어짐)
⑨ 是(실사구시 : 사실에 근거하여 진리를 탐구하는 일)
⑩ 卒(오합지졸 : 까마귀들이 모인 것 같은 군사. 즉 임시로 모집하여 훈련이 없는 군사)

4. ① 新(온고지신 : 옛것을 익히고 그것으로 미루어 새것을 깨달음)
② 善(다다익선 : 많으면 많을수록 좋음)
③ 業(자업자득 : 자기가 저지른 일의 과보(果報)를 자기자신이 받음)
④ 身(신언서판 : 당나라 때 관리를 뽑는 시험에서 인물의 평가기준으로 삼았던 몸(체모)·말씨(언변)·글씨(필적)·판단(문리)를 이르는 말)
⑤ 耳(마이동풍 : 남이 말하는 것을 귀담아 듣지 않고 지나쳐 흘러버림)

5. ① 老(소년이로학난성 : 세월은 빠르고 배우기는 어렵다는 뜻으로, 늙기 전에 배우기에 힘쓰라는 말)
② 輕(일촌광음불가경 : 일촌광음이란 아주 짧은 시간을 이르는 말로, 즉 아주 짧은 시간도 헛되이 보내지 말라는 뜻)
③ 待(진인사대천명 : 인력으로서 미칠 때까지 최선을 다하고 나서 결과는 운명에 맡김)
④ 命(가인박명 : 아름다운 여자는 수명이 짧음. 미인박명)
⑤ 利(견리사의 : 이익을 보면 의리에 맞는가를 먼저 생각함)
⑥ 面(면종복배 : 눈앞에서는 복종하다 등 뒤에서는 배반함)
⑦ 病(동병상련 : 고난을 겪는 사람끼리 서로 불쌍히 여겨 동정하고 도움)
⑧ 改(개과천선 : 잘못을 고치고 옳은 길에 들어섬)
⑨ 必(신상필벌 : 상을 받을 사람에게는 상을 주고, 벌을 받을 사람에게는 벌을 줌. 즉, 상벌을 규정대로 명확하게 함)
⑩ 求(실사구시 : 사실에 근거하여 진리를 탐구하는 일)

6. ① 천양지차 : 하늘과 땅의 차이. 즉 엄청난 차이. 天壤之判(천양지판)
② 회자정리 : 인생의 무상은 인간의 힘으로는 어쩔 수 없음(만난 사람은 반드시 헤어짐)
③ 동가홍상 : 같은 조건이라면 보기 좋은 것을 골라 가진다는 말(같은 값이면 다홍치마)
④ 오비이락 : 까마귀 날자 배떨어진다는 뜻으로, 공교롭게도 어떤 일이 동시에 일어나 남의 의심을 받게 됨

7 다음 漢字語의 뜻풀이를 하시오.

① 一笑一少(   )
② 有備無患(   )
③ 因果   (   )
④ 不可思議(   )
⑤ 溫故知新(   )

8 다음 뜻을 가진 4자성어를 漢字로 쓰시오.

① 한 가지 일로써 두 가지 이익을 얻음(일거양득)
 (   )
② 썩 많은 가운데 극히 적은 수(구우일모)
 (   )
③ 오래부터 사귀어 온 친구(십년지기)
 (   )
④ 겨울철에도 지조를 지키는 소나무, 대나무, 매화(세한삼우)
 (   )

9 다음 漢字語를 순 우리말로 고치시오.

① 可及的(   ) ② 所以 (   )
③ 近者 (   ) ④ 長男 (   )
⑤ 故意 (   )

정답 및 해설

⑤ 설상가상 : 어려운 일이 연거푸 일어남(엎친 데 덮친격)

7. ① 일소일소 : 한 번 웃으면 한 번 젊어진다는 뜻으로, 웃을수록 젊어진다는 뜻
 ② 유비무환 : 준비가 있으면 근심할 것이 없음
 ③ 인과 : 원인과 결과
 ④ 불가사의 : 사람의 상식으로는 헤아리기 어려운 오묘한 이치
 ⑤ 온고지신 : 옛것을 익히고 그것을 미루어 새 것을 앎

8. ① 一擧兩得
 ② 九牛一毛
 ③ 十年知己
 ④ 歲寒三友

9. ① 되도록(가급적)
 ② 까닭(소이)
 ③ 요즈음(근자)
 ④ 맏아들(장남)
 ⑤ 일부러(고의)

잠깐만 **나이를 나타내는 한자어(漢字語)**

나이	한자어
10세	충년(沖年)
15세	지학(志學)
20세	약관(弱冠)
30세	이립(而立)
40세	불혹(不惑)
50세	지천명(知天命)
60세	이순(耳順)
61세	회갑(回甲), 환갑(還甲)
62세	진갑(進甲)
70세	고희(古稀), 종심(從心)
77세	희수(喜壽)
88세	미수(米壽)
90세	졸수(卒壽)
91세	망백(望百)
99세	백수(白壽)
100세	기원지수(期願之壽)